Correspondance commerciale
en 4 langues

Sole distributors for West-Germany, Austria and DDR:
Betriebswirtschaftlicher Verlag Dr. Th. Gabler, Wiesbaden

© Copyright 1982 by Editions du Panorama
2500 Bienne (Suisse)
Imprimé en Suisse
Arts Graphiques Schüler S.A. Bienne

FRANCIS BERSET

PROFESSEUR

DIPLOMÉ DES UNIVERSITÉS DE FRIBOURG ET DE CAMBRIDGE

Correspondance commerciale en 4 langues

———

Handelskorrespondenz in 4 Sprachen

———

Commercial Correspondence in 4 languages

———

Correspondencia comercial en 4 lenguas

Nouvelle édition revue et augmentée

ÉDITIONS DU PANORAMA – BIENNE (SUISSE)

Du même auteur:

Déjà parus:

Conjugaisons et concordances

nouvelle méthode graduée pour l'étude théorique et pratique
des verbes français
(Editions du Chandelier, Bienne 1952; 234 pages)

———

4 langues
languages
Sprachen
lingue

Recueil de 500 phrases et 85 anecdotes
traduites en allemand, anglais, italien
(Editions Pierre Boillat, Bienne 1955; 180 pages, 3ème édition)

———

Le secret des temps

3 cahiers d'exercices sur l'emploi des temps:
Temps simples; Temps composés; Concordances et stylistique
(Editions Pro Schola, Lausanne)

———

Orthographiez correctement

Règles de grammaire et orthographe d'usage
(Editions du Panorama, Bienne 1957; 98 pages, 3ème édition)

———

Rédigez mieux

Règles de concordances et de style
(Editions du Panorama, Bienne 1958; 104 pages)

———

En préparation:

Grammaire en **4** langues:
français, allemand, anglais, espagnol

A Mad, Jean-Claude et Michel

qui ont compris que seul le silence
est productif

et a mes amis et collaborateurs

Walter Bosshard
Reinaldo Diez
Robert Eisner
Yvonne Paturel

je dédie ce livre, en les remerciant
de leur contribution
a une œuvre que je souhaite utile.

I | ABRÉVIATIONS | | I | ABKÜRZUNGEN

Monsieur	M.	Herr	Hr.
Messieurs	MM.	Herren	HH.
Madame	Mme	Frau	Frau
Mademoiselle	Mlle	Fräulein	Frl.
courant	ct	dieses Monats	d.M., ds.
écoulé	éc.	vorigen Monats	v.M.
par exemple	p.ex.	zum Beispiel	z.B.
référence	Réf.	Referenz	Ref.
Post-scriptum	P.-S.	Postscriptum	P.S.
Expéditeur	Exp.	Absender	Abs.
Franco	Fco	franko	fr.
Grande vitesse	G.V.	Eilgut	G.V.
Petite vitesse	P.V.	Frachtgut	P.V.
Compagnie	Cie	Kollektiv-Kommandit-Gesellschaft	Co., Cie.
Société anonyme	S.A.	Aktiengesellschaft	A.-G.
Société à responsabilité limitée	S.à r.l.	Gesellschaft mit beschr. Haftung	G.m.b.H.
Compte courant	C/c	Kontokorrent	Kt.Krt.
Sauf erreur ou omission	S.e.o.o.	Irrtum und Auslassung vorbehalten	S.E.u.O.
Par procuration	p.pon	per procura	ppa.
Nota bene	N.B.	Nota Bene	N.B.
Coût, assurance, fret	caf	Kosten, Fracht, Versicherung	cif.
c'est-à-dire	c.-à-d.	das heißt	d.h.
et caetera	etc.	und so weiter	usw.
franc	Fr.	Franken	Fr.
centime	ct.	Rappen	Rp.
livrable sur bateau	fob	frei an Bord	fob
mètre	m	Meter	m
kilomètre	km	Kilometer	km
centimètre	cm	Zentimeter	cm
litre	l	Liter	l
hectolitre	hl	Hektoliter	hl
kilogramme	kg	Kilogramm	kg
concernant	conc.	Betrifft	Betr.

I	ABBREVIATIONS		I	ABREVIATURAS	
Dear Sir	Mr.		Señor	Sr.	
Gentlemen; Dear Sirs	Gent.		Señores	Sres.	
Madam	Mrs.		Señora	Sra.	
Miss	—		Señorita	Srta.	
instant	inst.		Corriente	cte	
ultimo	ult.		Pasado	pdo.	
for example	e.g.		por ejemplo	p. ej.	
Reference	refce		Referencia	Ref	
Postscript	P.S.		Post-Scriptum	P.S.	
Sender	—		Expedidor	Exp.	
Carriage paid	cge. pd.		Franco	Fco.	
Fast goods train	G.V.		Gran velocidad	G.V.	
Ordinary goods train	P.V.		Pequeña velocidad	P.V.	
Company	Co.		Compañía	Cía	
Company Limited	Co. Ltd.		Sociedad anónima	S.A.	
Limited	Ltd.		Sociedad a responsabilidad limitada	Soc. R.L.	
Account Current	A/C		Cuenta corriente	c/c	
Errors and omissions excepted	E.O.E.		Salvo error u omisión	S.E.u O.	
Per procuration	per pro		Por poder	PP	
Nota bene	N.B.		Nota bene	N.B.	
Cost, insurance, freight	c.i.f.		Costo, seguro y flete	cif	
id est; that is	i.e.		Es decir	—	
and so on	etc.		Etcétera	Etc.	
Franc	Fr.		Peseta	Pta.	
Cent	c.		Céntimo	Cmo	
free on board	f.o.b.		Franco a bordo	fob.	
metre	m		metro	m	
kilometre	km		kilómetro	km	
centimetre	cm		centimetro	cm	
litre	l		litro	l	
hectolitre	hl		hectolitro	hl	
kilogram	kg		kilogramo	kg	
in the matter of	in re.		Refiriéndose a	Ref.	

ÉCRIVEZ CORRECTEMENT:	SCHREIBEN SIE ES RICHTIG:
Janvier	Januar
Février	Februar
Mars	März
Avril	April
Mai	Mai
Juin	Juni
Juillet	Juli
Août	August
Septembre	September
Octobre	Oktober
Novembre	November
Décembre	Dezember
En janvier	Im Januar
Lundi	Montag
Mardi	Dienstag
Mercredi	Mittwoch
Jeudi	Donnerstag
Vendredi	Freitag
Samedi	Samstag
Dimanche	Sonntag
Lundi prochain	Nächsten Montag
Lundi en 8	Montag in 8 Tagen
Mardi en 15	Dienstag in 14 Tagen
Dans 8 jours, 15 jours, 1 mois	In 8 Tagen, 14 Tagen, einem Monat
Il y a 8 jours, 15 jours, 1 mois	Vor 8 Tagen, 14 Tagen, einem Monat
Une fois par semaine	Einmal wöchentlich
Deux fois par mois	Zweimal monatlich
Trois fois par mois	Dreimal monatlich
Journalier, quotidien	Täglich
Hebdomadaire	Wöchentlich
Bi-hebdomadaire	Zweimal wöchentlich
Mensuel	Monatlich
Bi-mensuel	Zweimal monatlich
Trimestriel	Vierteljährlich
Semestriel	Halbjährlich
Annuel	Jährlich
Aujourd'hui	Heute
Demain	Morgen
Après-demain	Übermorgen
Hier	Gestern
Avant-hier	Vorgestern
Le 1er avril	Am 1. April
Le 2 mai	Am 2. Mai
Le 3 juin	Am 3. Juni
L'expéditeur	der Absender
Le destinataire	der Empfänger

SPELL IT CORRECTLY:	CONVIENE SABER:
January	Enero
February	Febrero
March	Marzo
April	Abril
May	Mayo
June	Junio
July	Julio
August	Agosto
September	Septiembre
October	Octubre
November	Noviembre
December	Diciembre
In January	El mes de Enero
Monday	Lunes
Tuesday	Martes
Wednesday	Miércoles
Thursday	Jueves
Friday	Viernes
Saturday	Sábado
Sunday	Domingo
Monday next, on Monday next	Lunes próximo
Monday a week	Lunes en 8 días
Tuesday a fortnight	Martes en 15 días
In 8 days, in a fortnight, in 1 month	Dentro de 8 días, en 15 días, tras un mes
8 days ago, 15 days ago, 1 month ago	Hace 8 días, 15 días, un mes
Once a week	1 vez por semana
Twice a month	Dos veces por mes
Three times a month	Tres veces por mes
Daily	Diario, cotidiano
Weekly	Semanal
Twice a week	Bi-semanal
Monthly	Mensual
Twice a month	Bi-mensual
Quarterly	Trimestrial
Half-yearly; semi-annual	Semestral
Yearly; annual	Anual
Today	Hoy
To-morrow	Mañana
The day after to-morrow	Pasado mañana
Yesterday	Ayer
The day before yesterday	Anteayer
On the 1st of April (on April the 1st)	El 1.ro de Abril
On the 2nd of May (on May the 2nd)	El 2 de Mayo
On the 3rd of June (on June the 3rd)	El 3 de Junio
The sender	El remitente
The addressee	El destinatario

II FORMULES GÉNÉRALES	II ALLGEMEINE WENDUNGEN
Introduction	**Einleitung**
Monsieur,	Sehr geehrter Herr X., (Name)
Messieurs,	Sehr geehrte Herren,
Madame,	Sehr geehrte Frau Y., (Name)
Mademoiselle,	Sehr geehrtes Fräulein Z., (Name)
Début d'une lettre	**Anfang eines Briefes**
Accusé de réception	**Empfangs-Bescheinigung**
J'ai reçu votre lettre du ...	Ich habe Ihren Brief vom ... erhalten.
Nous accusons réception de votre carte postale du ...	Ihre Postkarte vom ... haben wir erhalten.
Vous m'avez écrit dans votre lettre du ..., que ...	Ihrem Schreiben vom ... entnehme ich, daß ...
Nous avons pris connaissance de votre offre.	Von Ihrem Angebot haben wir Kenntnis genommen.
En réponse à votre lettre d'hier, je vous prie de me ...	In Beantwortung Ihres gestrigen Briefes bitte ich Sie, mir ...
Je me réfère à votre lettre du ...	Ich beziehe mich auf Ihren Brief vom ...
Nous venons de recevoir vos échantillons.	Wir haben Ihre Muster soeben erhalten.
Pour répondre à votre demande du ...	In Beantwortung Ihrer Anfrage vom ...
Vous nous demandez dans votre lettre du ... si ...	Sie fragen uns in Ihrem Briefe vom ..., ob ...

II GENERAL SENTENCES	II FÓRMULAS GENERALES
Opening	**Introducción**
Dear Sir (or: Sir, in America)	Muy Señor mío: (De singular a singular)
Gentlemen; Dears Sirs,	Muy Señor nuestro: (De plural a singular)
	Muy Señores míos: (De singular a plural)
	Muy Señores nuestros: (De plural a plural)
Madam,	Distinguida Señora:
Madam,	Estimada Señorita:
Beginning the letter **Acknowledgment of receipt**	**Estreno de una carta** **Acuse de recibo**
I have received your letter of the ...	Su carta fecha ... obra en mi poder.
We acknowledge receipt of your postcard of the ...	Le (les) acusamos recibo de su tarjeta postal fecha ...
You wrote in your letter of the ... that ...	Ud. (Uds.) me escribió (me escribieron) en su carta del ..., que ...
We have taken due notice of your offer.	Nos hemos enterado de su oferta.
Replying to your letter of yesterday, I ask you to ...	En contestación a su carta de ayer, le ruego (les ruego) ...
Referring to your letter of ...	Refiriéndome a su carta fecha ...
We have just received your samples.	Cabalmente recibimos sus muestras.
In reply to your inquiry of the ...	En contestación a su demanda del ...
You ask in your letter of the ... whether ...	Ud. nos pregunta (Uds. nos preguntan) en su carta fecha ... si ...

SALUTATIONS	BRIEFABSCHLÜSSE
Agréez, Monsieur, nos salutations distinguées.	Mit vorzüglicher Hochachtung (wenn persönlich unbekannt)
Recevez, Messieurs, mes salutations distinguées.	Mit freundlichen Grüßen (wenn persönlich bekannt)
Nous vous présentons, Monsieur, l'expression de nos sentiments les meilleurs.	Hochachtungsvoll (weniger höflich!)
Dans cette attente, je vous présente, Monsieur, mes salutations empressées.	In dieser Erwartung zeichne ich mit vorzüglicher Hochachtung
En vous remerciant d'ores et déjà de votre réponse, je vous prie de recevoir, Messieurs, mes salutations distinguées.	Indem ich Ihnen für Ihre Antwort im voraus bestens danke, verbleibe ich mit freundlichen Grüßen
Je vous en remercie d'avance et vous présente, Monsieur, mes salutations distinguées.	Ich danke Ihnen im voraus und zeichne mit vorzüglicher Hochachtung

GREETINGS	TERMINACIONES DE CARTAS

Yours faithfully,
Yours truly,
Very truly yours,
Yours very truly,
	Quedamos de Ud.
	    attos y SS.SS.
	    Q.E.S.M.

We are, Gentlemen,
    Very truly yours,
	Con este motivo se ofrece de Uds.
	    atto y S.S.

I am, dear Sir,
    Yours faithfully,
	Quedamos de Ud. con la mayor consideración
	    attos y SS.SS.

Awaiting your reply,
  I am, dear Sir,
    Yours truly,
	Etretanto tiene el gusto de ofrecerse de Ud.
	    atto y S.S.

Thanking you in advance,
  We are, dear Sirs,
    Yours faithfully,
	Anticipándole las gracias por su contestación se repite de Uds.
	    atto y S.S.

We thank you in advance and
  Remain, dear Sir,
    Sincerely yours,
	Anticipándole las gracias se ofrece de Ud.
	    atto y S.S.

III DEMANDES   III ANFRAGEN

Veuillez nous envoyer votre catalogue et votre prix courant.	Senden Sie uns bitte Ihren Katalog und Ihre Preisliste.
Veuillez nous soumettre une offre échantillonnée de...	Wir bitten Sie um ein bemustertes Angebot für...
Je vous prie de m'envoyer par retour du courrier...	Schicken Sie mir bitte postwendend...
A quel prix pourriez-vous nous livrer...?	Zu welchem Preis könnten Sie uns ... liefern?
Veuillez m'envoyer à l'examen quelques...	Ich ersuche Sie, mir einige ... zur Einsicht zuzustellen.
Nous nous permettons de vous demander si vous tenez encore les articles suivants:	Wir interessieren uns dafür, ob Sie folgende Artikel noch führen:
Veuillez nous informer si et à quelles conditions vous pourriez nous livrer...	Geben Sie uns bitte Ihre Bedingungen für die Lieferung von ... bekannt.
Je vous prie de m'indiquer vos meilleures conditions pour la livraison de...	Ich bitte Sie um Bekanntgabe Ihrer äußersten Bedingungen für die Lieferung von...
Veuillez également nous préciser la date de livraison.	Bestätigen Sie uns bitte auch das Lieferungsdatum.
Je suis redevable de votre adresse à M. X...	Herr X hat Sie mir empfohlen.
Une prompte réponse m'obligerait.	Für eine baldige Antwort wäre ich Ihnen dankbar.
Si vos conditions sont satisfaisantes, je vous passerai des ordres importants et réguliers.	Wenn Ihre Bedingungen zusagen, werde ich Ihnen wichtige und regelmäßige Aufträge übergeben können.
Faites-moi savoir si vous tenez encore la même qualité en stock?	Haben Sie noch immer dieselbe Qualität am Lager?
Je voudrais que la livraison fût effectuée en mars.	Ich wünsche die Ablieferung im März.
J'ai besoin de 50 pièces de chaque sorte.	Ich benötige 50 Stück von jeder Sorte.
Nous sommes preneurs réguliers de... et aimerions connaître vos prix les plus bas pour ces marchandises.	Wir brauchen laufend ... und bitten Sie um Bekanntgabe Ihrer äußersten Preise für diese Waren.

III	INQUIRIES		III	PETICIONES

Please, send us your catalogue and price list.	Sírvase (sírvanse) mandarnos su catálogo y nota de precios.
Could you let us have some patterns and quotations for...	Sírvase (sírvanse) mandarnos una oferta de muestras de...
Please, send me by return...	Le (les) suplico mandarme por vuelta del correo...
What would be your price for...	A qué precio podría (podrían) mandarnos...
Could I have some ... to examine?	Sírvase (sírvanse) mandarnos para su examen algunos (algunas)...
We take the liberty of asking you whether you still keep the following items in stock:	Nos permitimos rogarle (rogarles) si Ud. sigue (Uds. siguen) suministrando los artículos siguientes:
Will you let us know whether you can deliver ... and if so, what your conditions are.	Le (les) rogamos informarnos si y bajo cuales condiciones Ud. (Uds.) pudieran suministrarnos...
Please, state your best terms for the delivery of...	Le (les) ruego comunicarme sus mejores condiciones para el suministro de...
State time of delivery too.	Sírvase (sírvanse) así mismo precisarnos la fecha de entrega de...
Mr. X gave me your address.	Su dirección me fué comunicada por...
A prompt answer would oblige me.	Celebraría una contestación sin demora.
If your terms are satisfactory, I shall be in a position to give you important and regular orders.	Si sus condiciones me convinieran le (les) colocaré órdenes importantes y regulares.
Let me know whether you still keep the same quality in stock?	Sírvase (sírvanse) comunicarme si Ud. (Uds.) cuenta (cuentan) siempre con la misma calidad en existencia.
The delivery should take place in March.	Desearía que la entrega se efectuase en marzo.
I need 50 pieces of each kind.	Necesito 50 piezas de cada clase.
We are regular buyers of ... and should like to know your rock-bottom prices for these goods.	Encargamos regularmente ... y desearíamos saber sus precios más bajos para estas mercancías.

LETTRES	MUSTERBRIEFE

1. Demande d'envoi à l'examen

Lausanne, le 12 juin 19..

Editions du Panorama
Bienne

Messieurs,
Veuillez m'envoyer à l'examen quelques grammaires anglaises et espagnoles.
Je vous en remercie d'avance et vous présente, Messieurs, mes salutations distinguées.

L. Ibach

2. Demande d'offre

Romont, le 1er mars 19..

Monsieur H. Müller
Marchand de vins
Sion

Monsieur,
Nous vous prions de nous faire savoir si et à quelles conditions vous pourriez nous livrer
    50 bouteilles de Pinot Noir
    50 bouteilles de Côtes du Rhône.
Dans l'attente de votre réponse, nous vous présentons, Monsieur, nos salutations les meilleures.

R. Paturel & Cie

EXERCICES

1.
A. Magnenat, négociant, demande à R. Martin, primeurs en gros, Lausanne, ses conditions pour la livraison de fraises et d'abricots.

2.
Keyser & Cie, Bâle, s'adressent à F. Reynold, Lausanne, pour lui demander s'il pourrait leur fournir des pièces détachées pour motocyclettes.

---

1. Sie bitten um eine Sendung zur Ansicht

Lausanne, 12. Juni 19..

Verlag Panorama
Biel

Sehr geehrte Herren,
Senden Sie mir bitte einige Bücher über englische und spanische Grammatik zur Ansicht.
Ich danke Ihnen im voraus und zeichne
    mit vorzüglicher Hochachtung

L. Ibach

2. Bitte um Angebot

Romont, 1. März 19..

Herrn H. Müller
Weinhändler
Sitten

Sehr geehrter Herr Müller,
Wir interessieren uns dafür, ob und zu welchen äußersten Bedingungen Sie uns
    50 Flaschen Pinot Noir
    50 Flaschen Côtes du Rhône
liefern können.
In der Erwartung Ihres Angebotes grüßen wir Sie
    mit vorzüglicher Hochachtung

R. Paturel & Co.

AUFGABEN

1.
A. Magnenat, Händler, verlangt von R. Martin, Früchte- und Gemüsegroßhändler, Lausanne, eine Offerte für die Lieferung von Erdbeeren und Aprikosen.

2.
Keyser & Co., Basel, wenden sich mit der Anfrage an F. Reynold, Lausanne, ob er ihnen Ersatzteile für Motorräder liefern könnte.

LETTERS	CARTAS

1. **Asking for a choice of books**

    Lausanne, 12th of June 19..

    Editions du Panorama
    Bienne

Dear Sir,
Could you send me some English and Spanish grammar books to examine?
Thanking you in advance,
    I remain, dear Sir,
        Yours truly,
        L. Ibach

2. **Asking for a bid**

    Romont, 1st March 19..

    Mr. H. Müller
    Wine dealer
    Sion

Dear Sir,
Will you let us know whether you could deliver
    50 bottles Pinot Noir
    50 bottles Côtes du Rhône
and what your conditions would be?
Awaiting your reply,
    We are, dear Sir,

        Yours truly,
        R. Paturel & Co.

EXERCISES

1. A. Magnenat, dealer, writes to R. Martin, Wholesale Grocer, Lausanne, asking what would be his conditions for the delivery of strawberries and apricots.

2. Keyser & Co., Basle, ask F. Reynold, Lausanne, whether he could deliver spare pieces for motor cycles.

---

1. **Petición de envío al examen**

    Lausanne, 12 de Junio 19..

    Publicaciones del Panorama
    Bienne

Muy Señor mío:
Le ruego mandarme para su examen algunas gramáticas inglesas y españolas.
Anticipándole las gracias, quedo de Ud.
        atto y S.S.
        L. Ibach

2. **Petición de suministro**

    Romont, 1.ro de Marzo 19..

    Señor H. Müller
    Mercante de vinos
    Sion

Muy Señor mío:
Les rogamos nos participen si y bajo cuales condiciones Uds. pudieran suministrarnos
    50 botellas de Pinot Noir
    50 botellas de Côtes du Rhône.
Aguardando su contestación, nos ofrecemos de Ud.

        attos y SS.SS.
        R. Paturel & Cía

EJERCICIOS

1. A. Magnenat, tendero, pide a R. Martin, ultramarinos al por mayor, Lausanne, sus condiciones para la entrega de fresas y albaricoques.

2. Keyser & Cía, Basilea, se dirigen a F. Reynold, Lausanne, para preguntarle si pudiera suministrarle piezas sueltas para motocicletas.

IV RÉPONSES

Envoi d'échantillons – de prix courants – catalogues – conditions

Nous vous remercions de votre lettre du ... et vous envoyons ci-inclus les échantillons désirés.

Les prix sont indiqués sur chaque échantillon.

Par le même courrier, vous recevrez notre catalogue et notre liste de prix.

Nos conditions sont: 3% d'escompte à 30 jours ou net à 3 mois.

En réponse à votre demande du ... nous pouvons vous indiquer les prix suivants:

Vos commandes seront exécutées rapidement et avec le plus grand soin.

Nous avons tous ces articles en stock et pouvons livrer immédiatement.

Je suis persuadé que l'exécution de votre ordre vous donnera entière satisfaction.

Votre demande d'hier concernant le prix de nos ... vient à point. Une hausse de 10% est prévue pour la semaine prochaine.

Vous trouverez ci-inclus une enveloppe-réponse «par avion».

Dans l'attente d'une commande, nous vous présentons, Messieurs, nos salutations empressées.

Je me recommande pour vos prochains ordres.

IV ANTWORTEN

Versand von Mustern – Preislisten – Katalogen – Bedingungen

Wir danken Ihnen für Ihre Anfrage vom ... und senden Ihnen als Beilage die gewünschten Muster.

Alle Muster sind mit den Preisen versehen.

Mit gleicher Post erhalten Sie unseren Katalog und unsere Preisliste.

Unsere Zahlungsbedingungen sind: 30 Tage mit 3% Skonto oder 3 Monate netto.

In Beantwortung Ihrer Anfrage vom ... können wir Ihnen folgende Preise nennen:

Ihre Aufträge werden wir rasch und mit größter Sorgfalt ausführen.

Wir haben alle diese Artikel am Lager und können sofort liefern.

Ich bin überzeugt, daß Sie mit der Ausführung Ihres Auftrages völlig zufrieden sein werden.

Ihre gestrige Anfrage nach dem Preis unserer ... erhielten wir noch rechtzeitig. Für die nächste Woche ist eine Preiserhöhung von 10% vorgesehen.

Als Beilage übersende ich Ihnen einen Luftpost-Antwortbriefumschlag.

Gerne erwarten wir Ihren Probeauftrag.
  Mit vorzüglicher Hochachtung.

Ich empfehle mich für Ihre nächsten Bestellungen.

IV | ANSWERS

Sending samples – price lists – catalogues – conditions

We thank you for your letter of the ... and are sending you herewith the samples you desired.

Prices are written on the samples.

By the same mail, you will receive our catalogue and price list.

Our terms are: 3% discount within 30 days, net at 3 months.

Replying to your inquiry of the..., we can quote as follows:

We shall attend to the prompt and most careful execution of your orders.

We keep all these articles in stock and we can deliver at once.

I feel convinced that the execution of your order will give you entire satisfaction.

Your yesterday's inquiry about the price of our ... comes in due time. Next week prices will go up (by) a full 10%.

I am enclosing an air mail envelope for your reply.

Waiting for your trial order,
  We remain, Gentlemen,
      Yours truly,

I trust you will give me your next orders.

IV | CONTESTACIONES

Entrega de muestras – de listas de precios – de catálogos – condiciones

Les agradecemos su carta fecha ... y le acompañamos las muestras pedidas.

Los precios están indicados sobre cada muestra.

Por el mismo correo, Ud. recibirá (Uds. recibirán) nuestro catálogo y nuestra lista de precios.

Nuestras condiciones son: 3% de descuento a 30 días de plazo o neto a 3 meses.

En contestación a su petición del ... podemos indicarle(s) los precios siguientes:

Sus órdenes se ejecutarán en breve plazo y con el mayor esmero.

Tenemos en existencia todos estos artículos y podemos entregarlos en seguida.

Estoy persuadído de que la ejecución de su orden le(s) dará completa satisfacción.

Su demanda de ayer refiriéndose al precio de nuestros(as) ... viene en tiempo oportuno. Una alza de 10% está prevista para la semana próxima.

Ud. encontrará (Uds. encontrarán) incluso un sobre-contestación «por correo aéreo».

En la espera de un pedido de prueba, nos reiteramos de Uds.
      attos y SS. SS.

Me recomiendo para sus nuevas órdenes.

<table>
<tr><td>

Sur votre demande, nous vous soumettrions volontiers notre collection complète.

Si vous nous écrivez immédiatement, nous pourrons vous réserver les places.

Nous espérons que nos conditions avantageuses vous engageront à nous passer un ordre.

Nous en vendons chaque année d'énormes quantités.

</td><td>

Auf Wunsch sind wir gern bereit, Ihnen eine vollständige Muster-Kollektion vorzulegen.

Wenn Sie sofort bestellen, werden wir die Plätze für Sie belegen können.

Wir hoffen, daß unsere vorteilhaften Bedingungen Ihren Erwartungen entsprechen und sehen Ihrem Auftrag gerne entgegen.

Wir setzen davon jährlich sehr große Mengen ab.

</td></tr>
<tr><td>

LETTRES

</td><td>

MUSTERBRIEFE

</td></tr>
<tr><td>

3. **Envoi de catalogue**

Lausanne, le 16 août 19..
Monsieur André Page
Morges

Monsieur,

Nous vous remercions de votre lettre du 15 ct et nous vous envoyons par le même courrier notre catalogue et notre prix courant.

Espérant que nos conditions avantageuses vous engageront à nous passer un ordre, nous vous présentons, Monsieur, nos salutations distinguées.

L. Blanc

</td><td>

3. **Versand eines Kataloges**

Lausanne, 16. August 19..
Herrn André Page
Morges

Sehr geehrter Herr Page,

Wir danken Ihnen für Ihre Anfrage vom 15. d. M. und senden Ihnen mit gleicher Post unseren Katalog und unsere Preisliste.

Wir hoffen gerne, daß unsere vorteilhaften Bedingungen Ihren Erwartungen entsprechen und sehen Ihrem Auftrag gerne entgegen.

Mit vorzüglicher Hochachtung
L. Blanc

</td></tr>
</table>

Should you require it, we would be pleased to send you our complete set of samples.	Si nos lo pidiera Ud. les mandaríamos con gusto nuestra colección completa.
If you write immediately, we can make a reservation for you.	Si Ud. nos escribe en seguida, podremos reservarle las localidades.
We feel confident that our favourable terms will induce you to give us an order.	Confiamos en que nuestras condiciones ventajosas le determinarán a colocarnos un pedido.
We sell large quantities every year.	Vendemos cada año cantidades enormes.

LETTERS	CARTAS
3. Forwarding a catalogue	3. Envío de catálogo
Lausanne, August 16th 19..	Lausanne, 16 de Agosto 19..
Mr. André Page Morges	Señor Don André Page Morges
Dear Sir, We thank you for your letter of the 15th inst. and are sending you by the same mail, our catalogue and price list.	Muy Señor nuestro: Le agradecemos su carta fecha 15 del cte. y le mandamos por el mismo correo nuestro catálogo y nuestra nota de precios.
We feel confident that our favourable terms will induce you to give us an order, and	Confiando en que nuestras condiciones ventajosas le determinarán a colocarnos un pedido, nos repetimos de Ud.
We remain, dear Sir, Yours truly, L. Blanc	attos y SS. SS. L. Blanc

4. Envoi à l'examen (Réponse au No 1)	**4. Sendung zur Ansicht** (Antwort auf Nr. 1)

<table>
<tr><td>

Bienne, le 14 juin 19..

Monsieur Léon Ibach
Lausanne

Monsieur,
En réponse à votre demande du 12 ct, nous vous envoyons, à l'examen, par colis séparé:

1 Orthographiez correctement, de F. Berset

1 Ma correspondance privée, de P. Thierrin.

Dans l'attente de votre commande, nous vous présentons, Monsieur, nos salutations empressées.

Editions du Panorama

</td><td>

Biel, 14. Juni 19..

Herrn Léon Ibach
Lausanne

Sehr geehrter Herr Ibach,
In Beantwortung Ihrer Anfrage vom 12. d. M. senden wir Ihnen mit gleicher Post zur Ansicht:

1 Orthographiez correctement, von F. Berset

1 Ma correspondance privée, von P. Thierrin.

Wir sehen Ihrem Auftrag gerne entgegen und zeichnen

mit vorzüglicher Hochachtung
Verlag Panorama

</td></tr>
<tr><td>

EXERCICES

3.

Réponse à l'exercice 1: R. Martin indique ses conditions pour la livraison de fraises et d'abricots.

4.

Réponse à la lettre 2: H. Müller, marchand de vins à Sion, indique ses conditions à R. Paturel et Cie pour la livraison de 50 bouteilles de Pinot Noir et 50 bouteilles de Côtes du Rhône.

</td><td>

AUFGABEN

3.

Antwort zu Übung 1: R. Martin offeriert Erdbeeren und Aprikosen.

4.

Antwort auf Brief 2: H. Müller, Weinhändler in Sitten, gibt R. Paturel & Co. seine Lieferungsbedingungen für je 50 Flaschen Pinot Noir und Côtes du Rhône bekannt.

</td></tr>
</table>

4. Sending goods for examination
(Reply to No. 1)

Bienne, 14th June 19..

Mr. Léon Ibach
Lausanne

Dear Sir,

We thank you for your inquiry of June the 12th.

By the same mail, we are sending you for examination:

1 Orthographiez correctement, by F. Berset

1 Ma correspondance privée, by P. Thierrin.

Hoping to receive your order soon,

We remain, dear Sir,
Yours truly,
Editions du Panorama

EXERCISES
3.

Reply to exercise 1: R. Martin sends his conditions for the delivery of strawberries and apricots.

4.

Reply to letter 2: H. Müller, wine dealer at Sion, sends his conditions to R. Paturel & Co., for the delivery of 50 bottles of Pinot Noir and 50 bottles of Côtes du Rhône.

---

4. Envío para su examen
(Contestación al No 1)

Bienne, 14 de Junio 19..

Sr. D. Léon Ibach
Lausanne

Muy Señor nuestro:

En contestación a su demanda del 12 del cte le mandamos para examen por bulto suelto:

1 Orthographiez correctement, de F. Berset

1 Ma correspondance privée, de P. Thierrin.

Aguardando su orden, nos repetimos de Ud.

attos y SS.SS.
Publicaciones del Panorama

EJERCICIOS
3.

Contestación al ejercicio 1: R. Martin, comunica sus condiciones para la entrega de fresas y de albaricoques.

4.

Contestación a la carta 2: H. Müller, mercante de vinos en Sion, comunica sus condiciones a R. Paturel & Cía para la entrega de 50 botellas de Pinot Noir y 50 botellas de Côtes du Rhône.

V COMMANDES

Veuillez m'envoyer immédiatement les articles suivants:

Nous vous remercions de votre envoi d'échantillons, et nous vous remettons, à titre d'essai, la commande ci-dessous:

J'ai reçu votre prix courant et vous prie de me livrer, par petite vitesse, les marchandises suivantes:

Nous nous référons à votre offre du ... et vous commandons pour livraison immédiate:

Concerne votre offre du 10 ct.

Après examen de votre collection d'échantillons, je vous prie de me livrer avant le 25 ct:

En réponse à votre lettre du ..., nous vous passons la commande suivante à titre d'essai:

Vos anciens prix sont-ils encore en vigueur?

Je suis surpris de constater une hausse de vos prix.

Veuillez vouer tous vos soins à l'emballage.

Nous présumons que vous avez ces marchandises en stock et que vous pourrez livrer immédiatement.

Nous aimerions que la livraison s'effectuât

a) aussi tôt que possible.

b) dès réception de cette lettre.

c) dans les 10 jours.

Le payement sera effectué dans les 30 jours.

V BESTELLUNGEN

Senden Sie mir bitte sofort die folgenden Artikel:

Wir danken Ihnen für Ihre Mustersendung und bestellen auf Probe:

Ich bestätige den Empfang Ihrer Preisliste und bitte Sie, mir als Frachtgut folgende Waren zu senden:

Wir beziehen uns auf Ihr Angebot vom ... und bestellen zur sofortigen Lieferung:

Betrifft Ihr Angebot vom 10. d. M.

Nach Durchsicht Ihrer Mustersammlung bitte ich Sie, mir bis spätestens 25. d. M. zu liefern:

In Beantwortung Ihres Schreibens vom ... übergeben wir Ihnen folgenden Probeauftrag:

Sind Ihre alten Preise immer noch gültig?

Ich bin überrascht, eine Erhöhung Ihrer Preise festzustellen.

Achten Sie bitte besonders auf sorgfältige Verpackung.

Wir nehmen an, daß Sie die Waren auf Lager haben und sofort liefern können.

Liefertermin:

a) so bald wie möglich.

b) bei Empfang dieses Briefes.

c) innert 10 Tagen.

Die Zahlung erfolgt innert 30 Tagen.

V ORDERS / V ÓRDENES

Please forward immediately the following items:	Le ruego me mande en seguida los siguientes artículos:
We thank you for your samples and give you the following trial order:	Le agradecemos su envío de muestras y como ensayo le remitimos el pedido a continuación:
I have received your price list and ask you to dispatch by slow freight:	Recibí su nota de precios y le ruego mandarme por pequeña velocidad las siguientes mercancías:
Referring to your offer of the ... we ask you to dispatch immediately:	Refiriéndonos a su oferta del ... les pedimos para inmediata entrega:
Referring to your offer of the 10th inst.	Se refiere a su oferta del 10 del cte.
After having examined your set of samples, I ask you to send me, before the 25th of this month:	Después de haber examinado su colección de muestras le ruego mandarme antes del 25 cte:
In answer to your letter of the ... we are giving you the following trial order:	En contestación a su carta fecha ... le colocamos el siguiente pedido como ensayo:
Have your latest prices remained unchanged?	¿Estan sus antiguos precios aún vigentes?
I am surprised to note that your prices have gone up.	Me sorprende constatar una alza de sus precios.
Will you please use the greatest care in packing.	Le ruego efectuar el embalage con cuanto cuidado.
We suppose you keep these goods in stock and you can deliver at once.	Presumimos que Uds. tienen estas mercancías en existencia y que podrán mandarlas en seguida.
We should like you to deliver	Desearíamos que la entrega se efectuase
a) as soon as possible.	a) lo más pronto posible.
b) when you receive our letter.	b) en cuanto haya Ud. recibido esta carta.
c) within 10 days.	c) dentro de 10 días.
Payment will follow within 30 days.	El pago se efectuará a 30 días.

Pour vous couvrir a) je vous envoie ci-inclus un chèque de Fr. 3000.–. b) vous pouvez tirer sur nous. Veuiller confirmer notre commande à ces conditions. Si je suis satisfait de l'exécution de mon ordre, vous pouvez compter sur de nouvelles commandes. Nous attendons une exécution prompte et soignée de notre ordre.	Zu Ihrer Deckung a) übersende ich Ihnen als Beilage einen Scheck über Fr. 3000.–. b) können Sie einen Wechsel auf uns ziehen. Wir bitten Sie um Ihre Auftragsbestätigung. Sofern die Ausführung des Auftrages zu meiner Zufriedenheit ausfällt, können Sie mit weiteren Bestellungen rechnen. Wir erwarten eine prompte und sorgfältige Ausführung unseres Auftrages.

LETTRES	MUSTERBRIEFE

5. Commande de livres
(Réponse à la lettre 4)
 	
        Lausanne, le 16 juin 19..
 	
Editions du Panorama
68, rue Dufour
Bienne
 	
Monsieur,
J'ai bien reçu vos livres à l'examen et vous prie de me livrer immédiatement:
 	
100 Orthographiez correctement, de F. Berset
 	
100 Ma correspondance privée, de P. Thierrin.
 	
Le payement sera effectué dans les 30 jours.
 	
Dans l'attente d'une exécution rapide de mon ordre, je vous présente, Monsieur, mes salutations distinguées.
	5. Bücher-Bestellung
	(Antwort auf Nr. 4)
	
	        Lausanne, 16. Juni 19..
	
	Verlag Panorama
	68, Dufourstraße
	Biel
	
	Sehr geehrter **Herr,**
	Ich habe Ihre Bücher zur Einsicht erhalten und bestelle zur sofortigen Lieferung:
	
	100 Orthographiez correctement, von F. Berset
	
	100 Ma correspondance privée, von P. Thierrin.
	
	Die Zahlung wird innert 30 Tagen folgen.
	
	In Erwartung der prompten Ausführung meines **Auftrages** zeichne ich mit vorzüglicher Hochachtung

To settle your account, a) I am sending you herewith a cheque for Fr. 3000.–. b) you can draw on us.	Para su cobro: a) le mando incluso un cheque de Fr. 3000.–. b) Ud. puede girar a nuestro cargo.
Please confirm our order at these terms.	Sírvase confirmar nuestra orden bajo estas condiciones.
If your delivery is satisfactory, you shall have our further orders.	Si quedo satisfecho con la ejecución de mi orden, Ud. puede contar con nuevas órdenes.
We hope you shall attend to the prompt execution of our order.	Contamos con una ejecución rápida y esmerada de nuestra orden.

LETTERS	CARTAS

5. **Order for books**
   (Reply to No. 4)

5. **Orden de libros**
   (Contestación a la carta 4)

Lausanne, 16th June 19..	Lausanne, 16 de Junio 19..
Editions du Panorama 68, rue Dufour Bienne	Publicaciones del Panorama 68, rue Dufour Bienne
Dear Sir, I have received your books and after examining them, I ask you to forward me immediately:	Muy Señor mío: Recibí sus libros para examen y le ruego mandarme en seguida:
100 Orthographiez correctement, by F. Berset	100 Orthographiez correctement, de F. Berset
100 Ma correspondance privée, by P. Thierrin.	100 Ma correspondance privée, de P. Thierrin.
Payment will follow within 30 days.	El pago se efectuará a 30 días.
We hope you shall attend to the prompt execution of our order and We remain, dear Sir, Yours truly,	Contando con una ejecución rápida de mi orden, se ofrece de Ud. atto y S.S.

6. Commande de bas	6. Bestellung von Strümpfen

Monsieur,
Nous vous remercions de votre envoi d'échantillons du 15 ct et, à titre d'essai, nous vous remettons la commande suivante:

50 paires de chaussettes Nylon, art. 452a
50 paires de bas Nylon, art. 1327a
25 paires de bas Nylon, art. 3615

Nous présumons que vous avez ces marchandises en stock et que vous pourrez livrer immédiatement.

Votre facture sera réglée par c.c.p.

Dans l'attente de cette première livraison, nous vous présentons, Monsieur, l'expression de nos sentiments distingués.

Sehr geehrter Herr,
Wir danken Ihnen für Ihre Mustersendung vom 15. d.M. und übergeben Ihnen nachstehende Probebestellung:

50 Paar Nylon-Socken, art. 452a
50 Paar Nylon-Strümpfe, art. 1327a
25 Paar Nylon-Strümpfe, art. 3615

Wir nehmen an, daß Sie die Waren sofort ab Lager liefern können.

Den Betrag Ihrer Rechnung werden wir auf Ihr Postscheckkonto überweisen.

In Erwartung dieser ersten Lieferung zeichnen wir
    mit vorzüglicher Hochachtung

EXERCICES / AUFGABEN

5.

B. Richard, épicier, Romont, commande à F. Longchamp, fabrique de chocolat, 20 boîtes de chocolats assortis, pour Pâques. Livraison par camion le plus tôt possible. Promesse de nouveaux ordres si les prix conviennent.

B. Richard, Spezereihändler, Romont, bestellt bei F. Longchamp, Schokoladenfabrik, 20 Schachteln Schokolade (gemischt) für Ostern. Lieferung raschmöglichst mit dem Lieferwagen. Versprechen weiterer Aufträge bei zusagenden Preisen.

6.

R. Maillard à Fribourg passe la commande suivante à Bureau Complet: 50 rubans encreurs noirs (soie); 30 rubans encreurs rouges et noirs; 20 boîtes de papier carbone. Conditions habituelles. Payement par c.c.p.

R. Maillard in Freiburg übergibt an Bureau Complet folgenden Auftrag: 50 Farbbänder, schwarz (Seide); 30 Farbbänder, rot-schwarz; 20 Schachteln Kohlenpapier. Übliche Bedingungen; Zahlung über Postscheckkonto.

6. Order for stockings

Dear Sir,
We thank you for the samples received on the 15th inst., and give you the following trial order:

50 pairs Nylon socks,   art. 452 a
50 pairs Nylon stockings, art. 1327 a
25 pairs Nylon stockings, art. 3615

We suppose you keep these goods in stock and you can deliver immediately.

We shall pay your invoice by postal money-order.

Awaiting your first consignment,
           We remain, dear Sir,
           Yours faithfully,

6. Pedido de medias

Muy Señor nuestro:
Le agradecemos su envío de muestras del 15 cte y, a titulo de prueba, le remitimos la orden siguiente:

50 pares de calcetines Nylon,
                          art. 452 a
50 pares de medias Nylon, art. 1327 a
25 pares de medias Nylon, art. 3615

Suponemos que Ud. tiene estas mercancías en existencia y que Ud. podrá mandarlas en seguida.

Se pagará su factura por cuenta de giro postal.

En la espera de esta primera entrega, nos ofrecemos de Ud.
                       attos y SS. SS.

EXERCISES

5.

B. Richard, grocer, Romont, gives an order to F. Longchamp, chocolate factory, for 20 boxes of assorted chocolates for Easter. Delivery by lorry, as soon as possible. Further orders if prices are satisfactory.

6.

R. Maillard, Fribourg, gives the following order to Bureau Complet: 50 carbon ribbons, black (silk); 30 carbon ribbons, black and red; 20 boxes carbon paper. Usual conditions. Payment by postal money-order.

EJERCICIOS

5.

B. Richard, tendero de ultramarinos, Romont, encarga a F. Longchamp, fábrica de chocolate, 20 cajas de chocolates surtidas, para Pascua. Entrega por camión en lo más breve. Promesa de nuevas órdenes si convienen los precios.

6.

R. Maillard en Friburgo, coloca la orden siguiente a Bureau Complet: 50 cintas de entintar negras (seda); 30 cintas de entintar rojas y negras; 20 cajas de papel carbón. Condiciones de costumbre. Pago por cuenta de giro postal.

VI CONFIRMATION DE COMMANDE	VI AUFTRAGSBESTÄTIGUNG
Nous vous remercions de votre ordre du 12 ct que nous pouvons exécuter immédiatement.	Wir danken Ihnen für Ihren Auftrag vom 12. d. M., den wir sofort ausführen können.
Nous vous remercions de votre commande d'hier.	Wir danken Ihnen für Ihren gestrigen Auftrag.
Je regrette de ne pouvoir vous accorder un rabais spécial de 3%.	Ich bedauere, Ihnen den Sonderrabatt von 3% nicht gewähren zu können.
Il semble qu'une erreur se soit glissée dans les prix que vous mentionnez.	Die von Ihnen erwähnten Preise dürften auf einem Irrtum beruhen.
Le prix exact devrait être de Fr. 12.– la douzaine et non de Fr. 11.50.	Der richtige Preis müßte Fr. 12.– pro Dutzend heißen, und nicht Fr. 11.50.
Nous ne pouvons vous accorder un rabais spécial de 2% que contre payement au comptant.	Wir können Ihnen 2% Sonderrabatt nur bei Barzahlung zugestehen.
Je ferai mon possible pour vous livrer l'article au commencement de (à mi-) février.	Ich werde mein Möglichstes tun, um den Artikel anfangs (Mitte) Februar abzuliefern.
Selon votre désir, nous nous efforcerons d'exécuter votre ordre	Wunschgemäß werden wir uns bemühen, den Auftrag
a) dans le courant de la semaine.	a) im Laufe dieser Woche
b) dans une semaine.	b) in einer Woche
c) dans 15 jours.	c) in vierzehn Tagen
d) dans le délai fixé.	d) innert der festgesetzten Frist auszuführen.
La livraison ne pourra pas être effectuée immédiatement, car nous sommes quelque peu en retard dans notre travail.	Die Lieferung kann nicht sofort erfolgen, weil wir mit unseren Arbeiten im Rückstand sind.
Par suite d'une demande considérable nous ne pourrons pas vous livrer les marchandises avant le ...	Zufolge großer Nachfrage können wir Ihre Waren nicht vor dem ... absenden.
Les marchandises vous seront livrées partiellement.	Die Waren werden in Teilsendungen geliefert werden.

| VI | ACKNOWLEDGMENT OF AN ORDER | VI | CONFIRMACIÓN DE ORDEN |

We thank you for your order of the 12th inst. and are pleased to state that we can deliver immediately.	Le agradecemos por orden del 12 cte que podemos ejecutar en seguida.
Please, accept our best thanks for your yesterday's order.	Le damos gracias por su orden de ayer.
I am sorry not to be able to grant you a special discount of 3%.	Siento no poder otorgarle una rebaja especial de 3%.
It seems that you have quoted wrong prices.	Parece ser que se ha verificado un error en los precios que Ud. menciona.
The right price should be Fr. 12.- the dozen and not Fr. 11.50.	El precio exacto debiera ser Fr. 12.- por docena y no Fr. 11.50.
We can grant you a special discount of 2% against cash payment only.	Podemos otorgarle una rebaja especial de 2% sólo mediante pago al contado.
I shall do my best to deliver the goods early in (in the middle of) February.	Haré cuanto me sea posible para entregar el artículo a principios de (a mediados de) febrero.
According to your wish, we shall endeavour to carry out your order	Según su deseo, procuraremos ejecutar su orden
a) this week.	a) en el curso de la semana.
b) in a week.	b) en una semana.
c) in a fortnight.	c) a 15 días.
d) in due time.	d) dentro del plazo fijado.
The delivery cannot take place immediately because we are somewhat behind in our work.	La entrega no podrá efectuarse en seguida, pues tenemos algún atraso en nuestro trabajo.
The demand of late having been so great, we shall not be able to deliver the goods before the ...	Con motivo de una demanda considerable no podremos entregarle las mercancías antes del ...
You shall receive part of the goods.	Las mercancías le serán entregadas en parte.

Nous ne pourrons livrer les marchandises que contre payement du montant de la facture.	Wir können die Waren nur gegen Barzahlung des Rechnungsbetrages liefern.
Je livrerai dès que vous aurez viré télégraphiquement le montant à la banque ...	Die Lieferung erfolgt, sobald Sie den Betrag telegraphisch an die Bank ... überwiesen haben.
Nous espérons que ce retard ne vous causera aucun ennui.	Wir hoffen, daß Ihnen diese Verzögerung keine Unannehmlichkeit verursachen wird.
Nous vous prions d'excuser ce retard dans l'exécution de votre ordre et espérons que vous accepterez notre proposition.	Wir bitten Sie, die Verzögerung in der Ausführung Ihres Auftrages zu entschuldigen und hoffen, daß Sie sich mit unserem Vorschlag einverstanden erklären können.

LETTRES	MUSTERBRIEFE

7. Confirmation d'ordre — **7. Auftragsbestätigung**

Monsieur, Nous vous remercions de votre ordre du 15 ct et avons noté pour vous:	Sehr geehrter Herr ..., Wir danken Ihnen für Ihren Auftrag vom 15. d. M. und werden Ihnen liefern:
5 dz. linges de toilette éponge Nos 17 et 19 de notre catalogue 3 dz. linges de bains N° 167 3 dz. essuie-mains N° 466	5 Dtzd. Frottiertücher, Katalog-Nr. 17–19 3 Dtzd. Badtücher, Katalog-Nr. 167 3 Dtzd. Handtücher, Katalog-Nr. 466
Selon votre désir, nous nous efforcerons de livrer dans le courant de la semaine.	Wunschgemäß werden wir uns für die Lieferung im Laufe dieser Woche bemühen.
Nous sommes persuadés que l'exécution de votre ordre vous donnera entière satisfaction, et nous vous présentons, Monsieur, nos salutations distinguées.	Wir sind überzeugt, daß die Ausführung Ihres Auftrages zu Ihrer vollen Zufriedenheit ausfallen wird und zeichnen mit vorzüglicher Hochachtung

The delivery can take place only on payment of our invoice.	Sólo podremos entregar las mercancías mediante el pago de la suma de la cuenta.
I shall send the goods as soon as you have wired the transfer of the amount to the Bank X ...	Entregaré tan pronto como Ud. haya girado la suma telegráficamente al banco ...
We hope that this delay will not cause you any trouble.	Esperamos que este retraso no le causará ninguna molestia.
We apologize for being late in carrying out your order and hope you will agree to our proposal (suggestion).	Le rogamos nos perdone este retraso en la ejecución de su orden y confiamos que Ud. acepte nuestra propuesta.

LETTERS	CARTAS
7. Acknowledgment of an order	**7. Confirmación de orden**
Dear Sir, We thank you for your order of the 15th inst. and are sending you:	Muy Señor nuestro: Le agradecemos por su orden del 15 cte y hemos apuntado para Ud. de nuestro catálogo:
5 dz. Face towels No. 17 and 19 of our catalogue 3 dz. Bath towels No. 167 3 dz. Hand towels No. 466	5 docenas toallas esponja No. 17 y 19 3 docenas paños de baño No. 167 3 docenas toallas No. 466
According to your wish, we shall endeavour to deliver within a week.	Según su deseo procuraremos entregárselo en el curso de la semana.

We feel convinced that the execution of your order will give you full satisfaction and
    We are, dear Sir,
    Yours faithfully,
	Tenemos la convicción de que la ejecución de su orden resultará completamente satisfactoria para Ud. y con este motivo tenemos el gusto de repetirnos de Ud.
	    attos y SS. SS.

8. Confirmation d'ordre et demande de délai de livraison	8. Auftragsbestätigung und Lieferfristanfrage
Monsieur, Nous avons bien reçu votre commande d'hier concernant la livraison de: 10 robes pour dames, art. 258 a, 265–380 10 manteaux pour dames, art. 653 à 658 Malheureusement, par suite d'une demande considérable, nous ne pourrons pas livrer ces marchandises avant le 29 ct. Nous espérons que ce retard ne vous causera aucun ennui et nous vous prions d'agréer, Monsieur, l'expression de nos sentiments distingués.	Sehr geehrter Herr, Wir danken Ihnen für Ihren gestrigen Auftrag über: 10 Damenröcke, Art. 258 a, 265–380 10 Damenmäntel, Art. 653–658 Leider können wir diese Waren infolge der großen Nachfrage nicht vor dem 29. d. M. liefern. Wir hoffen, daß Ihnen diese Verzögerung keine Unannehmlichkeiten verursachen wird. Mit freundlichen Grüßen

EXERCICES	AUFGABEN
7. Vous avez reçu une commande de 10 caisses d'oranges, 5 caisses de bananes et 1 caisse d'ananas. Accusez-en réception.	7. Sie haben einen Auftrag über 10 Kisten Orangen, 5 Kisten Bananen und 1 Kiste Ananas erhalten. Bestätigen Sie den Empfang dieser Bestellung.
8. Tout en accusant réception d'une commande de 3 machines à écrire «Baby», faites remarquer à votre client qu'il vous est impossible de lui accorder le rabais spécial de 3% qu'il souhaite. Livraison dans 15 jours.	8. Bestätigen Sie den Erhalt eines Auftrages über 3 Schreibmaschinen «Baby», und machen Sie Ihren Kunden darauf aufmerksam, daß es Ihnen nicht möglich ist, ihm den gewünschten Sonderrabatt von 3% zu gewähren. Lieferung in 14 Tagen.

8. **Acknowledging an order and asking for a delay in delivery**

Dear Sir,
We thank you for your yesterday's order referring to:

10 dresses, art. 258 a, 265–380

10 women's overcoats, art. 653 à 658

Unfortunately, the demand of late having been so great, we cannot deliver before the 29th inst.

Hoping that this delay is not going to put you to any inconvenience,

We remain, dear Sir,
Yours truly,

EXERCISES

7.

You have received an order for 10 cases of oranges, 5 cases of bananas and 1 case of pineapples. Acknowledge receipt of it.

8.

Acknowledge receipt of an order for 3 typewriting machines, "Baby", and write to your customer that you cannot grant him the special rebate of 3% he is asking. Delivery in a fortnight.

8. **Se confirma una orden y se solicita un plazo de entrega**

Muy Señor nuestro:
Hemos debidamente recibido su orden de ayer refiriéndose al suministro de:

10 vestidos para señoras, art. 258 a, 265–380

10 abrigos para señoras, art. 653 à 658

Desgraciadamente, con motivo de una demanda considerable, no podremos entregar estas mercancías antes del 29 cte.

Esperamos que este retraso no le causará ninguna molestia. Quedamos de Ud.

attos y SS. SS.
Q. E. S. M.

EJERCICIOS

7.

Ud. recibió un pedido de 10 cajas de naranjas, 5 cajas de plátanos y 1 caja de piñas. Acuse Ud. recibo.

8.

Acusando recibo de un pedido de 3 máquinas de escribir, «Baby», así mismo advierte su cliente que le es imposible otorgarle la rebaja especial de 3% que desea. Entrega a 15 días.

| VII | ANNULATION D'ORDRE | VII | AUFTRAGSWIDERRUF UND -ABLEHNUNG |

a) Annulé par le client

A regret, nous sommes contraints d'annuler notre ordre du 15 ct.

Par suite de l'augmentation des droits de douane sur les produits étrangers, je vous prie de considérer mon ordre du ... comme nul et non avenu.

Le délai de livraison étant écoulé depuis longtemps, je vous prie d'annuler mon ordre du ...

Comme vous ne pouvez nous livrer les marchandises désirées, nous nous voyons dans l'obligation d'annuler notre ordre du ...

Vos conditions actuelles étant inacceptables, nous nous voyons contraints de retirer notre ordre.

a) Vom Auftraggeber widerrufen

Wir bedauern, unseren Auftrag vom 15. d. M. zurückziehen zu müssen.

Wegen der Zollerhöhung auf ausländische Waren wollen Sie bitte meinen Auftrag vom ... als ungültig betrachten.

Da die Lieferfrist schon lange abgelaufen ist, bitte ich Sie, meinen Auftrag vom ... zu streichen.

Da Sie uns die gewünschten Waren nicht liefern können, sehen wir uns gezwungen, unseren Auftrag vom ... zu widerrufen.

Da Ihre gegenwärtigen Bedingungen unannehmbar sind, müssen wir unseren Auftrag zurückziehen.

b) Annulé par le fournisseur

Comme nous ne livrons que contre payement comptant, nous ne pouvons exécuter votre ordre.

Ayant épuisé notre stock, nous nous voyons dans l'obligation de refuser votre ordre.

Je regrette de ne pouvoir exécuter votre dernière commande, les marchandises désirées étant momentanément épuisées.

Nos prix ne nous permettant d'accorder aucun crédit, nous ne sommes pas à même d'exécuter votre ordre d'hier.

b) Vom Verkäufer abgelehnt

Wir können Ihren Auftrag nicht ausführen, weil wir nur gegen bar verkaufen.

Da die Waren nicht mehr vorrätig sind, müssen wir Ihren Auftrag ablehnen.

Ich bedaure, Ihren letzten Auftrag nicht ausführen zu können, weil die gewünschten Waren zur Zeit ausverkauft sind.

Wir bedauern, Ihren gestrigen Auftrag nicht annehmen zu können, weil unsere Preise keine Kreditgewährung gestatten.

VII	CANCELLING AN ORDER		VII	ANULACIÓN DE ORDEN

a) Cancelled by the customer

We are sorry to have to cancel our order of the 15th inst.

The custom duties on foreign goods having increased, I am compelled to cancel my order of the ...

The date of delivery being past due long ago, I am obliged to cancel my order of the ...

Since you cannot deliver the right goods, we are compelled to cancel our order of the ...

Your terms being no longer satisfactory, we are obliged to withdraw our order.

b) Cancelled by the supplier

Since we deliver only on cash payment, we cannot carry out your order.

The articles being out of stock, we have to cancel your order.

I am sorry not to be able to carry out your last order, the goods you mentioned being not available for the moment.

As our prices do not allow us to extend any credit, we are not in a position to execute your order of yesterday.

a) Anulado por el cliente

Sentimos hallarnos en la obligación a anular nuestra orden del 15 cte.

Con motivo del aumento de los derechos de aduana sobre los productos extranjeros le ruego considerar mi orden del ... sin valor ninguno.

Habiendo vencido el plazo de entrega desde mucho tiempo, le ruego anular mi orden del ...

Ya que Ud. no puede remitirnos las deseadas mercancías, nos vemos en la obligación a anular nuestra orden del ...

Sus actuales condiciones siendo inadmisibles, nos vemos obligados a retirar nuestra orden.

b) Anulado por el proveedor

Ya que sólo suministramos mediante pago al contado, no podemos ejecutar su orden.

Habiendo agotado nuestras existencias, nos vemos obligados a rehusar su orden.

Siento no poder ejecutar su último pedido, las mercancías deseadas habiéndose momentáneamente agotadas.

Nuestros precios no nos permiten otorgar ningun crédito y con este motivo no nos es posible ejecutar su orden de ayer.

| LETTRES | MUSTERBRIEFE |

9. Annulation d'ordre par le client

Messieurs,
Nous avons bien reçu votre confirmation de commande du 16 éc. et regrettons de vous informer que vos conditions actuelles étant inacceptables, nous nous voyons contraints d'annuler notre ordre.

Veuillez croire, Messieurs, à l'expression de nos sentiments distingués.

10. Le fournisseur annule un ordre

Monsieur,
Nous vous remercions de votre ordre du ... concernant la livraison de 100 ...

et regrettons de ne pouvoir exécuter cette dernière commande, les marchandises désirées étant épuisées momentanément.

Dès que notre stock sera renouvelé, nous vous le ferons savoir.

Veuillez agréer, Monsieur, nos salutations distinguées.

9. Auftragswiderruf durch den Besteller

Sehr geehrte Herren,
Wir bestätigen den Empfang Ihrer Auftragsbestätigung vom 16. v. M. und bedauern, daß Ihre gegenwärtigen Bedingungen unannehmbar sind, so daß wir unseren Auftrag zurückziehen müssen.

Mit vorzüglicher Hochachtung

10. Auftragsablehnung durch den Lieferanten

Sehr geehrter Herr ...,
Wir danken Ihnen für Ihre Bestellung vom ... über 100 ...

und bedauern, diesen Auftrag nicht ausführen zu können, weil die bestellten Waren zur Zeit ausverkauft sind.

Sobald diese Waren wieder vorrätig sind, werden wir uns mit Ihnen in Verbindung setzen.

Mit vorzüglicher Hochachtung

EXERCICES

9.
L'augmentation des droits de douane sur les cuirs vous oblige à annuler votre ordre de gants, sacs et valises. Ecrivez la lettre.

10.
Comme vous ne pouvez pas accorder de crédit, annulez une commande de 50 paires de souliers.

AUFGABEN

9.
Die Zollerhöhungen auf Leder zwingen Sie, Ihren Auftrag über Handschuhe, Taschen und Koffer zurückzuziehen. Schreiben Sie diesen Widerruf.

10.
Lehnen Sie die Bestellung über 50 Paar Schuhe ab, weil Sie keinen Kredit gewähren können.

| LETTERS | CARTAS |

9. The customer cancels his order

Dear Sirs,
We thank you for the acknowledgment of our order of the 16th ult. and regret to inform you that, your terms being no longer satisfactory, we are compelled to cancel our order.

Yours faithfully,

10. The supplier declines an order

Dear Sir,
We thank you for your order of the ... concerning the delivery of 100 ...
and we are sorry not to be in a position to carry it out, the goods you mention being no longer available for the moment.
As soon as we have replenished our stock, we shall let you know it.

Yours faithfully,

EXERCISES

9.
The custom duties on leather articles compel you to cancel your order for gloves, bags and trunks. Write the letter.

10.
As you cannot grant any credit, cancel an order for 50 pairs of shoes.

9. Anulación de orden por el cliente

Muy Señores nuestros:
Recibimos debidamente la confirmación de su orden del 16 pdo. y sentimos informarles que sus actuales condiciones siendo inaceptables, nos encontramos en la obligación de anular su orden.

Con este motivo se repiten de Uds.
attos y SS. SS.

10. El proveedor anula una orden

Muy Señor nuestro:
Le agradecemos su orden del ... refiriéndose a la entrega de 100 ...
y sentimos no poder ejecutar esta última orden, las mercancías deseadas habiéndose actualmente agotado.
Tan pronto como nuestras existencias se hayan reconstituido, se lo participaremos.

Con este motivo nos ofrecemos de Ud.
attos y SS. SS.

EJERCICIOS

9.
El incremento de los derechos de aduana sobre los cueros le obliga a anular su orden de guantes, sacos y maletas. Escriba la carta.

10.
Como Ud. no puede otorgar crédito, anule una orden de 50 pares de zapatos.

VIII	EXÉCUTION D'ORDRES	VIII	AUFTRAGS-AUSFÜHRUNG

a) Formules d'entrée

Nous vous envoyons par train les 200 kg de café qui font l'objet de votre ordre.

Nous vous remercions de votre ordre du ... et nous vous faisons parvenir par la poste 50 ...

Sur votre demande, nous vous envoyons par grande vitesse 3 pièces de soie bleue.

En exécution de votre ordre du ... vous trouverez ci-inclus notre facture concernant 30 montres-bracelets, réf. 25603 et 7642.

Nous avons exécuté votre ordre du ... et vous envoyons la facture s'y rapportant.

b) Prix

Nos prix sont calculés au plus juste.

Nous sommes certains que nos articles vous donneront entière satisfaction.

Veuillez nous retourner franco les emballages vides.

Les caisses sont à votre charge.

Nous ne pouvons pas reprendre les caisses vides.

c) Fret, assurance et douane

Les marchandises sont assurées auprès de la Compagnie X. ...

Fret et douane à votre charge.

Je vous prie d'effectuer le dédouanement.

a) Briefanfänge

Mit der Bahn übersenden wir Ihnen die bestellten 200 kg Kaffee.

Wir danken Ihnen für Ihren Auftrag vom ... und übermitteln Ihnen mit der Post 50 ...

Auftragsgemäß senden wir Ihnen als Eilgut 3 Stück Blauseide.

Nachdem wir Ihren Auftrag vom ... ausgeführt haben, senden wir Ihnen als Beilage unsere Rechnung über 30 Armbanduhren, Ref. 25603 und 7642.

Wir haben Ihren Auftrag vom ... ausgeführt und übergeben Ihnen als Beilage unsere entsprechende Rechnung.

b) Preise

Unsere Preise sind äußerst niedrig berechnet.

Wir sind überzeugt, daß unsere Waren Ihren Erwartungen entsprechen werden.

Leere Verpackungen sind uns franko zurückzusenden.

Die Kisten müssen wir Ihnen verrechnen.

Leere Kisten können nicht zurückgenommen werden.

c) Fracht, Versicherung und Zoll

Wir haben die Waren bei der ... Versicherungsgesellschaft versichert.

Fracht und Zoll zu Ihren Lasten.

Ich bitte Sie, die Verzollung vorzunehmen.

VIII EXECUTION OF ORDERS

a) Introductory sentences

According to your order, we are sending you by train the 200 kg of coffee.

We thank you for your order of the ... and have dispatched you by post 50 ...

According to your wish, we are sending you by express 3 bolts of blue silk.

In execution of your order of the ... you will find herewith our invoice for

30 wrist-watches, ref. 25 603–7 642.

We have carried out your order of the ... and are sending you herewith our invoice.

b) Price

These are our rock-bottom prices.

We trust that our goods will be satisfactory.

Empty cases to be returned free of charge.

Cases are at your expense.

We cannot take back empty cases.

c) Freight, insurance, custom duties

The goods are insured by X. ... Company.

Custom duties and freight to be paid by you.

Please make sure that the custom duties are paid.

VIII EJECUCIÓN DE ÓRDENES

a) Formulas de estreno

Les expedimos por tren los 200 kg de café que motivan su orden.

Les agradecemos su orden del ... y les mandamos por correo 50 ...

Satisfaciendo su orden, les expedimos por gran velocidad 3 piezas de seda azúl.

Cómo ejecución de su orden del ... Ud. hallará incluso nuestra factura refiriéndose a

30 relojes de pulsera, ref. 25 603 y 7 642.

Hemos ejecutado su orden del ... y le enviamos la factura correspondiente.

b) Precios

Nuestros precios se calculan a su límite.

Estamos seguros de que Uds. quedarán completamente satisfechos con nuestros precios.

Sírvanse devolvernos franco los embalajes vacíos.

Las cajas quedan a su cargo.

No podemos volver a tomar las cajas vacías.

c) Flete, seguro y aduana

La Compañía X. ... se encarga de asegurar las mercancías.

Flete y aduana a su cargo.

Le ruego se encargue de sacar de aduana.

d) Livraison

Les marchandises sont envoyées aujourd'hui.

Nous espérons que vous recevrez les marchandises à temps.

Veuillez accuser réception de la marchandise.

Il nous a été malheureusement impossible de vous faire parvenir tous les articles commandés.

Le délai de livraison était trop court.

Le solde vous parviendra durant ces prochains jours.

e) Payement

Nous vous remettons, ci-joint, notre facture, en vous priant de nous créditer de son montant.

Selon votre désir, nous vous envoyons notre facture s'élevant à Fr. 500.–.

Veuillez en verser le montant à notre compte de chèques postaux II 1957.

Ma facture s'élève à Fr. 1500.–, montant que je me permettrai de tirer sur vous.

Nous vous accordons un rabais de 5%.

f) Fin de lettre

Nous sommes persuadés que la marchandise vous donnera entière satisfaction.

Nous attendons avec plaisir vos prochains ordres à l'exécution desquels nous vouerons tous nos soins.

Si notre livraison vous donne satisfaction, nous espérons que vous nous réserverez vos prochains ordres.

Nous vous recommandons de nous faire parvenir vos prochains ordres sans tarder.

d) **Lieferung**

Die Waren sind heute abgesandt worden.

Wir hoffen, daß Sie die Waren rechtzeitig erhalten werden.

Bestätigen Sie uns bitte den Empfang der Ware.

Es war uns leider unmöglich, Ihnen alle bestellten Artikel zukommen zu lassen.

Die Lieferfrist war zu kurz.

Der Rest wird innerhalb der nächsten Tage folgen.

e) **Zahlung**

Als Beilage übersenden wir Ihnen unsere Rechnung, mit der Bitte, uns den Betrag gutzuschreiben.

Wunschgemäß senden wir Ihnen unsere Rechnung in der Höhe von Fr. 500.–.

Wir bitten Sie, den Betrag auf unser Postscheckkonto II 1957 einzuzahlen.

Meine Rechnung beläuft sich auf Fr. 1500.–, für welchen Betrag ich einen Wechsel auf Sie ziehen werde.

Wir gewähren Ihnen 5% Rabatt.

f) **Schlußworte**

Wir sind überzeugt, daß die Ware Ihren Erwartungen entsprechen wird.

Wir sehen Ihren weiteren Aufträgen, die wir mit aller Sorgfalt ausführen werden, gerne entgegen.

Wenn die Lieferung zu Ihrer Zufriedenheit ausgefallen ist, erwarten wir gerne Ihre weiteren Bestellungen.

Wir empfehlen Ihnen, uns Ihre nächsten Aufträge ohne Verzögerung aufzugeben.

d) Delivery

The goods have been sent today.

We hope you will get the goods in time.

Please acknowledge receipt of the goods.

We are sorry not to have been able to send you the bulk of the goods.

The time of delivery was too short.

Your order will be completed within the next few days.

e) Payment

We are enclosing herewith our invoice and ask you to credit us with this amount.

According to your wish, we are sending you our invoice amounting to Fr. 500.–.

Please send us a postal money-order for this amount.

I shall draw on you for the amount of my bill, value Fr. 1 500.–.

We grant you a rebate of 5%.

f) Ending a letter

We feel sure that our goods will be entirely satisfactory.

We are looking forward to receiving your further orders which shall be carried out with our greatest care.

Should our delivery be satisfactory, we hope you will favour us with your further orders.

Please give us your further orders without delay (as soon as possible).

d) Entrega

Se mandan hoy las mercancías.

Esperamos que Ud. reciba las mercancías a tiempo.

Sírvase acusar recibo de la mercancía.

Nos fué desgraciadamente imposible mandarle todos los artículos pedidos.

El plazo de entrega era demasiado corto.

El saldo le llegará estos próximos días.

e) Pago

Le remitimos incluso, nuestra factura, rogándole de abonarnos su importe.

Según su deseo le mandamos nuestra factura cuyo importe es de Fr. 500.–.

Sírvase pagar el importe a nuestra cuenta de giros postales II 1957.

Mi factura suma Fr. 1 500.– cuyo importe me permitiré de girar a su cargo.

Le consentimos una rebaja de 5%.

f) Final de cartas

Estamos convencidos de que la mercancía le satisfará por completo.

Esperamos con gusto sus nuevas órdenes cuya ejecución se hará con cuanto esmero.

Si Ud. queda satisfecho con nuestra entrega, contamos con que Ud. nos reservará sus nuevas órdenes.

Le recomendamos nos manden sus nuevas órdenes sin demora.

| LETTRES | MUSTERBRIEFE |

11. Exécution d'ordre

Monsieur,

Nous vous remercions de votre ordre du 2 ct et vous faisons parvenir par exprès:

50 Rédigez mieux, de F. Berset.

Selon votre désir, nous vous envoyons ci-inclus notre facture de Fr. 350.– dont vous voudrez bien nous créditer le montant.

Nous attendons avec plaisir vos prochains ordres et vous présentons, Monsieur, nos salutations distinguées.

12. Envoi d'une facture

Monsieur,

En exécution de votre ordre du ..., vous trouverez notre facture concernant:

20 montres-bracelets, réf. 5676 et 7350.

Nous sommes certains que nos articles vous donneront entière satisfaction et attendons avec plaisir vos prochains ordres auxquels nous vouerons tous nos soins.

Veuillez agréer, Monsieur, nos salutations distinguées.

EXERCICES
11.

Ecrivez la lettre accompagnant une commande de:

10 douz. de couteaux de table, manche ivoire, N° 75 à £ 1.19/– la douz.

6 douz. de fourchettes, N° 37 à £ 1.4/–
3 douz. de ciseaux, N° 15 à £– 19/9.

Rappelez les conditions de payement.

11. Auftragsausführung

Sehr geehrter Herr Professor,

Wir danken Ihnen für den Auftrag vom 2. d. M. und liefern Ihnen per Expreß:

50 Rédigez mieux, von F. Berset.

Wunschgemäß senden wir Ihnen als Beilage unsere Rechnung in der Höhe von Fr. 350.–, welchen Betrag Sie uns gutschreiben wollen.

Wir sehen Ihren weiteren Nachrichten gerne entgegen und zeichnen
  mit vorzüglicher Hochachtung

12. Zustellung einer Rechnung

Sehr geehrter Herr...,

In Erledigung Ihres Auftrages senden wir Ihnen als Beilage unsere Rechnung über

20 Armbanduhren, Ref. 5676 und 7350.

Wir sind überzeugt, daß diese Artikel Ihren Erwartungen entsprechen und sehen Ihren weiteren Aufträgen, die wir mit aller Sorgfalt ausführen werden, gerne entgegen.
  Mit vorzüglicher Hochachtung

AUFGABEN
11.

Schreiben Sie den Begleitbrief zur Lieferung von:

10 Dtzd. Tischmessern, Elfenbeingriff, Nr. 75 zu £ 1.19/– p. Dtzd.

6 Dtzd. Gabeln, Nr. 37, zu £ 1.4/– p. Dtzd.
3 Dtzd. Scheren, Nr. 15, zu £– 19/9 p. Dtzd.

Rufen Sie die Zahlungsbedingungen in Erinnerung.

| LETTERS | CARTAS |

11. Carrying out an order

Dear Sir,

We thank you for your order of the 2nd inst. and are sending you by express:

50 Rédigez mieux, by F. Berset.

According to your wish we are enclosing herewith our invoice amounting to Fr. 350.– and ask you to credit us with this amount.

Looking forward to receiving your further orders,
We remain,
Yours faithfully,

12. Sending an invoice

Dear Sir,

In execution of your order of the ..., you will find herewith our invoice for

20 wrist-watches, Ref. 5676 and 7350.

We feel sure that our articles will give you entire satisfaction and we are looking forward to receiving your further orders which will be carried out with our most careful attention.
Faithfully yours,

EXERCISES
11.

Write the letter sent in execution of the following order:

10 doz. Ivory handled table-knives, No. 75, at £ 1.19/– per doz.

6 doz. Forks, No. 37, at £ 1.4/– per doz.
3 doz. Scissors, No. 15, at £ –19/9.

State conditions of payment.

11. Ejecución de orden

Muy Señor nuestro:

Le agradecemos su orden del 2 de Octubre y le mandamos por correo expreso;

50 Rédigez mieux, de F. Berset.

Según su deseo, le mandamos incluso nuestra factura de Fr. 350.– cuyo importe se servirá abonarnos.

Esperamos gustosos sus nuevas órdenes y con este motivo nos ofrecemos de Ud.
attos y SS. SS.

12. Envío de factura

Muy Señor mío:

Con motivo de la ejecución de su orden del ..., le mandamos la factura refiriéndose a:

20 relojes de puño, ref. 5676 y 7350.

Tenemos la convicción de que nuestros artículos le satisfarán por completo y aguardamos gustosos sus nuevas órdenes que ejecutaremos con cuanto esmero. Con este motivo nos repetimos de Ud.
attos y SS. SS.

EJERCICIOS
11.

Escríbase la carta acompañando un pedido de:

10 docenas de cuchillos de mesa, mango de marfil, Nº 75 a £ 1.19/– la docena;

6 docenas de tenedores, Nº 37 a £ 1.4/–;
3 docenas de tijeras, Nº 15 a - £ 19/9.

Recordar las condiciones de pago.

12.
Annoncez l'exécution d'un ordre de:

10 caisses de lait condensé (50 boîtes par caisse).
Livraison immédiate. Payement net à 3 mois; 5% à 30 jours.

12.
Melden Sie die Ausführung einer Bestellung über:

10 Kisten Kondensmilch (Kisten zu 50 Büchsen).
Sofortige Lieferung, Zahlung netto innert 3 Monaten oder mit 5% innert 30 Tagen.

IX PAYEMENT

Par chèque; par traite; par mandat de poste; par c.c.p.; par lettre avec valeur déclarée.

Nous avons bien reçu, hier, les marchandises commandées dans notre lettre du 2 septembre.

Nous avons reçu, ce matin, votre lettre du 7 ct ainsi que la facture et la lettre de voiture concernant la livraison de 10 sacs de café.

En règlement de votre facture du 7 juillet 19.., nous vous envoyons, ci-inclus, un chèque de Fr. 350.– sur la Banque Cantonale Vaudoise.

En payement des marchandises livrées le 15 ct, nous vous envoyons
a) une traite de Fr. 5000.– sur ...
b) Fr. 700.– par virement postal et vous prions d'en passer le montant à notre crédit.
Nous vous prions d'en accuser réception.

En règlement de votre facture du 10 éc., nous virons à votre compte de chèques postaux la somme de Fr. 555.–.

Pour vous couvrir de votre facture, nous vous envoyons, ci-inclus, Fr. 1000.– en billets de banque.

IX ZAHLUNG

Durch Scheck; Wechsel; Postanweisung; Postschecküberweisung; eingeschriebene Sendung.

Wir bestätigen den ordnungsgemäßen Empfang der am 2. September bestellten Waren.

Heute vormittag erhielten wir Ihr Schreiben vom 7. d. M. sowie die Rechnung und den Frachtbrief über die Lieferung von 10 Sack Kaffee.

Zum Ausgleich Ihrer Rechnung vom 7. Juli 19.. senden wir Ihnen als Beilage einen Scheck über Fr. 350.– auf die Banque Cantonale Vaudoise.

Als Gegenwert Ihrer Lieferung vom 15. d. M.
a) senden wir Ihnen einen Wechsel über Fr. 5000.– auf ...
b) überweisen wir Fr. 700.– auf Ihr Postscheckkonto, und wir bitten Sie, uns diesen Betrag gutzuschreiben.
Bestätigen Sie bitte den Empfang.

Zum Ausgleich Ihrer Rechnung vom 10. v. M. überweisen wir Fr. 555.– auf Ihr Postscheckkonto.

Zum Ausgleich Ihrer Rechnung senden wir Ihnen als Beilage Fr. 1000.– in Banknoten.

12.
Write to your customer that you have carried out his order:
10 cases condensed milk (50 tins each).

Immediate delivery. Payment net in 3 months; 5% within 30 days.

12.
Avise la ejecución de una orden de:

10 cajas de leche condesada (50 cajitas por caja).

Entrega inmediata. Pago neto a 3 meses; 5% a 30 días.

IX	PAYMENT

By cheque; by bill; by postal money-order; by letter with value declared.

IX	PAGO

Por cheque; por giro; por giros postales; por cartas con valor declarado.

The goods ordered in our letter of the 2nd September arrived yesterday and are satisfactory.

This morning, we received your letter of the 7th inst. together with your invoice and the bill of lading concerning the delivery of 10 sacks of coffee.

In settlement of your invoice of the 7th July 19.., we are sending you herewith a cheque, value Fr. 350.– on the Banque Cantonale Vaudoise.

In payment for the goods dispatched on the 15th inst., we are sending you

a) a bill, value Fr. 5000.– on ...

b) a postal money-order value Fr. 700.– and ask you to credit our account with this amount.

Please acknowledge receipt.

In settlement of your invoice of the 10th ult., we have credited your postal account with Fr. 555.–.

To settle your invoice, we are enclosing herewith Fr. 1000.– in banknotes.

Hemos debidamente recibido, ayer, las mercancías pedidas en nuestra carta del 2 de Septiembre.

Recibimos esta mañana su carta del 7 del cte, así como la factura y la carta de porte refiriéndose a la expedición de 10 sacos de café.

En vista del pago de su factura del 7 de Julio 19.. le mandamos incluso un cheque de Fr. 350.– a cargo del Banco Cantonale Vaudoise.

Para el pago de las mercancías entregadas el 15 del cte, le mandamos

a) un giro de Fr. 5000.– a cargo de...

b) Fr. 700.– por giro postal cuyo importe le rogamos nos abonen.

Le rogamos nos acusen recibo.

Para el pago de su factura del 10 pdo. giramos a su cuenta de giros postales la suma de Fr. 555.–.

Para el pago de su factura, le mandamos incluso, Fr. 1000.– en billetes de banco.

| LETTRES | MUSTERBRIEFE |

13. Payement par chèque

Monsieur,
Nous avons bien reçu, hier, les marchandises commandées par notre lettre du 5 ct, et en règlement de votre facture, nous vous envoyons ci-inclus un chèque de Fr. 1 500.– sur la Banque Galland & Cie à Lausanne.

Veuillez en accuser réception et agréer, Monsieur, nos salutations distinguées.

14. Payement par c. c. p.

Messieurs,
En payement des marchandises livrées le 16 ct, nous virons Fr. 3 000.– à votre compte de chèques postaux et vous prions d'en passer le montant à notre crédit.

Veuillez agréer, Messieurs, nos salutations les meilleures.

13. Zahlung durch Scheck

Sehr geehrter Herr . . .,
Wir haben die bei Ihnen am 5. d. M. bestellten Waren gestern richtig erhalten.

Zum Ausgleich Ihrer Rechnung senden wir Ihnen einen Scheck im Betrag von Fr. 1 500.– auf die Banque Galland & Cie., Lausanne.

Wir bitten um Empfangsbestätigung und zeichnen
       mit vorzüglicher Hochachtung

14. Zahlung durch Postscheckübersweisung

Sehr geehrte Herren,
Als Gegenwert der uns am 16. d. M. gelieferten Waren überweisen wir Fr. 3 000.– auf Ihr Postscheckkonto, welchen Betrag Sie uns bitte gutschreiben wollen.

    Mit vorzüglicher Hochachtung

EXERCICES

13.
Vous avez reçu une facture de Fr. 1 350.– concernant le payement de 3 machines à écrire. Annoncez ce payement par chèque sur l'Union Vaudoise du Crédit.

14.
Envoyez une traite en payement d'une livraison de meubles de bureau, valeur Fr. 5 650.–.

AUFGABEN

13.
Sie haben eine Rechnung über Fr. 1 350.– für 3 Schreibmaschinen erhalten. Senden Sie zum Ausgleich einen Scheck auf die Union Vaudoise du Crédit.

14.
Begleichen Sie eine Büromöbellieferung im Wert von Fr. 5 650.– mit einem Wechsel.

LETTERS	CARTAS

13. Payment by cheque

Dear Sir,
The goods ordered in our letter of the 5th inst. have arrived and are satisfactory. In settlement of your invoice, we are sending you herewith a cheque for Fr. 1 500.– on the Banque Galland & Cy, Lausanne.

Please, acknowledge receipt of it.

Yours truly,

14. Payment by postal money-order

Dear Sirs,
In payment for the goods delivered on the 16th inst., we are sending you herewith a postal money-order for Fr. 3 000.– and ask you to credit us with this amount.

Yours truly,

EXERCISES

13.
You have received an invoice amounting to Fr. 1 350.– for the delivery of 3 typewriting machines. Send a cheque on the Union Vaudoise du Crédit in settlement.

14.
Send a bill of exchange in payment for a delivery of office furniture, value Fr. 5 650.–.

---

13. Pago por cheque

Muy Señor nuestro:
Recibimos ayer las mercancías pedidas en nuestra carta del 5 cte, y con el fin de pagar su factura, le mandamos incluso un cheque de Fr. 1 500.– a cargo del banco Galland & Cía en Lausanne.

Rogándole nos acusen recibo, nos ofrecemos de Ud.

attos y SS. SS.

14. Pago por giro postal

Muy Señores nuestros:
Con el fin de pagar las mercancías entregadas el 16 cte, giramos Fr. 3 000.– a su cuenta de giro postales y cuyo importe les rogamos abonarnos.

Con este motivo nos ofrecemos de Uds.

attos y SS. SS.

EJERCICIOS

13.
Ud. recibió una factura de Fr. 1 350.– refiriéndose al pago de 3 máquinas de escribir. Avise Ud. pago por cheque a cargo de la Union Vaudoise du Crédit.

14.
Mande un giro como pago de una entrega de muebles de oficina, valor Fr. 5 650.–.

| X | **ACCUSÉ DE RÉCEPTION D'UN VERSEMENT** | X | **ZAHLUNGS-BESTÄTIGUNG** |

Nous vous remercions de votre versement de Fr. 5000.– en règlement de notre facture du 15 ct.

Nous accusons réception de votre virement de Fr. ... au crédit de notre compte à la Société de Banque Suisse et vous en remercions.

Nous avons bien reçu votre lettre du 10 juillet contenant une traite (un chèque) de Fr. ..., comme acompte de notre facture du 3 ct.

Nous sommes en possession de votre versement du 29 éc. et regrettons de vous informer qu'une erreur de frappe s'est glissée dans l'établissement de votre compte.

Vous avez déduit 3% au lieu du 2%.

Nous regrettons de ne pouvoir balancer votre compte car vous avez, par erreur, déduit l'emballage.

Je ne puis

a) baisser le prix de Fr. 20.– à Fr. 19.50.

b) vous accorder aucun rabais sur les prix indiqués.

Wir danken Ihnen für Ihre Einzahlung von Fr. 5000.– zum Ausgleich unserer Rechnung vom 15. d. M.

Wir danken Ihnen für Ihre Überweisung von Fr. ... auf unser Konto bei der Société de Banque Suisse.

Wir bestätigen den Empfang Ihres Schreibens vom 10. Juli und der Tratte (des Schecks) über Fr. ..., welchen Betrag wir Ihnen als Teilzahlung an unsere Rechnung vom 3. d. M. gutgeschrieben haben.

Wir sind im Besitze Ihrer Zahlung vom 29. v. M. und bedauern, Sie auf einen Fehler in Ihrer Abrechnung aufmerksam machen zu müssen.

Sie haben 3% statt 2% abgezogen.

Wir bedauern, Ihr Konto nicht ausgleichen zu können, weil Sie irrtümlicherweise die Verpackung abgezogen haben.

Ich bedaure,

a) den Preis nicht von Fr. 20.– auf Fr. 19.50 senken zu können.

b) auf den Ihnen angegebenen Preisen keinen Rabatt gewähren zu können.

X	ACKNOWLEDGMENT OF A REMITTANCE		X	ACUSO DE RECIBO DE UN PAGO

We thank you for your remittance of Fr. 5000.– in settlement of our invoice of the 15th inst.	Le agradecemos su envío de Fr. 5000.– como pago de nuestra factura del 15 cte.
We thank you very much for having credited our account on the Société de Banque Suisse, with Fr. ...	Le acusamos recibo de su giro de Fr. ... como abono de nuestra cuenta a la Sociedad de Banco Suizo y se lo agradecemos.
We have received your letter of the 10th of July together with a bill (cheque) for Fr. ... as a part payment of our invoice of the 3rd inst.	Recibimos su carta del 10 de Julio encerrando un giro (un cheque) de Fr. ..., como a cuenta de nuestra factura del 3 cte.
We acknowledge receipt of your remittance of the 29th ult. and are sorry to tell you that you have made an error when typing your account.	Recibimos su pago del 29 pdo. y sentimos deber informarles que un error de toque de máquina se verificó al establecer su cuenta.
You have deducted 3% instead of 2%.	Ud. dedujo 3% en vez de 2%.
We are sorry not to be able to balance your account, because you have erroneously deducted packing.	Sentimos no poder hacer el balance de su cuenta pues Ud. dedujo, equivocándose, el embalaje.
I cannot	No puedo
a) lower the price from Fr. 20.– to Fr. 19.50.	a) rebajar el precio de Fr. 20.– a Fr. 19.50.
b) grant you any discount off the price-list.	b) otorgarle ninguna rebaja sobre los precios que les indicamos.

| LETTRES | MUSTERBRIEFE |

15. Accusé de réception d'un payement par virement

Messieurs,
Nous accusons réception de votre virement de Fr. 7000.– au crédit de notre compte à la Société de Banque Suisse à Lausanne et vous en remercions.

Dans l'attente d'une nouvelle commande, nous vous prions d'agréer, Messieurs, l'expression de nos sentiments les meilleurs.

16. Accusé de réception d'une traite et envoi d'un catalogue

Monsieur,
Nous avons bien reçu votre lettre du 15 ct, contenant une traite de Fr. 3000.– en payement de notre facture du 29 éc., et vous en remercions.

Par le même courrier, vous recevrez notre nouveau catalogue et notre liste de prix.

Espérant que l'exécution de votre ordre vous a donné entière satisfaction, nous vous présentons, Monsieur, nos salutations les meilleures.

EXERCICES
15.
G. Müller, articles de cuir, Zurich, accuse réception d'un versement de Fr. 900.– au compte de c.p. et fait remarquer une erreur de Fr. 50.– dans le calcul de l'escompte.

16.
H.G. Banderet, commerce de vins, accuse réception d'un chèque de Fr. 850.–. Il accepte, pour cette fois seulement, la déduction de 3% (2% à l'avenir).

---

15. Empfangsbestätigung für eine Überweisung

Sehr geehrte Herren,
Wir danken Ihnen für Ihre Überweisung von Fr. 7000.– auf unser Konto bei der Société de Banque Suisse in Lausanne.

In Erwartung eines neuen Auftrages verbleiben wir

        mit freundlichen Grüßen

16. Empfangsbestätigung für einen Wechsel und Versand eines Katalogs

Sehr geehrter Herr...,
Wir bestätigen den Empfang Ihres Schreibens vom 15. d.M. und der Tratte über Fr. 3000.– zum Ausgleich unserer Rechnung vom 29. v.M. und danken Ihnen dafür.

Mit gleicher Post erhalten Sie unseren neuen Katalog und unsere Preisliste.

Wir hoffen, daß die Ausführung Ihres Auftrages zu Ihrer vollen Zufriedenheit ausgefallen ist.

        Mit freundlichen Grüßen

AUFGABEN
15.
G. Müller, Lederartikel, Zürich, bestätigt den Empfang einer Postscheckzahlung von Fr. 900.– und weist auf einen Fehler von Fr. 50.– in der Skontoberechnung hin.

16.
H.G. Banderet, Weinhandlung, bestätigt den Empfang eines Schecks über Fr. 850.– und erklärt sich (nur für diesmal) mit dem Abzug von 3% (in Zukunft 2%) einverstanden.

| LETTERS | CARTAS |

15. Acknowledgment of a payment by transfer

Dear Sirs,
We thank you very much for having credited our account on the Société de Banque Suisse, Lausanne, with Fr. 7000.–.

Looking forward to your further order,
      We remain, dear Sirs,
      Sincerely yours,

16. Acknowledging the receipt of a bill and sending a catalogue

Dear Sir,
We thank you for your letter of the 15th inst. received together with a bill, value Fr. 3000.– in settlement of our invoice of the 29th ult.

By the same mail, we are sending you our latest catalogue and price-list.

We trust that the execution of your order was entirely satisfactory and,
      We are, dear Sir,
      Very truly yours,

EXERCISES

15.
G. Müller, leather articles, Zürich, acknowledges the receipt of a postal money-order of Fr. 900.– and tells his client that he made an error of Fr. 50.– when he calculated the discount.

16.
H. G. Banderet, wine dealer, has received a cheque for Fr. 850.–. He accepts, for this time only, a deduction of 3% (2% in future).

---

15. Acuso de recibo de un pago por giro

Muy Señores nuestros:
Les acusamos recibo de su giro de Fr. 7000.– como abono de nuestra cuenta, a la Sociedad de Banco Suizo en Lausanne, y se lo agradecemos.

Aguardando una nueva orden, nos repetimos de Uds.
      attos y SS. SS.

16. Acuso de recibo de un giro y envío de un catálogo

Muy Señor mío:
Recibimos su carta del 15 cte en-cerrando un giro de Fr. 3000.– como pago de nuestra factura del 29 pdo., y se lo agradecemos.

Por el mismo correo, Ud. recibirá nuestro nuevo catálogo y nuestra lista de precios.

Con la espera de que Ud. quede completamente satisfecho con la ejecución de su orden, nos ofrecemos de Ud.
      attos y SS. SS.

EJERCICIOS

15.
G. Muller, artículos de cuero, Zürich, acusa recibo de un pago de Fr. 900.– a la cuenta de giros postal y advierte un error de Fr. 50.– en el cálculo del descuento.

16.
H.G. Banderet, comercio de vinos, acusa recibo de un cheque de Fr. 850.–. Acepta por esta vez solamente, la deducción de 3% (2% en adelante).

XI	PAYEMENT PAR TRAITE OU PAR UNE TIERCE PERSONNE	XI	ZAHLUNG DURCH WECHSEL ODER DURCH EINEN DRITTEN

Pour me couvrir de ma facture du 29 ct, j'ai tiré sur vous une traite de Fr. 2000.–.	Zum Ausgleich meiner Rechnung vom 29. d. M. habe ich einen Wechsel über Fr. 2000.– auf Sie gezogen.
Sur l'ordre et selon la facture de MM. X., nous nous permettons de vous envoyer ci-inclus une traite sur MM. Y. de Fr. 2500.– échue le 3 juillet.	Im Auftrage und für Rechnung der Herren X. gestatten wir uns, Ihnen als Beilage einen Wechsel auf die Herren Y. über Fr. 2500.–, fällig am 3. Juli, zu senden.
Nous vous prions d'honorer notre traite à l'échéance.	Wir bitten Sie, unsere Tratte bei Verfall einzulösen.
En règlement de notre facture échue le 27 ct, et après déduction de 3% d'escompte, nous nous sommes permis de tirer sur vous, au 15 juin et à l'ordre de la Banque Populaire Suisse de Lausanne, une traite de Fr. 2570.–.	Zum Ausgleich Ihrer am 27. d. M. fälligen Rechnung und unter Berücksichtigung von 3% Skonto haben wir uns erlaubt, auf Sie einen Wechsel über Fr. 2570.–, fällig am 15. Juni, Order Banque Populaire Suisse, Lausanne, zu ziehen.
En réponse à votre lettre du ... nous vous informons que votre lettre de change ne nous est pas parvenue.	In Beantwortung Ihres Briefes vom ... bedauern wir, daß der Wechsel bei uns nicht eingegangen ist.
Veuillez nous envoyer un duplicata.	Senden Sie uns bitte ein Doppel.
Nous vous prions d'accepter cette traite.	Wir ersuchen Sie, den Wechsel mit Ihrem Akzept zu versehen.
Vous n'auriez pas dû tirer sur nous sans avertissement préalable.	Sie hätten keinen Wechsel auf uns ziehen sollen, ohne uns vorher zu benachrichtigen.
Comme nous avons d'importants engagements, il nous est impossible d'accepter cette traite.	Da wir bedeutende Verpflichtungen eingegangen sind, können wir diesen Wechsel nicht akzeptieren.
Veuillez créditer mon compte courant de ce montant.	Schreiben Sie uns bitte diesen Betrag auf laufender Rechnung gut.
Nous regrettons de vous faire savoir que votre traite n'a pas été acceptée.	Wir bedauern, daß der uns von Ihnen übergebene Wechsel nicht akzeptiert worden ist.
Veuillez nous faire savoir si nous devons dresser protêt?	Sollen wir den Wechsel zur Protesterhebung geben?
Votre traite de Fr. 1200.– n'étant pas endossée, nous devons vous la retourner.	Da das Indossament fehlt, müssen wir Ihnen Ihren Wechsel über Fr. 1200.– zurücksenden.

	PAYMENT BY BILL OF EXCHANGE OR A THIRD PERSON		PAGO POR GIRO O POR UNA PERSONA AGENA
XI		XI	

In settlement of my invoice of the 29th inst., I have drawn on you a bill for Fr. 2000.–.	Para cobrar mi factura del 29 cte, giré a cargo de Ud. un cheque de Fr. 2000.–.
According to Messrs X's order and invoice we are sending you herewith a bill on Messrs Y., value Fr. 2500.– falling due on the 3rd of July.	Conforme al orden y según la factura de los Sres. X., nos permitimos mandarle incluso un giro a cargo de los Señores Y. de Fr. 2500.– vencido el 3 de Agosto.
Please accord our draft due protection when presented.	Les rogamos asegurar el pago de nuestro giro a su vencimiento.
In settlement of our invoice falling due on the 27th inst., and after deducting 3% discount, we took the liberty of drawing upon you, through the Banque Populaire Suisse de Lausanne, a draft for Fr. 2570.–, falling due on June the 15th.	Con el fin de cobrar nuestra factura vencida el 27 cte, y después de deducir el 3% de descuento nos permitimos girar a su cargo, a 15 de Junio y a orden del Banco Popular Suizo de Lausanne, un giro de Fr. 2570.–.
In reply to your letter of the ... we inform you that we have not received your bill of exchange.	En contestación a su carta feca ... les participamos que su letra de cambio no nos fué remitida.
Please send us a duplicate.	Le rogamos nos mande un duplicado.
Please accept this bill.	Le rogamos acepte este giro.
You should not have drawn on us without first advising us.	Ud. no hubiera debido girar a nuestro cargo sin avisarnos previamente.
Having to meet important payments, we cannot accept your bill.	Como tenemos importantes compromisos, nos es imposible aceptar este giro.
Please credit my account current with this amount.	Le ruego abone mi cuenta corriente de este importe.
We are sorry to let you know that the bill you sent us has not been accepted.	Sentimos communicarle que el giro que Ud. nos mando no fué aceptado.
Let us know whether we have to protest it.	Les rogamos comunicarnos si debemos colocar un protesto.
As your bill for Fr. 1200.– has not been endorsed, we must send it back to you.	No habiendo sido endosado su giro de Fr. 1200.– debemos devolvérselo.

| LETTRES | MUSTERBRIEFE |

17. Payement par traite

Monsieur,
Selon votre proposition et pour me couvrir de ma facture du 10 ct, j'ai tiré sur vous au 30 juillet, à l'ordre de la Banque Galland à Lausanne, une traite de Fr. 1850.– que je vous prie d'accepter.
Veuillez agréer, Monsieur, mes salutations distinguées.

18. Refus de payement par traite

Messieurs,
Nous avons bien reçu la traite que vous avez tirée sur nous au 30 juillet prochain. Malheureusement, comme nous avons d'importants engagements pour cette date, nous ne pouvons l'accepter et réglerons votre facture par c.c.p. d'ici à la fin du mois de juin.
Espérant que ce mode de payement vous conviendra, nous vous présentons, Messieurs, nos salutations les meilleures.

17. Zahlung durch Wechsel

Sehr geehrter Herr...,
Zum Ausgleich meiner Rechnung vom 10 d.M. und im Sinne Ihres Vorschlages habe ich einen Wechsel über Fr. 1850.–, fällig am 30. Juli, Order Banque Galland, Lausanne, auf Sie gezogen.
Ich bitte Sie, den beiliegenden Wechsel mit Ihrem Akzept zu versehen und ihn mir zurückzusenden.
    Mit vorzüglicher Hochachtung

18. Wechselablehnung

Sehr geehrte Herren,
Wir bestätigen den Empfang des von Ihnen auf uns gezogenen Wechsels mit Fälligkeit am 30. Juli.
Leider sind wir auf dieses Datum hin bereits bedeutende Verpflichtungen eingegangen, so daß wir den Wechsel nicht akzeptieren können; wir werden Ihre Rechnung bis Ende Juni durch Postscheküberweisung begleichen und hoffen Sie mit dieser Zahlungsweise einverstanden.
    Mit freundlichen Grüßen

EXERCICES

17.
Ecrivez à M. Xavier Ray que, selon votre habitude, vous avez tiré sur lui au 30 août à l'ordre du Crédit Suisse à Lausanne, pour vous couvrir de votre facture du 15 ct, la somme de Fr. 1648.–. Escompte 2%.

18.
Annoncez à M. R. Maradan que la traite qu'il vous a envoyée en payement de votre facture du 17 février, n'a pas été acceptée et priez-le de faire le nécessaire.

AUFGABEN

17.
Schreiben Sie an Herrn Xavier Ray, daß Sie wie üblich einen Wechsel mit Fälligkeit am 30. August und für Order Credit Suisse in Lausanne auf ihn gezogen haben (zum Ausgleich der Rechnung vom 15. d. über Fr. 1648.– mit 2% Skonto).

18.
Melden Sie Herrn R. Maradan, daß der Wechsel, den er Ihnen zum Ausgleich Ihrer Rechnung vom 17. Februar zugestellt hat, nicht akzeptiert worden ist, und bitten Sie ihn, das Nötige zu veranlassen.

| LETTERS | CARTAS |

17. Payment by bill

Dear Sir,
In settlement of my invoice of the 10th inst. and according to your proposal, I have drawn on you, falling due on July 30th, through the Banque Galland, Lausanne, a draft for Fr. 1850.– and I ask you to accept it.
    Meanwhile, I remain,
    Yours faithfully,

18. Refusing a bill of exchange

Gentlemen,
We are in receipt of the bill, falling due on July 30th, which you drew on us. Unfortunately, as we have important liabilities for this date, we cannot accept it and shall pay your invoice by postal money-order by the end of June.

Trusting that this proposal will be agreeable to you,
    We remain,
    Yours faithfully,

EXERCISES

17.
Write to Mr. Xavier Ray that, as usual, you have drawn on him, falling due on August 30th, through the Crédit Suisse, Lausanne, in settlement of your invoice of the 15th inst., value Fr. 1648.–. Discount 2%.

18.
Write to Mr. R. Maradan that the bill he sent to you in settlement of your invoice of the 17th February has not been accepted, and ask him to accept it.

---

17. Pago por giro

Muy Señor mío:
Para cobrar mi factura del 10 cte, y según me lo propuso Ud. libré a cargo de Ud. a 30 de Julio, a orden del Banco Galland en Lausanne, el giro de Fr. 1850.– que le ruego aceptar.
Con este motivo, quedamos de Ud.
    atto y S. S.

18. Se rehusa un giro

Muy Señores nuestros:
Recibimos su giro a nuestro cargo a 30 de Julio próximo.
Desgraciadamente, como tenemos importantes compromisos para esta fecha, no podemos aceptarlo y pagaremos su factura por cuenta de giro postal de aquí al fin del mes de Junio.

Esperando que este modo de pago le convenga, nos ofrecemos de Uds.
    attos y SS. SS.

EJERCICIOS

17.
Escriba al Sr. Xavier Ray que, según su costumbre, Ud. giró a su cargo a 30 de Agosto a orden del Crédito Suizo en Lausanne, para pagarle su factura de Ud. del 15 cte de Fr. 1648.–. Descuento 2%.

18.
Avise al Sr. D. M. R. Maradan que el giro que le mandó a Ud. como pago de su factura de 17 de Febrero no fué aceptada y ruéguele haga lo que precisa.

XII PREMIER RAPPEL	XII ERSTE MAHNUNG
Votre compte présente un solde en notre faveur de Fr. 750.– que nous nous permettons de vous rappeler.	Wir gestatten uns, Sie daran zu erinnern, daß Ihr Konto einen Saldo von Fr. 750.– zu unseren Gunsten aufweist.
Nous vous remercions de votre payement du 25 février et vous rendons attentif au fait que notre facture du 30 janvier n'a pas encore été réglée.	Wir danken Ihnen für Ihre Zahlung vom 25. Februar und machen Sie darauf aufmerksam, daß unsere Rechnung vom 30. Januar noch nicht beglichen ist.
Occupés à la revision de nos comptes, nous avons constaté que notre facture de Fr. 357.–, échue le 25 avril, n'a pas encore été payée.	Bei der Durchsicht unserer Bücher haben wir festgestellt, daß unsere am 25. April verfallene Rechnung von Fr. 357.– noch offen ist.
Ce montant a certainement échappé à votre attention.	Dieser Betrag ist wahrscheinlich Ihrer Aufmerksamkeit entgangen.
Comme nous avons nous-mêmes des engagements importants, nous nous permettons de vous rappeler notre facture du 20 éc.	Da wir selbst bedeutende Verpflichtungen zu erfüllen haben, erlauben wir uns, Sie an unsere Rechnung vom 20. v. M. zu erinnern.
Nous vous serions reconnaissants de nous faire parvenir ce montant sans retard.	Wir wären Ihnen für eine baldige Vergütung dieses Betrages dankbar.
Nous serions heureux de recevoir votre versement.	Wir sehen Ihrer Zahlung gerne entgegen.

LETTRES	MUSTERBRIEFE
19. Premier rappel	**19. Erste Mahnung**
Monsieur,	Sehr geehrter Herr...,
Occupés à la revision de nos comptes, nous avons constaté que notre facture de Fr. 500.–, échue le 5 août, n'a pas encore été payée.	Bei der Durchsicht unserer Bücher haben wir festgestellt, daß unsere am 5. August verfallene Rechnung von Fr. 500.– noch offen ist.
Nous vous serions reconnaissants de nous verser ce montant sans tarder.	Wir wären Ihnen für eine baldige Überweisung des Betrages dankbar.
Dans cette attente, nous vous présentons, Monsieur, nos salutations les meilleures.	In dieser Erwartung grüßen wir Sie mit vorzüglicher Hochachtung

XII | FIRST REMINDER

We must remind you that your account with us shows a balance of Fr. 750.– in our favour.

We thank you for your remittance of the 25th February, and we remind you that our invoice of the 30th January has not yet been paid.

On checking our books we noticed that our invoice, value Fr. 357.– due April the 25th has not yet been settled.

This amount has undoubtedly escaped your notice.

As we have ourselves important liabilities, we take the liberty of reminding you of our invoice of the 20th ult.

Your settlement without delay would oblige us greatly.

We should be pleased to have your remittance.

LETTERS

19. First reminder

Dear Sir,
On checking our books we noticed that our invoice, falling due on August the 5th, value Fr. 500.–, has not yet been paid.

Your settlement without delay would oblige us greatly.

          Meanwhile, we remain,
          Yours truly,

XII | PRIMER AVISO

Su cuenta presenta un saldo a nuestro favor de Fr. 750.– de lo que nos permitimos recordarle.

Les agradecemos su pago del 25 de Febrero y le advertimos del hecho que aún no se pagó nuestra factura del 30 de Enero.

Ocupándonos en la revisión de nuestras cuentas, constatamos que nuestra factura de Fr. 387.– vencida el 25 de Abril no está aún pagada.

Este importe seguramente faltó a su atención.

Como nosotros mismos tenemos compromisos importantes, nos permitimos recordale nuestra factura del 20 pdo.

Les agradeceríamos nos manden este importe sin demora.

Celebraríamos recibir su pago.

CARTAS

19. Primer aviso

Muy Señor nuestro:
Ocupándonos en la revisión de nuestras cuentas, constatamos que nuestra factura de Fr. 500.– vencida el 5 de Agosto, aún no está pagada.

Le agradeceríamos mandarnos este importe sin demora.

          Con este motivo quedamos de Ud.
          attos y SS. SS.

20. Envoi d'un catalogue et premier rappel

Monsieur,
Nous avons le plaisir de vous envoyer, ci-inclus, notre dernier catalogue et notre liste de prix.

Par la même occasion, nous nous permettons de vous rappeler que votre compte présente un solde en notre faveur de Fr. 786.30.

Nous serions heureux de recevoir ce montant.

Veuillez agréer, Monsieur, l'expression de nos sentiments les meilleurs.

EXERCICES
19.
M. Rieben à Morat a réglé votre facture du 12 juin, mais a oublié celle du 28 mai. Envoyez-lui un premier rappel.

20.
Envoyez à M. Page à Lausanne des échantillons de soies, teintes mode, prix intéressants, et rappelez-lui que votre dernière facture n'a pas encore été payée.

20. Erste Mahnung und Zustellung eines Katalogs

Sehr geehrter Herr ...,
Wir freuen uns, Ihnen als Beilage unseren letzten Katalog und unsere Preisliste senden zu können.

Bei dieser Gelegenheit gestatten wir uns, Sie daran zu erinnern, daß Ihr Konto einen Saldo von Fr. 786.30 zu unseren Gunsten aufweist.

Wir sehen Ihrer Zahlung gerne entgegen und zeichnen
mit vorzüglicher Hochachtung

AUFGABEN
19.
Herr Rieben in Murten hat Ihre Rechnung vom 12. Juni beglichen, aber diejenige vom 28. Mai übersehen. Senden Sie ihm eine erste Mahnung.

20.
Senden Sie Herrn Page in Lausanne Seidenmuster (Modefarben, interessante Preise) und erinnern Sie ihn an Ihre noch offene letzte Rechnung.

20. Sending of a catalogue combined with a first reminder

Dear Sir,
We are pleased to send you herewith our latest catalogue and price-list.

We take the opportunity of reminding you that your account with us shows a balance of Fr. 786.30 in our favour.

A remittance would oblige us greatly.
Sincerely yours,

20. Envío de catálogo y primer aviso

Muy Señor nuestro:
Tenemos el gusto de mandarle incluso nuestro último catálogo y nuestra lista de precios.

Aprovechamos la oportunidad para recordarle que su cuenta presenta un saldo a nuestro favor de Fr. 786.30.

Celebraríamos recibir este importe y nos ofrecemos de Ud.
attos y SS. SS.

EXERCISES

19.
Mr. Rieben, Morat, paid your bill of the 12th June, but forgot the one of the 28th May. Write a first reminder.

20.
Send Mr. Page, Lausanne, patterns of your silks, fashionable colours, interesting prices, and remind him of your latest bill which has not yet been paid.

EJERCICIOS

19.
El Sr. Rieben en Morat pagó su factura del 12 de Junio, pero se olvidó la del 28 de Mayo. Mándele un primer aviso.

20.
Mande al Sr. M. Page en Lausanne muestras de sedas, matices moda, precios interesantes, y recuérdele que su última factura de Ud. aún no está pagada.

| XIII | **DEUXIÈME RAPPEL** | XIII | **ZWEITE MAHNUNG** |

Nous sommes surpris de n'avoir reçu aucune réponse à notre lettre du 25 éc.	Wir sind erstaunt, von Ihnen auf unseren Brief vom 25. v. M. noch keine Antwort erhalten zu haben.
Je me vois dans l'obligation de vous rappeler, pour la seconde fois, que je n'ai pas encore reçu votre paiement.	Ich bedaure, Sie nochmals daran zu erinnern, daß ich Ihre Zahlung immer noch nicht erhalten habe.
Nous vous avons envoyé un relevé de compte le 25 éc. et vous prions de bien vouloir verser le solde de Fr. . . . en notre faveur par retour du courrier.	Nachdem wir Ihnen am 25. v. M. einen Kontoauszug zustellten, bitten wir Sie dringend, uns den zu unseren Gunsten bestehenden Saldo von Fr. . . . umgehend zu vergüten.
Je vous prie de me faire parvenir votre chèque à la fin du mois.	Ich ersuche Sie, mir Ihren Scheck Ende des Monats zukommen zu lassen.
Nous vous avons accordé un délai assez long pour régler notre facture.	Wir haben Ihnen eine ausreichende Frist zur Begleichung unserer Rechnung zugestanden.
Nous ne pouvons pas vous accorder un si long crédit.	Wir können Ihnen keine so lange Zahlungsfrist bewilligen.
Vous savez que nous vendons uniquement contre paiement au comptant.	Sie wissen, daß wir nur gegen Barzahlung verkaufen.
Nous nous voyons dans l'obligation de calculer un intérêt de retard de 5%.	Wir müssen Ihnen 5% Verzugszins berechnen.
Veuillez nous communiquer immédiatement la date à laquelle vous effectuerez votre paiement.	Wir bitten Sie um Ihren sofortigen Bericht, wann wir Ihre Zahlung erwarten können.

XIII **SECOND APPLICATION**	XIII **SEGUNDO AVISO**
We are astonished not to have received any answer to our letter of the 25th ult.	Nos sorprende el que Ud. no nos haya contestado a nuestra carta del 25 pdo.
I must remind you for the second time that I have not yet received your remittance.	Me veo obligado a recordarle por la segunda vez que no he recibido aún su pago.
On the 25th ult., we sent you a statement of account and ask you now to pay by return the balance of Fr. ... in our favour.	Le mandamos un extracto de cuenta el 25 pdo. y le rogamos se sirva entregarnos el saldo de Fr. ... a nuestro favor a vuelta de correo.
Please mail your cheque by the end of the month.	Le ruego mandarme su cheque a fines del mes.
We have granted you enough time to settle our account.	Le otorgamos un plazo bastante largo para pagar nuestra factura.
We cannot grant you such a long credit.	No podemos otorgarle un crédito tan largo.
You are aware that we sell cash only.	Ud. sabe que sólo vendemos mediante pago al contado.
We feel compelled to charge you 5% interest.	Nos vemos obligados a facturar un interés de atraso de 5%.
Would you be so kind as to let us know immediately the date of your settlement.	Le rogamos nos communique en seguida la fecha a la cual podemos esperar su cheque.

| LETTRES | MUSTERBRIEFE |

21. Deuxième rappel

Monsieur,
Nous sommes surpris de n'avoir reçu aucune réponse à notre lettre du 15 éc. et vous prions, pour la seconde fois, de bien vouloir nous faire parvenir le montant de Fr. 500.– en payement de notre facture du 28 mars.

Nous vous en remercions d'avance et vous présentons, Monsieur, nos salutations distinguées.

22. Deuxième rappel

Monsieur,
Nous vous avons envoyé un relevé de compte le 25 éc. et vous prions de nous verser le solde de Fr. ... en notre faveur ou de nous communiquer immédiatement la date à laquelle nous pouvons attendre ce versement.

Veuillez agréer, Monsieur, l'expression de nos sentiments distingués.

EXERCICES

21.
M. Blanc n'a pas donné suite à votre premier rappel. Ecrivez-lui une seconde fois en lui faisant remarquer que vous avez vous-même des engagements et que vous ne pouvez pas accorder un plus long délai.

22.
N'ayant reçu aucun versement après l'envoi d'un relevé de compte, vous priez M. Schwarz de vous régler sans tarder le montant de votre dernière facture de Fr. 850.–.

21. Zweite Mahnung

Sehr geehrter Herr ...,
Wir sind erstaunt, von Ihnen auf unseren Brief vom 15. v. M. noch keine Antwort erhalten zu haben und bitten Sie dringend, uns zum Ausgleich unserer Rechnung vom 28. März den Betrag von Fr. 500.– zukommen zu lassen.

Wir danken Ihnen im voraus und zeichnen
    mit vorzüglicher Hochachtung

22. Zweite Mahnung

Sehr geehrter Herr ...,
Nachdem wir Ihnen am 25. v. M. einen Kontoauszug zustellten, bitten wir Sie, uns den zu unseren Gunsten bestehenden Saldo von Fr. ... zu überweisen oder uns sofort zu benachrichtigen, wann wir Ihre Zahlung erwarten können.

    Mit vorzüglicher Hochachtung

AUFGABEN

21.
Herr Blanc hat auf Ihre erste Mahnung nicht reagiert. Schreiben Sie ihm ein zweites Mal mit dem Hinweis, daß Sie selbst Verpflichtungen haben und die Zahlungsfrist nicht verlängern können.

22.
Nachdem Sie nach der Zustellung eines Kontoauszuges ohne Zahlung geblieben sind, bitten Sie Herrn Schwarz, Ihnen ohne Verzögerung den Betrag von Fr. 850.– gemäß Ihrer letzten Rechnung zukommen zu lassen.

| LETTERS | CARTAS |

21. Second application

Dear Sir,
We are astonished you have not answered our letter of the 15th ult., and we ask you, for the second time, to send us Fr. 500.– in settlement of our invoice of the 28th March.

We thank you in advance and remain,
                    Yours truly,

22. Second application

Dear Sir,
On the 25th ult. we sent you a statement of account and now ask you to pay the balance in our favour or to let us know immediately when we may expect your payment.
                    Faithfully yours,

EXERCISES
21.
Mr. Blanc has not answered your first reminder. Write a second application, stating that you have to meet with important liabilities and you are not in a position to grant him a longer delay.

22.
Not having received a settlement after the sending of a statement of account, you ask Mr. Schwarz to pay without delay the Fr. 850.– of your latest invoice.

21. Segundo aviso

Muy Señor nuestro:
Nos sorprende el que Ud. no nos haya contestado a nuestra carta del 15 pdo. y le rogamos por segunda vez, se sirva mandarnos el importe de Fr. 500.– como pago de nuestra factura del 28 de Marzo.

Anticipándole las gracias nos ofrecemos de Ud.
                    attos y SS. SS.

22. Segundo aviso

Muy Señor nuestro:
Le mandamos un extracto de cuenta el 25 pdo. y le rogamos nos mande el saldo a nuestra favor de Fr. ... o de comunicarnos en seguida la fecha a la cual podemos esperar el pago.
Con este motivo quedamos de Ud·
                    attos y SS. SS.

EJERCICIOS
21.
El Sr. Blanc no contestó a su segundo aviso. Escríbale una segunda vez advirtiéndole que Ud. mismo tiene compromisos y que no puede otorgar un plazo más largo.

22.
No habiendo recibido ningún pago, después de mandar un extracto de cuenta, Ud. ruega al Sr. Schwarz de mandarle sin más demora el importe de su última factura de Fr. 850.–.

| XIV | TROISIÈME ET DERNIER RAPPEL MENACES DE POURSUITES | XIV | DRITTE UND LETZTE MAHNUNG BETREIBUNGSANDROHUNGEN |

Nous vous rappelons une dernière fois notre facture du 15 mars.

Il y a huit semaines que les marchandises sont en votre possession et nous ne pouvons pas en attendre le payement plus longtemps.

Vous n'avez pas répondu à mes deux premiers rappels et je n'ai reçu aucune explication.

Si le montant de notre facture du 2 décembre de Fr. ... ne nous est pas parvenu d'ici à la fin de la semaine prochaine, nous nous verrons dans l'obligation de vous menacer de poursuites.

Comme vous n'avez pas encore réglé notre facture du ... de Fr. ... nous vous faisons savoir que nous tirerons sur vous dans 10 jours à partir d'aujourd'hui.

Nous ne pouvons pas attendre plus longtemps.

Nous avons vainement attendu votre versement.

Dans le cas où ma facture de Fr. ... ne serait pas réglée d'ici à mardi matin, je me verrais contraint

a) de prendre d'autres mesures.
b) de remettre l'affaire à l'office des poursuites.

C'est à contre-cœur que nous prendrons ces mesures.

Nous vous sommons, pour la dernière fois, de nous faire parvenir dans les 5 jours le solde de notre facture du 2 février, soit Fr. ...

Wir rufen Ihnen zum letztenmal unsere Rechnung vom 15. März in Erinnerung.

Nachdem die Waren seit acht Wochen in Ihrem Besitz sind, können wir Ihnen den Gegenwert nicht länger stunden.

Sie ließen meine beiden ersten Mahnungen unbeantwortet.

Wenn wir bis Ende der nächsten Woche nicht im Besitz des Betrages von Fr. ... gemäß unserer Rechnung vom 2. Dezember sind, werden wir uns gezwungen sehen, den Rechtsweg zu beschreiten.

Da Sie unsere Rechnung vom ... noch nicht beglichen haben, werden wir heute einen Wechsel über Fr. ..., fällig in 10 Tagen, auf Sie ziehen.

Wir können nicht länger zuwarten.

Wir haben Ihre Zahlung vergeblich erwartet.

Falls meine Rechnung im Betrage von Fr. ... bis Dienstag vormittag nicht beglichen wäre, sähe ich mich gezwungen,

a) andere Maßnahmen zu ergreifen.
b) die Betreibung einzuleiten.

Wir bedauern sehr, diesen Weg beschreiten zu müssen.

Wir fordern Sie zum letztenmal auf, uns den Restbetrag unserer Rechnung vom 2. Februar von Fr. ... innert 5 Tagen zukommen zu lassen.

| XIV | THIRD AND LAST APPLICATION – THREATS TO TAKE LEGAL STEPS | XIV | TERCER Y ULTIMO AVISO AMENAZAS DE PERSEGUIMIENTOS |

We remind you for the last time of our invoice of the 15th March.

We forwarded the goods 8 weeks ago, and we cannot wait longer for the payment of our invoice.

You have neither answered my first two reminders, nor given me any explanation.

Should the amount of our bill of the 2nd December not be in our hands by the end of next week, we should feel compelled to threaten you with legal proceedings.

As our last account of the ... is still unpaid, we inform you that we shall draw on you within 10 days from today.

We cannot wait any longer.

We have waited in vain for your remittance.

If my invoice were not paid by Tuesday next, I should be compelled

a) to take further steps.
b) to start legal proceedings.

We shall reluctantly take further steps.

For the last time, we ask you to remit us, within 5 days, the debit balance of our invoice of the 2nd February.

Le recordamos por la última vez nuestra factura del 15 de Marzo.

Hace 8 semanas que las mercancías están en su poder y no podemos esperar más el pago.

Ud. no contestó a nuestros dos primeros avisos y no recibí ninguna aclaración.

Si el importe de nuestra factura del 2 de Diciembre de Fr. ... no se nos ha entregado de aquí a fines de la semana próxima, nos veremos obligados a amenazarle de perseguimientos.

Como Ud. aún no nos pagó nuestra factura de Fr. ... le participamos que libraremos a cargo de Ud. a 10 días a partir de hoy.

No podemos esperar más.

Hemos esperado en vano su pago.

En el caso en que mi factura de Fr. ... no fuera pagada de aquí al martes por la mañana, me veré obligado

a) a tomar otras medidas.
b) a cobrar judicialmente la suma.

Nos disgusta tomar estas medidas.

Le intimamos, por la última vez, de mandarnos dentro de 5 días el saldo de nuestra factura del 2 de Febrero, bien Fr. ...

| LETTRES | MUSTERBRIEFE |

23. Menace de poursuites

Messieurs,
Nous sommes surpris que vous n'ayez pas donné suite à nos lettres des 1er et 15 juin.

Comme il y a 8 semaines que les marchandises sont en votre possession, nous ne pouvons pas attendre le payement plus longtemps. Si notre facture N° 19 426 de Fr. 1 500.– n'est pas réglée d'ici au 30 mars, nous nous verrons dans l'obligation de remettre l'affaire à l'Office des Poursuites.

Espérant que vous nous épargnerez cette démarche désagréable, nous vous présentons, Messieurs, nos salutations les meilleures.

24. Dernier rappel

Monsieur,
Nous vous rappelons une dernière fois notre facture du 11 janvier, de Fr. 600.–. Si ce montant ne nous est pas parvenu d'ici au 15 mai, nous nous verrons contraints de prendre d'autres mesures.

Certains que, dans votre propre intérêt, vous donnerez suite à ce dernier rappel, nous vous présentons, Monsieur, l'expression de nos sentiments distingués.

23. Betreibungsandrohung

Sehr geehrte Herren,
Wir sind erstaunt, von Ihnen auf unsere Briefe vom 1. und 15. Juni keine Antwort erhalten zu haben.

Nachdem die Waren seit 8 Wochen in Ihrem Besitz sind, können wir Ihnen den Gegenwert nicht länger stunden.

Wenn unsere Rechnung Nr. 19 426 über Fr. 1 500.– bis am 30. März nicht beglichen ist, werden wir uns gezwungen sehen, die Betreibung einzuleiten.

Wir hoffen gerne, daß Sie uns diese unangenehmen Maßnahmen ersparen werden und zeichnen
    mit vorzüglicher Hochachtung

24. Letzte Mahnung

Sehr geehrter Herr ...,
Wir rufen Ihnen zum letztenmal unsere Rechnung vom 11. Januar über Fr. 600.– in Erinnerung.

Wenn wir bis am 15. Mai nicht im Besitze dieses Betrages sind, werden wir uns gezwungen sehen, andere Maßnahmen zu ergreifen.

Wir nehmen gerne an, daß Sie in Ihrem eigenen Interesse diese letzte Zahlungsfrist nicht ungenützt verstreichen lassen und zeichnen
    mit vorzüglicher Hochachtung

LETTERS	CARTAS

23. Threat to take legal steps

Gentlemen,
We are surprised at your not having replied to our letters of the 1st and 15th June. As the goods were delivered to you 8 weeks ago, we are not in a position to await your remittance any longer.

Should you not settle our invoice no. 19426, value Fr. 1500.–, by the 30th March, we would be compelled to take legal steps to enforce payment.

Hoping you will spare us both further trouble,
        We remain, Gentlemen,
        Truly yours,

24. Last reminder

Dear Sir,
We remind you for the last time of our invoice of the 11th January, value Fr. 600.–.

Should this amount not be in our hands by the 15th May, we shall be compelled to take further steps.

Convinced that, in your own interest, you are going to give the matter your immediate attention,
        We are, dear Sir,
        Yours faithfully,

---

23. Amenaza de perseguimientos

Muy Señores nuestros:
Nos sorprende el que Ud. no nos haya contestado a nuestras cartas del 1.ro y del 15 de Junio.

Como hace 8 semanas que las mercancías obran en su poder no podemos más esperar su pago.

Si nuestra factura No. 19426, de Fr. 1500.–, no se ha pagado de aquí al 30 de Marzo, nos veremos obligados a recurrir a procedimiento judicial.

Esperando que Ud. nos evitará estas diligencias desagradables, quedamos de Uds.
        attos y SS. SS.

24. Último aviso

Muy Señor nuestro:
Le recordamos por última vez nuestra factura del 11 de Enero, de Fr. 600.–. Si este importe no se nos ha entregado de aquí al 15 de Mayo nos veremos obligados a tomar otras medidas.

Seguros que estamos de que Ud. nos contestará a este último aviso, nos ofrecemos de Ud.
        attos y SS. SS.

EXERCICES
23.
Il y a 3 mois que vous avez livré pour Fr. 5000.- de tissus à M. Reiben, tailleur à Genève. Comme il n'a répondu ni à votre relevé de compte, ni à votre deuxième rappel, vous lui écrivez une troisième fois en termes plus sévères.

24.
Exprimez votre étonnement de n'avoir reçu aucune réponse à vos deux rappels concernant le payement de votre facture de Fr. 2500.- échue le 15 mars. Fixez un dernier délai.

AUFGABEN
23.
Vor drei Monaten haben Sie für Fr. 5000.- Stoffe an Herrn Reiben, Schneider in Genf, geliefert. Da er weder Ihren Kontoauszug noch Ihre zweite Mahnung beantwortet hat, schreiben Sie ihm ein drittes Mal in bestimmterer Form.

24.
Geben Sie Ihrem Erstaunen Ausdruck, daß Sie auf Ihre beiden Mahnungen bezüglich der Bezahlung Ihrer Rechnung von Fr. 2500.- (am 15. März verfallen) ohne Bericht geblieben sind. Setzen Sie eine letzte Frist an.

EXERCISES

23.
3 months ago you delivered for Fr. 5000.- of cloth to Mr. Reiben, taylor, Geneva. As he has not yet answered either your statement of account or your second reminder, you write again in somewhat stronger terms.

24.
Write a letter telling your astonishment at your not having received any answer to your two reminders referring to the settlement of your invoice, value Fr. 2500.- due the 15th March. Grant a last delay.

EJERCICIOS

23.
Hace 3 meses que Ud. entregó por Fr. 5000.- de lienzo al Sr. Reiben, sastre en Ginebra. Como no contestó ni a su extracto de cuenta ni a su segundo aviso, Ud. le escribirá una tercera vez en términos más severos.

24.
Manifieste Ud. su sorpresa de no haber recibido ninguna contestación a sus dos avisos, refiriéndose al pago de su factura de Fr. 2500.- vencida el 15 de Marzo. Fije Ud. un último plazo.

| XV | RÉPONSES AUX RAPPELS | XV | ANTWORTEN AUF MAHNUNGEN |

En réponse à votre rappel, nous vous prions d'excuser ce retard.

In Beantwortung Ihrer Mahnung bitten wir Sie, diese Verzögerung zu entschuldigen.

Nous avions complètement oublié votre facture.

Wir hatten Ihre Rechnung ganz vergessen.

Par suite d'une erreur, votre facture avait échappé à notre attention.

Durch ein Versehen ist Ihre Rechnung unserer Aufmerksamkeit entgangen.

a) De lourdes pertes,
b) Un payement important,
c) Une grave maladie,
d) La grève dont vous avez entendu parler,
e) La diminution importante de mon chiffre d'affaires
m'a (m'ont) placé dans l'impossibilité de régler votre facture.

Wegen
a) schwerer Verluste,
b) einer großen Zahlung,
c) einer schweren Krankheit,
d) des Ihnen bekannten Streikes,
e) meines großen Umsatzrückganges
war es mir unmöglich, Ihre Rechnung zu begleichen.

Je n'aurais pas attendu si longtemps pour régler votre facture si vos marchandises ne se vendaient pas difficilement.

Ich hätte mit der Bezahlung nicht so lange zugewartet, wenn sich Ihre Waren nicht so schwer verkauften.

La faillite de la maison X. nous a placés dans une situation très difficile.

Durch den Konkurs der Firma X. sind wir in eine sehr schwierige Lage geraten.

Je vous envoie, ci-inclus, un chèque de Fr. 2000.– et virerai le solde de votre compte à la fin de la semaine prochaine.

Ich sende Ihnen hiermit einen Scheck über Fr. 2000.– und werde Ihnen den Restbetrag Ende nächster Woche überweisen.

Nous vous promettons de régler votre compte
a) très prochainement.
b) au plus tard samedi.
c) dans huit jours.

Wir versprechen Ihnen, die Schuld
a) binnen kurzem,
b) bis spätestens Samstag,
c) innert acht Tagen
zu begleichen.

Nous vous prions de nous accorder une courte prolongation du délai de payement.

Wir bitten Sie um eine kurze Verlängerung der Zahlungsfrist.

Il nous est malheureusement impossible de payer
a) avant la fin du mois.
b) avant la fin de la semaine.

Es ist uns leider nicht möglich, vor
a) Ende des Monates,
b) Ende der Woche   zu bezahlen.

	ANSWERS TO REMINDERS		CONTESTACIONES A LOS AVISOS
XV		XV	

In answer to your reminder, we apologize for this delay.

We had completely forgotten your invoice.
Your bill had erroneously escaped our notice.

a) Heavy losses,
b) An important payment,
c) A severe illness,
d) The strike you have heard of,
e) An important diminution in my turnover

has (have) prevented me from settling your invoice.

I should not have kept you waiting so long to pay your invoice, if it were not so difficult to sell your goods.

The bankruptcy of the firm X. has put us to a considerable inconvenience.
I am sending you herewith a cheque, value Fr. 2000.–, and shall credit you with the balance of your account by the end of next week.
We promise you to settle your account
a) very soon.
b) by Saturday next.
c) within a week.

We ask you to grant us a short extension of the delay of payment.

Unfortunately, we are not in a position to pay before
a) the end of the month.
b) the end of the week.

En contestación a su aviso, le rogamos nos excusen este atraso.

Se nos había completamente olvidado su factura.
De resultas de un error su factura escapó a nuestra atención.

a) Graves pérdidas,
b) Un pago importante,
c) Una grave enfermedad,
d) La huelga de la cual Ud. oyó hablar,
e) La disminución importante de mi cifra de negocios,

me ha (me han) colocado en la imposibilidad de pagar su factura.

No habría esperado tanto tiempo para pagar su factura si sus mercancías no se vendieran con tanto dificultad.

La quiebra de la casa X. nos colocó en una situación difícil.

Le mando incluso un cheque de Fr. 2000.– y giraré el saldo a su cuenta a fines de la semana próxima.

Le prometemos pagar su cuenta

a) en muy breve plazo.
b) a lo más tardar el sábado.
c) dentro de ocho días.

Les suplicamos nos otorguen una corta prolongación del plazo de pago.

Lamentamos el que no nos sea posible pagar antes
a) del fin del mes.
b) del fin de la semana.

Je ferai tout mon possible pour vous régler le solde avant la fin de la semaine prochaine.	Ich werde mein Möglichstes tun, um den Restbetrag vor Ende nächster Woche zu begleichen.
Dans ces circonstances, nous espérons que vous consentirez à prolonger de 10 jours le délai de payement.	Unter diesen Umständen hoffen wir, daß Sie uns eine Verlängerung der Zahlungsfrist von 10 Tagen gewähren werden.
Nous espérons que, vu nos difficultés présentes, vous donnerez suite à notre requête.	In Anbetracht unserer gegenwärtigen Schwierigkeiten hoffen wir, daß Sie unserem Gesuch entsprechen werden.
Dans l'espoir que cette proposition vous agréera...	In der Hoffnung, daß Ihnen dieser Vorschlag zusagt...
Nous vous prions de nous excuser et vous promettons de régler ponctuellement votre facture.	Wir bitten Sie um Entschuldigung und versprechen Ihnen, Ihre Rechnung pünktlich zu begleichen.

LETTRES	MUSTERBRIEFE

25. Réponse à un premier rappel

Messieurs,
Nous avons reçu votre relevé de compte du 17 avril et versons, ce jour, Fr. 468.35 à votre compte de chèques postaux, en règlement de votre facture du 15 février qui avait, par suite d'une erreur, échappé à notre attention.

Veuillez excuser ce retard et agréer, Messieurs, l'expression de nos sentiments distingués.

25. Antwort auf eine erste Mahnung

Sehr geehrte Herren,
Wir haben Ihren Kontoauszug vom 17. April erhalten und überweisen Ihnen heute Fr. 468.35 auf Ihr Postscheckkonto zum Ausgleich Ihrer Rechnung vom 15. Februar, die durch ein Versehen unserer Aufmerksamkeit entgangen war.

Wir bitten Sie, diese Verzögerung zu entschuldigen und zeichnen
          mit vorzüglicher Hochachtung

I shall endeavour to settle my account by the end of next week.

Under these circumstances, we hope you will agree to a 10 days extension of the delay of payment.

We trust you will accept our request to help us to overcome our present difficulties.

Trusting that this proposal will be agreeable to you ...

We apologize and promise you to settle our account in due time.

Haré cuanto me sea posible para pagarle el saldo de su factura antes del fin de la semana próxima.

En estas circunstancias, esperamos que Ud. consentirá en prolongar de 10 días el plazo de pago.

Esperamos que considerando nuestras presentes dificultades, Uds. satisfarán nuestra súplica.

Esperando que esta propuesta le complacerá ...

Les rogamos nos excusen y le prometemos pagar con puntualidad su factura.

| LETTERS | CARTAS |

25. Reply to a first reminder

Gentlemen,
We have received your statement of account of the 17th April and are sending you today a postal money-order, value Fr. 468.35, in settlement of your invoice of the 15th February which had erroneously escaped our notice.

Apologizing for this delay,
        We remain, dear Sir,
        Yours faithfully,

25. Contestación a un primer aviso

Muy Señores nuestros:
Recibimos su extracto de cuenta del 17 de Abril y le entregamos, hoy día, Fr. 468.35 a su cuenta de giros postales, como pago de su factura del 15 de Febrero que, de resultas de un error había faltado a nuestra atención.

Les rogamos nos excusen este atraso y nos ofrecemos de Uds.
        attos y SS. SS.

26. Réponse à un deuxième rappel

Messieurs,

En réponse à vos rappels des 10 et 25 ct, je vous envoie ci-inclus un chèque de Fr. 745.– sur la Banque Cantonale à Lausanne.

Quant au solde de Fr. 225.–, je vous promets de le régler d'ici à la fin du mois.

Je vous prie d'excuser ce retard dû à un certain ralentissement dans les affaires, et vous présente, Messieurs, l'expression de mes sentiments les meilleurs.

Annexe: 1 chèque

26. Antwort auf eine zweite Mahnung

Sehr geehrte Herren,

In Beantwortung Ihrer Mahnungen vom 10. und 25. d. M. sende ich Ihnen hiermit einen Scheck über Fr. 745.– auf die Banque Cantonale in Lausanne.

Was den Restbetrag von Fr. 225.– anbelangt, so verspreche ich Ihnen die Begleichung bis Ende des Monats. Ich bitte Sie, diese Verspätung, die auf eine leichte Geschäftsstille zurückzuführen ist, zu entschuldigen.

Mit vorzüglicher Hochachtung

Beilage: 1 Scheck

EXERCICES
25.
Ayant reçu deux rappels – les 1er et 31 mars – M. Regard répond à M. Grosjean que par suite de maladie, il n'a pu régler sa facture dans le délai fixé. Il s'en excuse et promet de verser un acompte de Fr. 500.– à la fin de la semaine et le solde à la fin du mois.

26.
En réponse à son premier rappel, écrivez à M. Bosshart à Zurich pour lui demander un délai de payement de 15 jours, qui vous permettrait de faire face à des engagements importants.

AUFGABEN
25.
Nachdem Herr Regard zwei Mahnungen – vom 1. und 31. März – erhalten hat, antwortet er Herrn Grosjean, daß er wegen Krankheit seine Rechnung nicht innert der angesetzten Frist begleichen konnte. Er entschuldigt sich und verspricht Einzahlung einer Teilzahlung von Fr. 500.– bis Ende der Woche und des Restbetrages bis Monatsende.

26.
Bitten Sie Herrn Boßhart in Zürich in Beantwortung seiner ersten Mahnung um eine 15tägige Zahlungsfrist, damit Sie Ihren bedeutenden Verpflichtungen nachkommen können.

26. Reply to a second reminder

Gentlemen,

In reply to your reminders of the 10th and 25th inst., I am sending you herewith a cheque for Fr. 745.– on the Banque Cantonale, Lausanne.

I promise you to pay the balance of Fr. 225.– by the end of the month.

Please, excuse this delay which is due to a certain business slackening.

Yours faithfully,

Enclosure: 1 cheque

26. Contestación a un segundo aviso

Muy Señores míos:

En contestación a sus avisos del 10 y del 25 cte, les mando incluso un cheque de Fr. 745.– sobre el Banco Cantonal en Lausanne.

En cuanto al saldo de Fr. 225.– les prometo pagárselo de aquí a fines del mes.

Les ruego me dispensen este atraso debido a un cierto aflojamiento en los negocios, y con este motivo se ofrece de Uds.

atto y S.S.

Incluso: 1 cheque

EXERCISES

25.
Having received two reminders – the 1st and 31st March – Mr. Regard answers Mr. Grosjean that his illness prevented him from settling his invoice in due time. He apologizes and promises to send Fr. 500.– at the end of the week and the balance by the end of the month.

26.
In reply to his first reminder, write to Mr. Bosshart in Zurich and ask him to grant you a delay of 14 days, which would enable you to meet important liabilities.

EJERCICIOS

25.
Habiendo recibido dos avisos – el 1.ro y el 31 de Marzo – el Sr. Regard contesta al Sr. Grosjean que como consecuencia de enfermedad, no pudo pagar su factura dentro del plazo fijado. Se disculpa y promete entregar un pago parcial de Fr. 500.– al fín de la semana y el saldo a fines del mes.

26.
En contestación a su primer aviso escriba al Sr. Bosshart en Zurich para pedirle un plazo de 15 días que le permitiría satisfacer compromisos importantes.

XVI RÉCLAMATIONS

a) Qualité inférieure

Je dois malheureusement vous faire remarquer que votre dernière livraison ne m'a pas donné entière satisfaction.

Si l'on considère le prix, la qualité est très inférieure.

La qualité des articles est très inférieure à celle des échantillons.

Le drap ne correspond pas à l'échantillon: il est plus mince et plus léger; l'échantillon ci-joint vous le prouvera.

Les articles ne nous donnent pas du tout satisfaction.

Ne serait-il pas possible de remplacer cet article de qualité inférieure par un article de meilleure qualité?

b) Retard dans la livraison

Nous sommes surpris que vous n'ayez pas exécuté notre ordre du 10 éc. Ce retard nous est très désagréable.

La livraison est maintenant en retard de 3 semaines.

Vous nous aviez promis les marchandises pour la semaine passée.

Nous n'avons reçu ni les marchandises commandées, ni une explication.

Nous ne pouvons pas attendre plus longtemps et si d'ici à la fin de la semaine nous ne sommes pas en possession de l'avis de livraison des marchandises commandées le 15 éc., nous nous verrons dans l'obligation d'annuler notre ordre.

XVI MÄNGELRÜGEN

a) Wegen minderwertiger Qualität

Leider hat mich Ihre letzte Sendung nicht ganz befriedigt.

Im Vergleich zum Preis ist die Qualität sehr minderwertig.

Die Waren sind qualitativ viel schlechter als die Muster.

Das Tuch entspricht nicht dem Muster: es ist dünner und leichter, wie der beiligende Musterabschnitt beweist.

Die Artikel befriedigen uns nicht ganz.

Könnten Sie diese minderwertigen Artikel durch solche von besserer Qualität ersetzen?

b) Wegen Lieferungsverspätung

Wir sind erstaunt, daß Sie unsere Bestellung vom 10. v. M. noch nicht ausgeführt haben. Diese Verspätung versetzt uns in eine sehr unangenehme Lage.

Die Lieferung ist jetzt seit 3 Wochen überfällig.

Sie haben uns die Waren für die vergangene Woche versprochen.

Wir haben weder die bestellten Waren noch eine Erklärung erhalten.

Wir können nicht länger warten und werden unseren Auftrag zurückziehen müssen, wenn wir die Versandanzeige für unsere am 15. v. M. bestellten Artikel nicht bis Ende dieser Woche erhalten.

XVI COMPLAINTS

a) Inferior quality

Unfortunately, I must tell you that your last delivery was not entirely satisfactory.

Compared to the price, the quality is very inferior.

The quality is not at all up to the samples.

The cloth is not up to the sample: it is thinner and lighter, as the cut enclosed shows it.

The articles are not at all satisfactory.

Could you send us a substitute of a better quality?

b) Delay in delivery

We are at a loss to understand the reason why our order of the 10th ult. has not yet been carried out. This delay is rather awkward.

You should have delivered 3 weeks ago.

You promised the goods for last week.

We have received neither the goods, nor an explanation.

We cannot wait any longer and if your dispatch note is not in our hands by the end of the week, we shall be compelled to cancel our order of the 15th ult.

XVI RECLAMACIONES

a) Calidad inferior

Siento deber advertirles que de su última entrega no quedé completamente satisfecho.

Considerando el precio, la calidad es muy inferior.

La calidad no correspondió a lo que esperábamos.

El paño no corresponde a la muestra; es más delgado y más ligero. La muestra inclusa se lo demostrará.

No quedamos del todo satisfechos con los artículos.

¿No sería posible reemplazar este artículo de calidad inferior por un artículo de mejor calidad?

b) Demora en la entrega

Nos sorprende el que Uds. no hayan ejecutado nuestra orden del 10 pdo. Quedamos muy disgustados con esta demora.

La entrega queda ahora atrasada de 3 semanas.

Uds. nos habían prometido las mercancías.

Ni recibimos las mercancías pedidas, ni tampoco alguna aclaración.

No podemos esperar más y si de aquí a fines de la semana no recibimos el aviso de entrega de las mercancías pedidas el 15 pdo., nos veremos obligados a anular nuestro pedido.

Nous acceptons votre livraison jusqu'à samedi prochain.	Wir nehmen die Lieferung bis nächsten Samstag an.
Comme nos clients attendent, nous avons un besoin urgent de la marchandise.	Da unsere Kunden darauf warten, benötigen wir die Ware dringend.
Nous vous prions d'exécuter nos ordres plus rapidement à l'avenir.	Wir bitten Sie, unsere Bestellungen in Zukunft rascher auszuführen.

LETTRES	MUSTERBRIEFE

27. Qualité inférieure | 27. Wegen minderwertiger Qualität

Monsieur,
Nous avons bien reçu votre livraison du 16 ct. Malheureusement, elle ne nous a pas donné entière satisfaction, la qualité des articles N⁰ 656 et N⁰ 1067 étant inférieure à celle des échantillons. C'est pourquoi, nous vous proposons de nous accorder un rabais de 5% qui nous permettrait de baisser notre prix de vente. Sinon, nous nous verrons dans l'obligation de vous retourner les marchandises.

Dans l'attente d'une prompte réponse, nous vous présentons, Monsieur, nos salutations distinguées.

Sehr geehrter Herr...,
Ihre Lieferung vom 16. d. M. haben wir erhalten. Leider hat sie uns nicht ganz befriedigt, weil die Artikel Nr. 656 und Nr. 1067 qualitativ schlechter sind als die Muster.

Wir fragen Sie daher an, ob Sie uns einen Rabatt von 5% gewähren können, damit wir unseren Verkaufspreis senken können, da wir Ihnen sonst die Waren wieder zur Verfügung stellen müßten.

Wir sehen Ihrer raschen Antwort gerne entgegen und verbleiben
           mit freundlichen Grüßen

28. Retard dans la livraison | 28. Wegen Lieferungsverspätung

Messieurs,
Nous sommes surpris que vous n'ayez pas exécuté notre ordre du 3 éc. Ce retard nous est très désagréable car nos clients attendent. Si d'ici à la fin de la semaine nous ne sommes pas en possession de ces marchandises, nous nous verrons dans l'obligation d'annuler notre ordre.

Espérant cependant qu'il vous sera possible de livrer ces prochains jours, nous vous présentons, Messieurs, l'expression de nos sentiments les meilleurs.

Sehr geehrte Herren,
Wir sind erstaunt, daß Sie unseren Auftrag vom 3. v. M. noch nicht ausgeführt haben. Diese Verspätung versetzt uns in eine sehr unangenehme Lage, weil unsere Kunden warten. Wenn wir bis Ende der Woche nicht im Besitz dieser Waren sind, werden wir unseren Auftrag zurückziehen müssen.

In der Hoffnung, daß Ihnen die Ablieferung in den nächsten Tagen doch noch möglich sein werde, zeichnen wir
           mit vorzüglicher Hochachtung

We can accept your delivery till Saturday next.

As our customers are waiting we are in urgent need of the goods.

Please carry out our orders with more promptness in the future.

LETTERS

27. Inferior goods

Dear Sir,
We thank you for your delivery of the 16th inst. Unfortunately, it was not entirely satisfactory, the quality of the articles No. 656 and No. 1067 being inferior to the samples.

Therefore, we ask you to grant us a rebate of 5% which would allow us to lower our prices; if not, we shall be compelled to send the goods back.

   Awaiting your early reply,
   We are, dear Sir,
    Yours truly,

28. Delay in delivery

Dear Sirs,
We are at a loss to understand why our order of the 3rd ult. has not yet been carried out. As we have to keep our customers waiting, the delay is very awkward.

If the goods have not arrived by the end of the week, we shall be compelled to cancel our order.

Hoping you will be in a position to deliver within the next few days,

   We remain, dear Sirs,
    Yours faithfully,

Aceptamos su entrega hasta sábado próximo.

Como nuestros clientes esperan, nos precisan con urgencia las mercancías.

Le rogamos ejecuten en adelante las órdenes en más breve plazo.

CARTAS

27. Calidad inferior

Muy Señor nuestro:
Recibimos debidamente su entrega del 16 cte. Desgraciadamente no quedamos satisfechos, la calidad de los artículos No. 656 y No. 1067 quedando inferior a la de las muestras.

Con este motivo les proponemos que nos otorguen una rebaja de 5% que nos permitiría rebajar nuestros precios de venta; de lo contrario nos veremos obligados a devolverle las mercancías.

Entretanto, quedamos de Ud.
     atto y S.S.

28. Demora en la entrega

Muy Señores nuestros:
Nos sorprende el que Uds. no hayan ejecutado nuestro pedido del 3 pdo. Esta demora nos causa mucha molestia pues nuestros clientes están esperando. Si de aquí al fin de la semana no recibimos estas mercancías nos veremos obligados a anular nuestra orden.

Esperando, luego, que les será posible hacer la entrega dentro de estos próximos días, nos ofrecemos de Uds.
     attos y SS.SS.

EXERCICES
27.

Vous avez reçu un envoi d'articles de bureau et avez constaté que le papier pour machine à écrire ne correspond pas à la qualité demandée dans votre ordre No 5615. Exigez un rabais ou le remplacement de la marchandise.

28.

Il y a 3 semaines que vous attendez une livraison de meubles de bureau. Demandez à la fabrique de livrer sans tarder afin que vous puissiez terminer l'installation du bureau de M. X.

AUFGABEN
27.

Sie haben eine Büromaterial-Sendung erhalten und festgestellt, daß das Schreibmaschinenpapier nicht der in Ihrem Auftrag Nr. 5615 gewünschten Qualität entspricht. Verlangen Sie einen Rabatt oder den Ersatz der Ware.

28.

Seit 3 Wochen erwarten Sie eine Lieferung Büromaterial. Verlangen Sie von der Fabrik sofortige Lieferung, damit Sie die Einrichtung des Büros von Herrn X. beendigen können.

EXERCISES

27.

Having received a consignment of office stationery, you noticed that the typewriting paper is not of the quality required in your order No. 5615. Ask for a rebate or for the right article.

28.

You have been awaiting the delivery of office furniture for three weeks. Ask the factory to deliver without any further delay, to enable you to complete the installation of Mr. X's office.

EJERCICIOS

27.

Ud. recibió una entrega de artículos para oficina y constató que el papel de máquina no corresponde con la calidad pedida en su orden No. 5615. Exigir una rebaja o el reemplazo de la mercancía.

28.

Hace 3 semanas que Ud. espera una entrega de muebles para oficina. Escriba a la fábrica de entregar sin demora de manera que Ud. pueda terminar la instalación de la oficina del Sr. X.

| XVII | MARCHANDISES DÉFECTUEUSES, DÉGÂTS | XVII | BESCHÄDIGTE ODER DEFEKTE WAREN |

Votre dernier envoi ne nous a malheureusement pas donné satisfaction.

Nous devons, par votre faute, vendre ces marchandises au rabais.

Nous tenons les marchandises à votre disposition.

Ma dernière commande n'a pas été exécutée intégralement; en effet, il manquait 2 douzaines de ... Nous vous prions de nous envoyer immédiatement les articles manquants.

Nous regrettons de vous faire savoir que

a) un paquet a été sérieusement endommagé.

b) une caisse a été avariée par l'eau de mer.

c) la plupart des verres que vous nous avez livrés hier sont cassés.

d) la caisse est restée sous la pluie et que la marchandise est invendable.

Nous garderons ces marchandises si vous nous accordez un rabais de 30%.

Je vous prie de reprendre ces marchandises si vous ne pouvez m'accorder une remise de 15%.

Leider fiel Ihre letzte Lieferung nicht zu unserer vollen Zufriedenheit aus.

Durch Ihr Verschulden müssen wir diese Waren mit einem Preisabschlag verkaufen.

Wir halten die Waren zu Ihrer Verfügung.

Meine letzte Bestellung ist nicht vollständig ausgeführt worden; es fehlen 2 Dutzend ... Wir ersuchen Sie, uns diese fehlenden Artikel sofort zuzustellen.

Wir bedauern, Sie darauf aufmerksam machen zu müssen, daß

a) ein Paket stark beschädigt gewesen ist.

b) eine Kiste durch Seewasser beschädigt worden ist.

c) die uns gestern zugesandten Gläser zum größten Teil zerbrochen sind.

d) die Kiste im Regen stehengeblieben und die Ware unverkäuflich ist.

Wir werden die Ware behalten, wenn Sie uns einen Preisabschlag von 30% gewähren.

Ich bitte Sie, die Waren zurückzunehmen, wenn Sie mir nicht eine Preisermäßigung von 15% einräumen können.

XVII DAMAGED GOODS, DAMAGES	XVII MERCANCIAS DEFECTUOSAS, DAÑOS
Unfortunately, your last consignment was not entirely satisfactory.	Desgraciadamente no quedamos satisfechos con su última entrega.
We must sell these goods at a lower price and make you responsible for it.	Debemos vender estas mercancías con rebaja, por culpa suya.
We keep the goods at your disposal.	Tenemos las mercancías dispuestas para Ud.
My last order was not completely carried out; 2 dozen ... were missing. Please dispatch these articles at once.	Mi último pedido no fué ejecutado de manera integral; faltaban 2 docenas de ... Le rogamos nos manden en seguida los artículos que faltan.
We are sorry to have to tell you that	Lamentamos comunicarle que
a) a parcel was seriously damaged.	a) un paquete sufrió graves daños.
b) a box was damaged by sea-water.	b) una caja sufrió daños por el agua de mar.
c) most of the glasses we received yesterday are broken.	c) la mayor parte de los vasos que Ud. nos entregó ayer están quebrados.
d) the box was left in the rain and the goods are unsaleable.	d) la caja permaneció bajo la lluvia y que la mercadería no se puede vender.
We are ready to keep the goods if you grant us a rebate of 30%.	Guardaremos estas mercancías si Ud. nos concede una rebaja de 30%.
I shall be compelled to send the goods back if you cannot cut your prices by 15%.	Le ruego vuelva a tomar estas mercancías si Ud. no puede concederme una rebaja de 15%.

| LETTRES | MUSTERBRIEFE |

29. Marchandise défectueuse

Messieurs,
Nous avons bien reçu votre envoi du 10 ct, qui, malheureusement, ne nous a pas donné entière satisfaction. En effet, 7 verres de cristal, art. n° 7358 et 3 vases à fleurs, art. n° 9871, sont ébréchés et invendables.

Veuillez remplacer ces articles dans le plus bref délai, la vente ayant déjà commencé.

Dans l'attente de cette livraison, dont nous vous remercions d'avance, nous vous présentons, Messieurs, nos salutations distinguées.

30. Marchandises manquantes

Messieurs,
Nous vous remercions de votre livraison du 2 ct, et devons vous faire remarquer que notre commande n'a pas été exécutée intégralement; il manquait en effet 2 dz d'assiettes ordinaires, art. n° 158.

Veuillez nous envoyer avant la fin de la semaine ces articles manquants et agréer, Messieurs, nos salutations les meilleures.

EXERCICES

29.
Ecrivez une lettre de réclamation en proposant à votre fournisseur de vous accorder un rabais de 15% sur une livraison de fraises que vous avez dû vendre à prix réduit.

30.
Priez M. Schollet de reprendre un envoi de papier d'emballage avarié par la pluie durant le transport par camion.

29. Beschädigte Ware

Sehr geehrte Herren,
Wir bestätigen den Empfang Ihrer Sendung vom 10. d. M., die leider nicht zu unserer vollen Zufriedenheit ausgefallen ist. 7 Kristallgläser (Art. Nr. 7358) und 3 Blumenvasen (Art. Nr. 9871) weisen Splitterschäden auf und sind unverkäuflich.

Wir bitten Sie um sofortigen Ersatz, da der Verkauf bereits begonnen hat.

Indem wir Ihnen für diese Nachlieferung im voraus bestens danken, zeichnen wir
    mit vorzüglicher Hochachtung

30. Fehlende Waren

Sehr geehrte Herren,
Wir danken Ihnen für Ihre Lieferung vom 2. d. M. und bedauern, Sie darauf aufmerksam machen zu müssen, daß unsere Bestellung nicht vollständig ausgeführt worden ist; es fehlen 2 Dtzd. Teller, Art. Nr. 158.

Senden Sie uns bitte die fehlenden Artikel vor Ende dieser Woche.
    Mit freundlichen Grüßen

AUFGABEN

29.
Schreiben Sie eine Mängelrüge, indem Sie Ihrem Lieferanten die Gewährung eines Abschlages von 15% auf eine Erdbeeren-Lieferung, die Sie zu reduzierten Preisen abstoßen mußten, vorschlagen.

30.
Bitten Sie Herrn Schollet um Rücknahme einer Sendung Packpapier, das während des Lastwagentransportes durch Regen beschädigt worden ist.

| LETTERS | CARTAS |

29. Damaged goods

Gentlemen,
We have received your consignment of the 10th inst. and we are sorry to state that it was not entirely satisfactory. Indeed, 7 cristal glasses, art. No. 7358 and 3 flower vases, art. No. 9871 are chipped and unsaleable.

Please, replace these articles as soon as possible, the sale having already started.
Awaiting this delivery and thanking you in advance for it,
    We remain, Gentlemen,
        Yours faithfully,

30. Some goods are missing

Dear Sirs,
We thank you for your delivery of the 2nd inst. and have to tell you that our order has not been thoroughly carried out:
2 dz. of ordinary plates, art. No. 158, were missing.

Could you send us these articles by the end of the week?
    We remain, dear Sirs,
        Faithfully yours,

EXERCISES

29.
Write a letter of complaint to your supplier asking him to grant you a rebate of 15% on a consignment of strawberries you have had to sell at a reduced price.

30.
Ask Mr. Schollet to take back a consignment of packing paper damaged by the rain during the transport by lorry.

---

29. Mercancía defectuosa

Muy Señores nuestros:
Recibimos debidamente su entrega del 10 cte. con la cual, desgraciadamente no quedamos satisfechos por completo. Desde luego, 7 vasos de cristal, art. No. 7358, y 3 floreros, art. No. 9871, están mellados y no se pueden vender.

Les rogamos reemplazarnos estos artículos en el más breve plazo, la venta habiéndose comenzado ya.
Aguardando su entrega por la cual les anticipamos las gracias, nos ofrecemos de Uds.
        attos y SS. SS.

30. Faltan mercancías

Muy Señores nuestros:
Les agradecemos por su entrega del 2 cte, y debemos advertirle que nuestro pedido no se ejecutó integralmente; faltaban 2 docenas de platos ordinarios, art. No. 158.
Sírvanse mandarnos antes del fin de la semana estos artículos que faltan.
Con este motivo nos ofrecemos de Uds.
        attos y SS. SS.

EJERCICIOS

29.
Escriba una carta de reclamación proponiendo a su proveedor de concederle una rebaja de 15% sobre una entrega de fresas que Ud. hubiera debido vender con rebaja.

30.
Solicite al Sr. Schollet de volver a tomar una entrega de papel de embalaje averiado por la lluvia durante el acarreo por camión.

XVIII	RÉCLAMATIONS DIVERSES	XVIII	VERSCHIEDENE BESCHWERDEN

Prix trop élevés / Wegen zu hohem Preis

Votre prix est calculé trop haut.	Ihr Preis ist zu hoch.
Nos clients trouvent vos articles trop chers.	Unsere Kunden finden Ihre Waren zu teuer.
Pourquoi comptez-vous cet article à Fr. 9.75 et la maison X. à Fr. 9.25?	Warum berechnen Sie diesen Artikel zu Fr. 9.75 und die Firma X. zu Fr. 9.25?
Je ne puis vendre ces articles au prix que vous me facturez.	Ich kann die Waren zu dem von Ihnen berechneten Preis nicht verkaufen.

PHRASES / SÄTZE

Vous nous avez fait parvenir 200 pièces, dépassant ainsi notre ordre de 50 pièces.	Sie haben uns 200 Stück gesandt und damit unseren Auftrag um 50 Stück überschritten.
Vous nous avez livré le n° 19 au lieu du n° 91.	Sie haben uns Nr. 19 statt Nr. 91 geliefert.
Vous avez vraisemblablement envoyé le paquet à un autre client.	Sie haben das Paket wahrscheinlich an einen andern Kunden geschickt.
En vérifiant votre dernier envoi, nous avons été surpris de constater que nos instructions n'avaient pas été exécutées.	Beim Vergleich Ihrer letzten Sendung mit unserer Bestellung haben wir zu unserer Überraschung festgestellt, daß Sie unsere Anordnungen nicht befolgten.
Nous ne savons que faire d'un tel article.	Wir haben für einen solchen Artikel keine Verwendung.
Veuillez nous communiquer votre intention.	Geben Sie uns bitte Ihre Absicht bekannt.
Nous regrettons de vous faire savoir que, à l'avenir, nous passerons nos ordres à une autre maison.	Mit Bedauern teilen wir Ihnen mit, daß wir unsere Aufträge in Zukunft einer anderen Firma erteilen werden.
Je vous prie de vouer plus de soin à l'exécution de mes commandes.	Ich bitte Sie, meine Aufträge sorgfältiger auszuführen.
Cette première affaire ne m'a pas donné satisfaction.	Dieses erste Geschäft hat mich nicht befriedigt.

XVIII VARIOUS COMPLAINTS	XVIII VARIAS RECLAMACIONES
Prices are too high	**Precios demasiado altos**
Your price is too high.	Su precio se fijó demasiado alto.
Our customers find your items too expensive.	Nuestros clientes encuentran sus precios demasiado caros.
Why do you sell this article Fr. 9.75 and the Firm X. Fr. 9.25?	¿Por qué cobra Ud. este artículo Fr. 9.75 y la casa X. Fr. 9.25?
I cannot sell these articles at the price invoiced.	No puedo vender estos artículos al precio que Ud. me factura.
PHRASES	**FRASES**
You sent us 200 pieces instead of the 50 mentioned in our order.	Ud. nos entregó 200 piezas, excediendo así mi orden de 50 piezas.
You dispatched the No. 19 instead of 91.	Ud. nos entregó el No. 19 en vez del No. 91.
The parcel was probably sent to another customer.	Ud. mandó verosímilmente el paquete a otro cliente.
While checking your last consignment, we were surprised to notice that our instructions had not been carried out.	Comprobando su última entrega, quedamos admirados al constatar que nuestras instrucciones no se habían ejecutado.
This article is of no use tu us.	No podemos utilizar tal artículo.
Please tell us what you intend doing in this matter.	Le rogamos nos comunique su intención.
We are sorry to tell you that, in future, we shall give our orders to another firm.	Lamentamos comunicarle que, de aqui en adelante, colocaremos nuestras órdenes a otra casa.
Please carry out my orders with your most careful attention.	Le ruego ejecutar mis órdenes con más esmero.
This first transaction was not satisfactory.	No quedé satisfecho con este primer negocio.

| LETTRES | MUSTERBRIEFE |

31. Les marchandises sont trop chères

Monsieur,
Votre envoi du 11 ct nous est bien parvenu. Nous avons commencé immédiatement la vente de ces montres et n'avons pas tardé à constater que les prix en sont trop élevés.

Vous serait-il possible de nous consentir un rabais de 5%, qui nous permettrait de ramener nos prix au niveau de ceux de la concurrence et d'augmenter considérablement notre chiffre d'affaires?

Dans l'attente d'une réponse que nous espérons favorable, nous vous présentons, Monsieur, nos salutations empressées.

32. Erreur d'adresse

Monsieur,
En vérifiant votre envoi de hier, nous avons été surpris de constater que la marchandise n'avait pas été commandée. Vous avez vraisemblablement envoyé notre colis à un autre client.

Nous vous prions de faire le nécessaire afin que nous soyons en possession de notre commande avant la fin de la semaine, ce dont nous vous remercions.

Veuillez agréer, Monsieur, nos salutations distinguées.

31. Die Waren sind zu teuer

Sehr geehrter Herr...,
Ihre Sendung vom 11. d. M. ist gut angekommen, doch mußten wir kurze Zeit nach der sofortigen Aufnahme des Verkaufs feststellen, daß die Preise zu hoch sind.

Könnten Sie uns nicht einen Abschlag von 5% bewilligen, damit auch wir unsere Preise auf die Höhe derjenigen unserer Konkurrenz senken und damit unseren Umsatz beträchtlich steigern können?

Wir sehen Ihrem zustimmenden Bescheid gerne entgegen und verbleiben
   mit freundlichen Grüßen

32. Falsche Adresse

Sehr geehrter Herr...,
Bei der Prüfung Ihrer gestrigen Sendung stellten wir überrascht fest, daß wir die Waren nicht bestellt hatten. Sie haben unser Paket wahrscheinlich an einen andern Kunden geschickt.

Wir bitten Sie, das Nötige zu veranlassen, damit wir vor Ende der Woche im Besitz der bestellten Waren sind, wofür wir Ihnen im voraus danken.

  Mit vorzüglicher Hochachtung

| LETTERS | CARTAS |

31. The goods are too expensive

Dear Sir,
We acknowledge receipt of your consignment of the 11th inst. Having started immediately with the sale of these watches, we soon noticed that they are too expensive.

Could you grant us a rebate of 5% which would allow us to sell at the same price as the other manufacturers and thus increase considerably our turnover?

Awaiting a favourable reply,
    We remain, dear Sir,
    Yours faithfully,

32. Wrong address

Dear, Sir,
On checking your yesterday's consignment, we were surprised to notice that the goods had not been ordered. Our parcel was probably sent to another customer.

Will you be so kind as to look into the matter and send us the right sort of goods before the end of the week.

We thank you for it and remain,
    Yours truly,

31. Las mercancías son demasiado caras

Muy Señor mío:
Su entrega de 11 cte obra en nuestro poder. Empezamos en seguida la venta de estos relojes y no tardamos en constatar que sus precios son demasiado altos.

¿Le sería posible concedernos una remesa de 5% que nos permitiría rebajar nuestros precios al nivel de los de la competencia y aumentar considerablemente nuestra cifra de negocios?

Aguardando una contestación que esperamos favorable, nos ofrecemos de Ud.
    atto y S.S.

32. Equivocación en la dirección

Muy Señor mío:
Comprobando su entrega de ayer quedamos sorprendidos al constatar que la mercancía no había sido encargada. Acaso habrá Ud. mandado nuestro bulto a otro cliente.

Le rogamos hacer cuanto precisa para que recibamos nuestro pedido antes de fines de la semana, por lo cual le agradecemos.

Con este motivo nos repetimos de Ud.
    attos y SS.SS.

EXERCICES

31.

Vous avez reçu un envoi de jouets pour Noël et avez constaté que l'article n⁰ 315 a été remplacé par le n⁰ 351. Demandez la rectification de cette erreur dans le plus bref délai, car les ventes de Noël ont déjà commencé.

32.

Ayant reçu 500 pneus, au lieu de 300 commandés, vous écrivez à Caselli S.A., Genève, de reprendre le surplus et de vous créditer de ce montant.

AUFGABEN

31.

Sie haben eine Sendung Weihnachtsspielsachen erhalten und an Stelle des Artikels Nr. 315 die Nr. 351 festgestellt. Verlangen Sie eine Richtigstellung dieses Irrtums innert kürzester Zeit, da der Weihnachtsverkauf bereits eingesetzt hat.

32.

Sie erhielten 500 Reifen statt 300 gemäß Auftrag. Verlangen Sie von Caselli S.A. in Genf Rücknahme und Gutschrift der zuviel gelieferten Stücke.

EXERCISES

31.

You have received a consignment of toys for Christmas and noticed that the article No. 315 has been replaced by the No. 351. As the Christmas sales have already started, ask the manufacturer, to send you the right article as soon as possible.

32.

Having received 500 tyres instead of the 300 you have ordered, you write to Caselli S.A., Geneva, to take back the surplus and to credit you with this amount.

EJERCICIOS

31.

Ud. recibió una entrega de juguetes para Navidad y constato que el artículo No. 315 se reemplazó por el No. 351. Pida la rectificación de esta equivocación en el plazo más breve, pues las ventas de Navidad ya empezaron.

32.

Habiendo recibido 500 neumáticos, en vez de 300 que fueron pedidos, Ud. escribe a Caselli S.A., Ginebra, de volver a tomar el excedente y de abonarle esta suma.

XIX RÉPONSES AUX LETTRES DE RÉCLAMATIONS	XIX ANTWORTEN AUF MÄNGELRÜGEN

Je regrette que	Ich bedaure sehr, daß
a) ma dernière livraison ne vous ait pas donné satisfaction.	a) meine letzte Lieferung nicht befriedigte.
b) vous ne soyez pas satisfait de mes articles.	b) Sie mit meinen Artikeln nicht zufrieden sind.
c) vous n'ayez pas reçu ce que vous aviez commandé.	c) Sie nicht das Bestellte erhalten haben.
d) les marchandises ne correspondent pas aux échantillons.	d) die Waren den Mustern nicht entsprechen.
e) vous trouviez mes articles trop chers.	e) Sie meine Artikel zu teuer finden.
f) vous n'ayez pas reçu mon dernier envoi.	f) Sie meine letzte Sendung nicht erhalten haben.
g) je vous aie fait attendre.	g) ich Sie warten ließ.
Par suite d'une erreur que vous voudrez bien excuser, nous n'avons pu livrer les marchandises à temps.	Zufolge eines Versehens, das Sie bitte entschuldigen wollen, konnten wir die Waren nicht rechtzeitig abliefern.
Etant surchargés de commandes, nous n'avons pas pu vous envoyer les marchandises avant vendredi.	Da wir mit Aufträgen überhäuft sind, konnten wir die Waren nicht vor Freitag absenden.
Nous sommes prêts	Wir sind bereit
a) à vous accorder un rabais de 15%.	a) Ihnen einen Abschlag von 15% zu gewähren.
b) à reprendre les marchandises.	b) die Waren zurückzunehmen.
c) à échanger les articles à nos frais.	c) die Artikel auf unsere Kosten umzutauschen.
d) à vous dédommager pour cette perte.	d) Sie für diesen Verlust zu entschädigen.
Nous avons bien reçu votre lettre du 12 ct et reconnaissons le bien-fondé de votre réclamation.	Wir haben Ihren Brief vom 12. d. M. erhalten und anerkennen, daß Ihre Beschwerde begründet ist.
A notre avis, votre réclamation est sans fondement.	Unserer Ansicht nach ist Ihre Reklamation nicht gerechtfertigt.
Votre ordre a été exécuté correctement.	Ihr Auftrag ist richtig ausgeführt worden.

| XIX | REPLIES TO LETTERS OF COMPLAINTS | XIX | CONTESTACIONES A LAS CARTAS DE RECLAMACIONES |

I am sorry (that)

a) my last delivery was not satisfactory.

b) you are not satisfied with my items.

c) you did not receive what you had ordered.

d) the goods are not up to the samples.

e) you find my articles too expensive.

f) you have not yet received my last consignment.

g) I have kept you waiting.

Please excuse the error which prevented us from delivering the goods in time.

The demand is so great (The orders are so numerous) that we were not in a position to deliver before Friday.

We are ready

a) to grant you a rebate of 15%.

b) to take back the goods.

c) to deliver you a substitute without extra charge.

d) to refund you this loss.

We have in our hands your letter of the 12th inst, and agree to your claim.

We think your claim is without grounds.

Your order was carefully carried out.

Lamento que

a) Ud. no haya quedado satisfecho de mi última entrega.

b) Ud. no quede satisfecho de mis artículos.

c) que no haya recibido lo que había pedido.

d) las mercancías no corresponden con las muestras.

e) Ud. encontraba mis artículos demasiado caros.

f) Ud. no haya recibido mi última entrega.

g) le haya hecho esperar.

De resultas de un error por lo cual le rogamos nos dispense, no pudimos entregar las mercancías a su debido tiempo.

Hallándonos sobrecargados con pedidos, no pudimos mandarle las mercancías antes del viernes.

Estamos dispuestos

a) a concederle una rebaja de 15%.

b) a volver a tomar las mercancías.

c) a cambiar los artículos a nuestro cargo.

d) a indemnizarle por esta pérdida.

Su carta del 12 cte. obra en nuestro poder y convenimos lo fundado de su reclamación.

Opinamos que su reclamación no está fundada.

Su orden se ejecutó de manera correcta.

Nous ne pouvons (pas) accepter votre proposition.	Wir können Ihren Vorschlag nicht annehmen.
L'emballage a été soigneusement contrôlé.	Die Verpackung ist sorgfältig geprüft worden.
Nous avons fait de notre mieux pour vous donner satisfaction.	Wir haben unser Bestes getan, um Sie zufriedenzustellen.
Nous avons exécuté votre ordre aux anciens prix.	Wir haben Ihren Auftrag zu den alten Preisen ausgeführt.
Votre lettre de réclamation du ... nous a surpris et nous tenons à préciser que	Ihre Mängelrüge vom ... hat uns überrascht, und wir halten fest, daß
a) les dégâts ont été causés durant le voyage.	a) der Schaden unterwegs entstanden ist.
b) nous ne sommes pas responsables.	b) wir nicht verantwortlich sind.
c) nous ne pouvons vous accorder un rabais de 10%.	c) wir keinen Abschlag von 10% gewähren können.
d) nous ne pouvons accepter votre demande.	d) wir Ihrem Wunsch nicht entsprechen können.
e) les marchandises sont conformes aux échantillons.	e) die Waren den Mustern entsprechen.
f) notre livraison a été soigneusement exécutée.	f) unsere Lieferung sorgfältig ausgeführt worden ist.
g) la qualité était excellente.	g) die Qualität ausgezeichnet war.
Nous vous prions d'excuser cette erreur.	Wir bitten Sie, diesen Irrtum zu entschuldigen.
Nous espérons que	Wir hoffen, daß
a) vous excuserez cette inadvertance.	a) Sie dieses Versehen entschuldigen.
b) votre embarras n'a pas été trop grand.	b) Ihnen nicht zu viel Unannehmlichkeiten entstanden sind.
Je puis vous assurer que	Ich versichere Ihnen, daß
a) une telle chose ne se reproduira plus.	a) sich ein solcher Fehler nicht wiederholen wird.
b) vos ordres seront exécutés ponctuellement.	b) ich Ihre Aufträge prompt ausführen werde.
c) un tel retard pourra vraisemblablement être évité.	c) eine solche Verspätung wahrscheinlich vermieden werden kann.

We cannot agree to your proposal.	No podemos aceptar su propuesta.
The package has been carefully checked.	El embalaje se averiguó cuidadosamente controlado.
We did our utmost to give you satisfaction.	Hicimos cuanto pudimos para satisfacerle.
We delivered the goods at our former prices.	Ejecutamos sus órdenes conforme a los antiguos precios.
Your claim of the ... surprised us and we want to state that	Quedamos sorprendidos con su carta de reclamación del ... y debemos precisar que
a) the damage occurred during the transport.	a) los daños fueron causados durante el viaje.
b) we are not responsible for it.	b) no somos responsables.
c) we cannot grant you a rebate of 10%.	c) no podemos concederle una rebaja de 10%.
d) we cannot accept your claim.	d) no podemos aceptar su demanda.
e) the goods are up to the samples.	e) las mercancías están conformes a las muestras.
f) our delivery was carefully carried out.	f) ejecutamos con esmero nuestra entrega.
g) the quality was outstanding.	g) la calidad era excelente.
We apologize for this error.	Le rogamos nos dispense este error.
We hope	Esperamos que
a) you will excuse this slight error.	a) Ud. excusará esta inadvertencia.
b) your inconvenience was not too great.	b) su apuro no fué demasiado grande.
I assure you that	Puedo asegurarle que
a) such a thing will never happen again.	a) tal cosa no volverá a verificarse más.
b) your orders will be punctually carried out.	b) sus órdenes se ejecutarán con puntualidad.
c) I shall do my best to avoid any further delay.	c) tal demora se podrá evitar con mucha probabilidad.

Nous vous prions

a) de nous accorder encore votre confiance.

b) de ne pas nous retirer votre confiance.

Nous espérons que

a) notre explication (proposition) vous donnera satisfaction.

b) nous pourrons compter sur vos prochains ordres.

Veuillez trouver, ci-joint, notre note de crédit.

Wir bitten Sie,

a) uns weiterhin Vertrauen entgegenzubringen.

b) uns Ihr Vertrauen nicht zu entziehen.

Wir hoffen gerne, daß

a) Sie unsere Erklärung (unser Vorschlag) befriedigt.

b) wir auf Ihre weiteren Aufträge zählen können.

Als Beilage finden Sie unsere Gutschrift.

| LETTRES | MUSTERBRIEFE |

33. Réponse à la lettre No. 31

Monsieur,
Nous avons bien reçu votre lettre du 20 ct et sommes surpris que vous trouviez nos articles trop chers.

Cependant, nous vous accordons un rabais de 5% qui vous permettra, nous l'espérons, d'augmenter considérablement votre chiffre d'affaires.

Dans l'attente de votre prochain ordre, nous vous présentons, Monsieur, nos salutations empressées.

33. Antwort auf Brief Nr. 31

Sehr geehrter Herr...,
Wir haben Ihren Brief vom 20. d. M. erhalten und sind überrascht, daß Sie unsere Artikel zu teuer finden.

Trotzdem sind wir bereit, Ihnen einen Abschlag von 5% zu gewähren, der es Ihnen – wie wir hoffen – ermöglicht, Ihren Umsatz beträchtlich zu erhöhen.

In Erwartung Ihres nächsten Auftrages verbleiben wir

        mit freundlichen Grüßen

We ask you to
a) continue to trust us.
We ask you
b) not to mistrust us.

We hope that
a) our explanation (our proposal) will be agreeable to you.
b) we can rely on your next orders.

Please, find our credit note herewith.

Le rogamos
a) siga concediéndonos su confianza.
b) de no retirarnos su confianza.

Esperamos que
a) nuestra aclaración (propuesta) le satisfará.
b) podemos contar con sus nuevas órdenes

Incluso le acompañamos nuestra cuenta de crédito.

LETTERS

CARTAS

33. Reply to the letter No. 31

Dear Sir,
We acknowledge the receipt of your letter of the 20th inst., and are surprised to learn that you find our prices too high.

However, we agree to allow you a rebate of 5%, which, we trust, will enable you to increase considerably your turnover.

Awaiting your further orders,
      We remain, dear Sir,
      Yours faithfully,

33. Contestación a la carta No. 31

Muy Señor mío:
Su carta del 20 cte. obra en nuestro poder y nos sorprende el que Ud. encuentre nuestros precios demasiado caros.

Sin embargo, le concedemos una rebaja de 5% que le permitirá a Ud., confiamos, aumentar considerablemente su cifra de negocios.

Con la espera de su nuevo pedido, nos reiteramos de Ud.
      attos y SS. SS.

34. Réponse à une lettre de réclamation pour retard dans la livraison

Messieurs,
Nous accusons réception de votre lettre de hier et regrettons que vous n'ayez pas encore reçu les marchandises commandées il y a 3 semaines.

Etant surchargés de commandes, nous n'avons pas pu livrer jusqu'à ce jour, mais nous ferons le nécessaire afin que les marchandises vous parviennent d'ici à la fin de la semaine.

Espérant que notre proposition vous conviendra, nous vous présentons, Messieurs, nos salutations distinguées.

EXERCICES

33. Répondez à M. Bruchez que vous ne pouvez lui accorder un rabais de 15% sur votre dernière livraison de fraises, mais que vous l'autorisez à déduire 5% sur le montant de votre facture no 15320.

34. Répondez à M. Gagneux que vous n'êtes pas responsable des dégâts survenus durant le transport de la vaisselle par chemin de fer et priez-le de s'adresser à la Compagnie des chemins de fer français.

34. Antwort auf die Mängelrüge wegen Lieferungsverspätung

Sehr geehrte Herren,
Wir bestätigen den Empfang Ihres gestrigen Schreibens und bedauern, daß Sie die vor drei Wochen bestellten Waren noch nicht erhalten haben.

Da wir mit Aufträgen überhäuft sind, haben wir bis heute noch nicht abliefern können; wir werden aber das Nötige vorkehren, daß Sie die Waren bis Ende der Woche erhalten.

Wir hoffen gerne, daß Ihnen unser Vorschlag zusagt und verbleiben
mit freundlichen Grüßen

AUFGABEN

33. Antworten Sie Hrn. Bruchez, daß Sie ihm keinen Preisabschlag von 15% auf Ihrer letzten Erdbeerlieferung bewilligen können, ihn aber ermächtigen, 5% auf dem Betrag Ihrer Rechnung Nr. 15320 abzuziehen.

34. Schreiben Sie Hrn. Gagneux, daß Sie für die am Geschirr während des Bahntransportes entstandenen Schäden nicht verantwortlich sind, und bitten Sie ihn, sich an die Compagnie des chemins de fer français zu wenden.

34. Reply to a complaint for delay in delivery

Gentlemen,

We have received your yesterday's letter and are sorry not to have delivered the goods you ordered 3 weeks ago.

The demand having been so great we have not been in a position to deliver up to now; but we are going to do our best to send you the goods by the end of the week.

Hoping that you will agree to our proposal,

       We are, Gentlemen,
       Yours faithfully,

EXERCISES

33.

Answer Mr. Bruchez that you cannot grant him a rebate of 15% on your last delivery of strawberries, but you allow him 5% off the amount of your invoice No. 15320.

34.

Reply to Mr. Gagneux that you are not responsible for the damage caused during the transport of the crockery by train and tell him that he must apply to the French Railway Company.

34. Contestación a una carta de reclamación por demora en la entrega

Muy Señores nuestros:

Les acusamos recibo de su carta de ayer y lamentamos el que Uds. no hayan recibido aún las mercancías pedidas hace 3 semanas.

Hallándonos con una sobrecarga de pedidos, no pudimos entregar hasta el día el pedido, pero haremos cuanto precisa para que las mercancías le lleguen de aquí al fin de la semana.

Esperando que nuestra propuesta les convenga, nos repetimos de Uds.

       attos y SS. SS.

EJERCICIOS

33.

Conteste al Sr. Bruchez que Ud. no puede concederle una rebaja de 15% sobre su última entrega de fresas, pero que Ud. le autoriza a deducir 5% sobre el importe de su factura No. 15320.

34.

Conteste al Sr. Gagneux que Ud. no es responsable de los daños sufridos durante el acarreo de la vajilla por ferrocarril y ruéguele dirigirse a la compañia de los ferrocarriles franceses.

| XX | **DEMANDES DE RENSEIGNEMENTS** | XX | **ERKUNDIGUNGEN** |

a) Sur une maison

Nous avons reçu une commande importante de la Maison X. qui nous donne votre nom comme référence.

Nous nous permettons de vous demander quelques renseignements sur la maison mentionnée ci-dessus.

Pourriez-vous nous donner des renseignements précis sur la situation financière de la maison ainsi que sur la moralité de son directeur?

Pensez-vous que nous puissions lui accorder un crédit de Fr. 5000.–?

Quel crédit pourriez-vous me conseiller de leur accorder?

Nous vous serions reconnaissants de bien vouloir nous communiquer quelques renseignements précis sur:

a) la réputation,

b) la solvabilité,

c) les possibilités,

d) la situation financière de ladite maison.

Ils désirent entrer en relations commerciales avec nous.

Nous avons l'intention de traiter des affaires importantes avec lui.

Pourriez-vous nous dire si le commerce est dirigé de façon satisfaisante?

a) Über eine Firma

Die Firma X. hat uns einen bedeutenden Auftrag erteilt und Ihre Firma als Referenz genannt.

Wir bitten Sie um einige Auskünfte über die oben genannte Firma.

Können Sie uns genaue Auskünfte über die Vermögensverhältnisse der Firma und die Geschäftsmoral ihres Direktors geben?

Kann ein Kredit von Fr. 5000.– gewährt werden?

Wie hoch könnten wir mit unserem Kredit gehen?

Wir wären Ihnen dankbar, wenn Sie uns einige Auskünfte über

a) den Ruf,

b) die Zahlungsfähigkeit,

c) die Geldmittel,

d) die Vermögensverhältnisse der genannten Firma geben könnten.

Sie wünschen mit uns Geschäftsverbindung aufzunehmen.

Wir beabsichtigen, mit ihm namhafte Geschäfte abzuwickeln.

Ist Ihnen bekannt, ob das Geschäft in zufriedenstellender Weise geführt wird?

| XX | **INFORMATION REQUIRED** | XX | **SE PIDEN INFORMES** |

a) About a firm

The firm ... has passed us an important order and given your name as a reference.

We take the liberty of asking you for some information about the firm whose name is mentioned above.

Could you give us some precise information about the financial situation of the firm as well as about the integrity of its manager?

Do you think them safe for a credit of Fr. 5 000.–?

What credit could you advise me to grant them?

We would be thankful to you if you could give us some precise information about

a) the reputation,

b) the solvency,

c) the means,

d) the financial situation of the mentioned firm.

They wish to establish business relations with us.

We intend doing important business with him.

Could you tell us whether the firm is managed in a satisfactory way?

a) Sobre una casa

Recibimos un pedido importante de la casa X. que nos da su nombre como referencia.

Nos permitimos pedirle unos informes sobre la casa mencionada más arriba.

¿Podría Ud. darnos informes precisos sobre la situación de finanzas de la casa así como sobre la moralidad de su director?

¿Cree Ud. que podemos concederle un crédito de Fr. 5 000.–?

¿Qué crédito podría Ud. aconsejarme de concederle?

Les agradeceríamos se sirvan comunicarnos algunos informes precisos sobre

a) la fama,

b) la solvencia,

c) las posibilidades,

d) la situación financiera de dicha casa.

Desean trabar relaciones comerciales con nosotros.

Proyectamos tratar negocios importantes con él.

¿Podría decirnos Ud. si el comercio está manejado de manera satisfactoria?

b) Sur une personne	**b) Über eine Person**
Veuillez nous faire savoir si vous considérez M. X. comme un homme capable.	Es interessiert uns, ob Sie Herrn X. für fähig halten.
J'aimerais connaître la raison de son départ.	Können Sie uns den Grund seines Austrittes angeben?
M. ... nous a donné votre nom comme référence. Nous vous serions reconnaissants de nous faire connaître votre opinion sur	Herr ... hat uns Sie als Referenz angegeben. Wir wären Ihnen dankbar, wenn Sie uns mitteilten, wie Sie
le caractère, la probité, l'honnêteté	den Charakter, die Zuverlässigkeit, die Ehrlichkeit
de la personne susnommée.	der oben genannten Person beurteilen.
Nous avons l'intention d'engager M. X. comme comptable (caissier, agent).	Wir beabsichtigen, Herrn X. als Buchhalter (Kassier, Agent) einzustellen.
Il aura d'importantes affaires à traiter.	Beträchtliche Geldsummen werden durch seine Hände gehen.
c) Fin de la lettre	**c) Schlußworte**
Nous ferons un usage discret de vos renseignements.	Ihre Angaben werden wir selbstverständlich vertraulich verwenden.
Soyez certains que tous les renseignements que vous nous communiquerez seront considérés comme strictement confidentiels.	Wir versichern Ihnen, daß alle uns von Ihnen erteilten Auskünfte streng vertraulich behandelt werden.
Je vous remercie d'avance de tout renseignement que vous voudrez bien me communiquer.	Ich danke Ihnen im voraus für alle Auskünfte.
Nous serions heureux, si l'occasion s'en présentait, de vous rendre un service semblable.	Wir hoffen gerne, Ihnen bei Gelegenheit einen ähnlichen Dienst erweisen zu können.

b) About a person

Please could you tell us what you think of Mr. X's ability?

I should like to know the reason for his leaving you.

Mr. ... gave your name as a reference. We would be grateful to you if you could let us know your opinion about

the character,
the reliability,
the honesty

of the above mentioned person.

We intend to appoint Mr. X. as a bookkeeper (cashier, agent).

He will have to deal with important amounts.

c) Ending the letter

Your information will be kept private.

We assure you that any information you might give us shall be considered as strictly confidential.

I thank you in advance for any information you may communicate to me.

Should the opportunity present itself, we would be pleased to render you a similar service.

b) Sobre una persona

Le rogamos nos comunique si Ud. considera el Sr. X. como hombre capaz.

Desearía conocer la razón de su salida.

El Sr. ... nos dió su nombre como referencia. Les agradeceríamos darnos a conocer su opinión sobre

el carácter,
la probidad,
la honradez

de la persona mencionada más arriba.

Tenemos la intención de contratar al Sr. X. como contador (cajero, agente).

Tendrá importantes negocios que tratar.

c) Final de la carta

Utilizaremos con discreción sus informes.

Tengan la seguridad de que cuantos informes nos comuniquen Uds. los consideraremos estrictamente confidenciales.

Les anticipamos las gracias para cuantos informes se sirvan comunicarnos.

Celebraríamos el que se nos presente la oportunidad de prestarles semejante servicio.

| LETTRES | MUSTERBRIEFE |

35. Demande de renseignements sur une maison

Messieurs,
Ayant reçu une commande importante de la Maison Corbaz S.A. qui nous donne votre nom comme référence, nous vous serions reconnaissants de bien vouloir nous communiquer quelques renseignements précis sur

a) sa solvabilité,
b) sa réputation,
c) sa situation financière.

Nous ferons un usage discret de vos renseignements et serions heureux, si l'occasion s'en présentait, de vous rendre un service semblable.

Dans l'attente de votre réponse, dont nous vous remercions d'avance, nous vous présentons, Messieurs, nos salutations distinguées.

35. Erkundigung über eine Firma

Sehr geehrte Herren,
Die Firma Corbaz S.A. hat uns einen bedeutenden Auftrag erteilt und Ihre Firma als Referenz genannt. Wir wären Ihnen dankbar, wenn Sie uns einige genaue Auskünfte über

a) die Zahlungsfähigkeit,
b) den Ruf,
c) die Vermögensverhältnisse

geben könnten.

Ihre Angaben werden wir selbstverständlich vertraulich verwenden, und wir hoffen gerne, Ihnen bei Gelegenheit einen ähnlichen Dienst erweisen zu können.

Wir danken Ihnen im voraus für Ihre Bemühungen und zeichnen
    mit vorzüglicher Hochachtung

36. Demande de renseignements sur une personne

Monsieur,
J'ai reçu une offre de services de M. ... qui sollicite la place de comptable dans mon commerce, et donne votre maison comme référence.

C'est pourquoi, je vous serais très obligé de me faire connaître votre opinion sur son caractère et son honnêteté.

Je vous remercie d'avance de vos renseignements dont je ferai un usage discret et vous présente, Monsieur, mes salutations empressées.

36. Erkundigung über eine Person

Sehr geehrter Herr ...,
Herr ... bewirbt sich um eine Stelle als Buchhalter in meinem Geschäft und hat Sie als Referenz genannt.

Ich wäre Ihnen daher dankbar, wenn Sie mir mitteilten, wie Sie seinen Charakter und seine Ehrlichkeit beurteilen.

Ich danke Ihnen zum voraus für Ihre Auskünfte, die ich selbstverständlich vertraulich verwenden werde, und zeichne
    mit vorzüglicher Hochachtung

LETTERS	CARTAS

35. Information required about a firm

Gentlemen,
We have received an important order from the firm Corbaz S.A. who give your name as a reference, and we would be grateful to you if you could let us know some precise information about

a) their solvency,
b) their reputation,
c) their financial situation.

Your information will be kept private and we would be pleased to render you a similar service, whenever the opportunity presents itself.

Awaiting your reply for which we thank you in advance,
    We are, Gentlemen,
    Faithfully yours,

36. Reference required for a person

Dear Sir,
Mr. ... has applied for the post of bookkeeper in my firm and gives your name as a reference.

I would be grateful to you if you would let me know your opinion about his character and honesty.

Thanking you in advance for your information which I shall keep strictly private,
    I remain, dear Sir,
    Yours faithfully,

35. Se piden informes sobre una casa

Muy Señores nuestros:
Habiendo recibido un pedido importante de la Casa Corbaz S.A. que nos da su nombre como referencia, les agradeceríamos se sirvan comunicarnos algunos informes exactos sobre

a) su solvencia,
b) su fama,
c) su situación financiera.

Utilizaremos con la mayor discreción sus informes y celebraríamos el que se presentase la oportunidad de devolverles semejante servicio.

Anticipándoles las gracias por su grata contestación, nos repetimos de Uds.
    attos y SS. SS.

36. Se piden informes sobre una persona

Muy Señor mío:
He recibido un ofrecimiento de servicios del Sr. ... que solicita la colocación de contador en mi comercio y me da su nombre como referencia.

Desde luego le agradecería encarecidamente me comunique su parecer sobre su carácter y su honradez.

Anticipándole las gracias por sus informes que utilizaré con discreción, se ofrece de Ud.
    atto y S. S.

EXERCICES
35.
La maison Tricomat S.A. vous a passé une commande importante que, selon son habitude, elle payera à 3 mois. Ecrivez à la Caisse d'Epargne et de Crédit pour obtenir des renseignements précis sur la solidité de la maison ci-dessus et l'honorabilité de son directeur.

36.
Ecrivez à M. Paul Canal pour lui demander des renseignements sur M. Louis Blanchard qui a travaillé 5 ans comme premier vendeur chez lui et qui sollicite la place de chef de rayon dans votre commerce.

AUFGABEN
35.
Die Firma Tricomat S.A. hat Ihnen einen beträchtlichen Auftrag, den sie wie üblich nach 3 Monaten bezahlen wird, erteilt. Erkundigen Sie sich bei der Spar- und Kreditkasse genau über Kreditfähigkeit der oben erwähnten Firma und Geschäftsmoral ihres Direktors.

36.
Verlangen Sie bei Hrn. Paul Canal Auskünfte über Hrn. Louis Blanchard, der während 5 Jahren als erster Verkäufer bei ihm arbeitete und der sich um die Stelle eine Abteilungsleiters in Ihrem Geschäft bewirbt.

EXERCISES

35.

The firm Tricomat S.A. has given you an important order which, as usual, will be paid within 3 months. Write to the Caisse d'Epargne et de Crédit to obtain some precise information about the solvency of the firm an the honesty of its manager.

36.

Write to Mr. Paul Canal to ask him for some information about Mr. Louis Blanchard who has been working with him for 5 years as a first salesman and who is applying for the post of department head in your firm.

EJERCICIOS

35.

La casa Tricomat S.A. le colocó un pedido importante que, según su costumbre, pagará a 3 meses. Escriba a la Caja de Ahorros y de Crédito para conseguir informes precisos sobre la solvencia de la casa arriba mencionada y la honradez de su director.

36.

Escriba al Sr. Paul Canal para pedirle informes tocante al Sr. Louis Blanchard que trabajó 5 años como primer vendedor en su casa y que solicita la colocación de Jefe de sección en su comercio.

XXI RÉPONSES AUX DEMANDES DE RENSEIGNEMENTS	XXI AUSKÜNFTE
Renseignements favorables: **a) sur une maison**	Günstige Auskunft: **a) über eine Firma**

La maison est une entreprise sérieuse qui jouit d'une bonne réputation.	Die Firma ist eine sehr seriöse Unternehmung und genießt einen guten Ruf.
On considère cette maison comme l'une des plus importantes de notre ville.	Man zählt diese Firma zu den bedeutendsten unserer Stadt.
Vous pouvez sans crainte lui accorder le crédit demandé.	Sie können ihr den verlangten Kredit ohne weiteres gewähren.
Nous sommes certains qu'ils réalisent un chiffre d'affaires très important.	Wir sind sicher, daß sie einen sehr großen Umsatz erzielen.
La situation financière des propriétaires est bonne; ils possèdent des propriétés et des terres et leur fortune doit se monter à Fr.... environ.	Die Vermögensverhältnisse der Eigentümer sind gut; sie besitzen Häuser und Grundstücke, und ihr Vermögen wird auf ungefähr Fr.... geschätzt.
Nous sommes en relations d'affaires avec cette maison depuis 20 ans et, jusqu'à ce jour, elle a toujours réglé ponctuellement ses factures.	Wir stehen mit dieser Firma seit 20 Jahren in Geschäftsverbindung, und bis heute hat sie unsere Rechnungen stets pünktlich beglichen.
Nous n'avons jamais entendu dire du mal de cette maison.	Wir haben über diese Firma nie Klagen vernommen.
Nous avons entière confiance en eux.	Wir haben volles Vertrauen zu ihnen.
b) sur une personne	**b) über eine Person**
M. X. est un excellent comptable.	Herr X. ist ein ausgezeichneter Buchhalter.
Je suis persuadé qu'il fera son possible pour vous donner satisfaction.	Ich bin überzeugt, daß er sein Möglichstes tun wird, um Sie zufriedenzustellen.
Je regrette son départ.	Ich bedaure seinen Austritt.
Nous l'avons toujours trouvé honnête, poli, consciencieux et discret.	Wir haben ihn immer für ehrlich, höflich, gewissenhaft und verschwiegen gehalten.

XXI	INFORMATION GRANTED	XXI	CONTESTACIONES A LAS DEMANDAS DE INFORMES

Favourable reply:	Informes favorables:
a) about a firm	**a) sobre una casa**
The firm is a very serious one and enjoys an excellent reputation.	La casa es una empresa muy seria que goza de buena fama.
The firm is generally considered as one of the most important in town.	Se considera esta casa como una de las más importantes de nuestra ciudad.
We assure you that the required credit may be granted.	Ud. puede sin vacilar otorgarle el crédito pedido.
We know for certain that they carry on business on a large scale.	Estamos seguros de que realizan una cifra de negocios muy importante.
The owners are in a good financial position; they own real estate and land, and their capital may amount to about Fr. ...	La situación financiera de los dueños es buena; poseen propiedades y solares y su fortuna debe sumarse a Fr. ... poco más o menos.
We have been in business relations with the firm for the last twenty years and, up to now, our bills have always been paid on time.	Trabamos negocios con esta casa desde 20 años y hasta el día, siempre pagó con puntualidad sus facturas.
We have never heard anything unfavourable about the firm.	Nunca oímos criticar esta casa.
We trust them entirely.	Tenemos entera confianza en ellos.
b) about a person	**b) sobre una persona**
Mr. X. is an outstanding bookkeeper.	El Sr. X. es un excelente contador.
I am convinced that he shall do his utmost to satisfy you.	Estoy convencido de que hará cuanto pueda por satisfacerle.
I am sorry to dispense with his services.	Lamento su despedida.
We always found him honest, polite, trustworthy and discreet.	Siempre lo hallamos honrado, formal, esmerado y discreto.

| LETTRES | MUSTERBRIEFE |

37. Réponse favorable sur une maison
Strictement confidentiel

Messieurs,
En réponse à votre lettre du 15 ct, nous pouvons vous communiquer les renseignements suivants:

La maison ... est une entreprise qui jouit d'une bonne réputation. Nous la considérons comme l'une des plus importantes de notre ville et nous sommes certains qu'elle réalise un gros chiffre d'affaires. Jusqu'à ce jour, elle a toujours réglé ponctuellement ses factures et vous pouvez sans crainte lui accorder le crédit demandé.

Espérant vous avoir rendu service, nous vous présentons, Messieurs, nos salutations distinguées.

38. Réponse favorable sur une personne

Monsieur,
En réponse à votre lettre du 5 ct, nous sommes heureux de vous recommander M. ... Durant 5 ans, il s'est occupé de notre département de vente; nous n'avons eu qu'à nous louer de ses services et l'avons toujours trouvé honnête, poli, consciencieux et discret.

Nous regrettons son départ et sommes persuadés qu'il vous donnera entière satisfaction.

Recevez, Monsieur, nos salutations distinguées.

37. Günstige Auskunft über eine Firma
Streng vertraulich

Sehr geehrte Herren,
In Beantwortung Ihrer Anfrage vom 15. d. M. können wir Ihnen mit folgenden Auskünften dienen:

Die Firma ... genießt einen guten Ruf. Wir zählen sie zu den bedeutendsten unserer Stadt und sind sicher, daß sie einen großen Umsatz erzielt. Bis heute hat sie unsere Rechnungen stets pünktlich beglichen, so daß Sie ihr den verlangten Kredit ohne weiteres gewähren können.

In der Hoffnung, Ihnen mit diesen Angaben gedient zu haben, zeichnen wir
  mit vorzüglicher Hochachtung

38. Günstige Auskunft über eine Person

Sehr geehrter Herr ...,
In Beantwortung Ihrer Anfrage vom 5. d. M. freuen wir uns, Herrn ... empfehlen zu können. Während 5 Jahren war er in unserer Verkaufsabteilung beschäftigt; wir können seine Dienste nur loben, und wir hielten ihn immer für ehrlich, höflich, gewissenhaft und verschwiegen.

Wir bedauern seinen Austritt und sind überzeugt, daß er Sie zufriedenstellen wird.

  Mit vorzüglicher Hochachtung

LETTERS	CARTAS

37. Favourable reply about a firm
Strictly private

Gentlemen,
In reply to your letter of the 15th inst., we can give you the following information:

The firm ... has a very good reputation. We consider it as one of the most important in our town and we feel sure that they realize a large turnover. Up to now they have always settled their invoices on time and you can safely grant them the credit they ask.

Trusting that this information will be of use to you,

We remain, Gentlemen,
Yours faithfully,

38. Favourable reply about a person

Dear Sir,
In answer to your letter of the 5th inst. we are pleased to be able to recommend Mr. ... to you. He has been working in our sales departement for 5 years; we have never had the slightest opportunity of complaining about him and we have always found him honest, polite, consciencious and discreet.

We are very sorry to dispense with his services and feel sure that he will satisfy you in every respect.

Yours faithfully,

37. Contestación favorable sobre una casa
Estrictamente confidencial

Muy Señores nuestros:
En contestación a su carta del 15 cte. podemos comunicarles los siguientes informes:

La casa ... es una empresa que goza de buena fama. La consideramos como una de las más importantes de nuestra ciudad y estamos seguros de que realiza una importante cifra de negocios. Hasta el día siempre pagó con puntualidad sus facturas y Uds. pueden sin vacilar otorgarle el crédito solicitado.

Esperando que le hayamos prestado servicio, nos ofrecemos de Uds.

attos y SS. SS.

38. Contestación favorable sobre una persona

Muy Señor nuestro:
En contestación a su carta del 5 cte. gustosos les recomendamos el Sr. ... Durante 5 años, se ocupó de nuestra sección de venta; quedamos encantados con sus servicios y siempre se comportó honrado, formal y discreto.

Lamentamos su despedida y quedamos convencidos de que le dará completa satisfacción.

Con este motivo nos ofrecemos de Ud.

attos y SS. SS.

EXERCICES

37.
Répondez à Mr. Barclay, Highstreet 22, Brighton, pour lui donner des renseignements sur Mr. J. Scott qui désire obtenir la représentation de ses articles en Angleterre.

38.
Avant de nouer des relations d'affaires avec la maison Burton and Sons Ltd., à Londres, demandez des renseignements à votre banque.

AUFGABEN

37.
Antworten Sie Herrn Barclay, Highstreet 22, Brighton, und geben Sie ihm Auskunft über Herrn J. Scott, der sich um die Vertretung seiner Artikel für England bewirbt.

38.
Erkundigen Sie sich bei Ihrer Bank über die Firma Burton and Sons Ltd. in London, bevor Sie mit dieser Firma Geschäftsverbindungen aufnehmen.

EXERCISES

37.

Answer Mr. Barclay, Highstreet 22, Brighton, and give him some information about Mr. J. Scott who has applied for the post of sole agent in England.

38.

Before establishing business relations with the firm Burton and Sons Ltd., London, write to your bank to ask for some information.

EJERCICIOS

37.

Conteste al Sr. Barclay, Highstreet 22, Brighton, para darle informes sobre el Sr. Scott que desea conseguir la representación de sus artículos en Inglaterra.

38.

Antes de trabar negocios con la casa Burton and Sons Ltd., en Londres, solicite informes a su banco.

XXII **RENSEIGNEMENTS VAGUES**	XXII **UNBESTIMMTE AUSKÜNFTE**
a) Sur une maison	**a) Über eine Firma**

Nous regrettons de ne pouvoir vous donner aucun renseignement précis sur la maison ...

A notre avis, le capital propre de la maison est très petit ou inexistant.

Quelques amis pensent que

a) la maison est endettée.
b) elle ne peut prospérer car elle manque de capital.
c) le propriétaire vit au-dessus de ses moyens.

Nous n'avons conclu que deux affaires au comptant avec eux.

Je vous conseille de la prudence.

Nous ne serions guère disposés à leur accorder un crédit.

Des bruits circulent au sujet de la maison.

b) Sur une personne

Nous vous suggérons de vous adresser à une autre personne de la place, car nous ne nous sentons pas autorisés à vous donner des renseignements sur la personne mentionnée dans votre lettre.

Je regrette de ne pouvoir vous donner une réponse tout à fait satisfaisante.

Il est bien au courant du travail de bureau, mais sa conduite semble assez dissipée.

Il est colérique et n'accepte pas volontiers des conseils. Nous l'avons trouvé trop sévère dans ses rapports avec ses subordonnés.

Wir bedauern, Ihnen über die Firma ... keine bestimmte Auskunft geben zu können.

Unserer Ansicht nach verfügt die Firma über wenig oder gar kein eigenes Kapital.

Einige Geschäftsfreunde glauben, daß

a) die Firma verschuldet ist.
b) sie unter Kapitalmangel leidet.
c) der Eigentümer über seine Verhältnisse lebt.

Wir haben mit ihnen nur zwei Barzahlungsgeschäfte getätigt.

Ich rate Ihnen zur Vorsicht.

Wir wären kaum bereit, ihnen einen Kredit zu gewähren.

Gerüchte lassen die Firma in schlechtem Lichte erscheinen.

b) Über eine Person

Wir empfehlen Ihnen, sich an eine andere hiesige Adresse zu wenden, da wir uns für Auskünfte über die in Ihrem Brief erwähnte Person nicht zuständig halten.

Ich bedaure, Ihnen keine ganz befriedigende Antwort geben zu können.

Er kennt sich in den Büroarbeiten gut aus, doch scheint er uns unzuverlässig.

Er ist jähzornig und nimmt nicht gerne Ratschläge an, und im Verkehr mit seinen Untergebenen fanden wir ihn zu streng.

| XXII | VAGUE REPLY | XXII | INFORMES IMPRECISOS |

a) About a firm

We are sorry not to be in a position to give you any precise information about the firm ...

In our opinion, they have little or no capital of their own.

Some friends think that

a) the firm has incurred debts.
b) they cannot prosper for want of capital.
c) the owner lives beyond his means.

We have had only two cash transactions with them.

I advise you to be cautious.

We would not be inclined to grant them any credit.

Rumours are spreading about the firm.

b) About a person

We would suggest that you apply to somebody else in this place as we do not feel ourselves justified in giving you any information about the gentleman mentioned in your letter.

I am sorry I cannot give you quite a satisfactory answer.

He is well up in all office routine, but his conduct seems to be rather unsteady.

He is hot-tempered and unwilling to take advice. We found him too strict with his subordinates.

a) Sobre una casa

Lamentamos el que no nos sea posible dar ningún informe preciso sobre la casa.

Según nos parece, el capital propio de la casa es muy poco o no existe.

Algunos amigos piensan que

a) la casa está llena de deudas.
b) no puede prosperar pues le falta capital.
c) el dueño vive excediendo sus medios.

Sólo hemos realizado dos negocios al contado con ellos.

Le aconsejo cautela.

Estaríamos poco dispuestos a concederle un crédito.

Se oyen sospechas acerca de la casa.

b) Sobre una persona

Les sugerimos se dirijan a otra persona de la plaza, pues no nos sentimos autorizados a darles informes sobre la persona mencionada en su carta.

Lamento no poder darle una contestación del todo satisfactoria.

Está bien enterado del trabajo de oficina, pero su comportamiento parece bastante informal.

Es colérico y acepta de mala gana los consejos. Le hallamos demasiado severo con sus sobordonados.

| LETTRES | MUSTERBRIEFE |

39. Renseignements vagues sur une maison

Messieurs,
Nous avons bien reçu votre lettre du 4 ct, et regrettons de ne pouvoir vous donner aucun renseignement précis sur la maison en question.

Bien que nous ayons conclu deux affaires au comptant avec eux, nous vous conseillons de la prudence, car quelques amis pensent que le propriétaire vit au-dessus de ses moyens et qu'il doit être endetté.

Espérant que vous ferez un usage discret de ces renseignements, nous vous présentons, Messieurs, nos salutations les meilleures.

40. Renseignements vagues sur une personne

Monsieur,
Votre lettre du 30 éc. nous est bien parvenue, et nous sommes embarrassés pour vous répondre.

Nous connaissons en effet M. Both qui a travaillé dans la maison d'un de nos clients, mais nos contacts ne nous ont pas permis de le juger avec certitude. Il nous a paru poli et ouvert en affaires, et cependant nous doutons un peu de sa capacité de travail.

En regrettant de ne pouvoir vous renseigner avec plus de précision sur la personnalité de M. Both, nous vous présentons, Monsieur, nos salutations distinguées.

39. Unbestimmte Auskünfte über eine Firma

Sehr geehrte Herren,
Wir bestätigen den Empfang Ihres Schreibens vom 4. d. M. und bedauern, Ihnen über die fragliche Firma keine bestimmte Auskunft geben zu können.

Wenn wir mit ihr auch zwei Barzahlungsgeschäfte getätigt haben, so raten wir Ihnen doch zur Vorsicht, denn einige Geschäftsfreunde glauben, daß der Inhaber über seine Verhältnisse lebt, und daß er verschuldet sein dürfte.

Wir bitten Sie, diese Auskünfte vertraulich zu behandeln und zeichnen
mit vorzüglicher Hochachtung

40. Unbestimmte Auskünfte über eine Person

Sehr geehrter Herr...,
Wir sind im Besitz Ihres Briefes vom 30. v. M.

Herr Both, der in der Firma eines unserer Kunden tätig war, ist uns tatsächlich bekannt, doch ist es uns nicht möglich, ihn abschließend zu beurteilen. Im Geschäftsverkehr schien er uns höflich und ehrlich, doch zweifeln wir etwas an seinen Fähigkeiten.

Wir bedauern, Ihnen nicht mit genaueren Auskünften über Herrn Both dienen zu können und zeichnen
mit vorzüglicher Hochachtung

| LETTERS | CARTAS |

39. Vague reply about a firm

Gentlemen,
We acknowledge receipt of your letter of the 4th inst. and regret not to be in a position to give you any precise information about the firm you mentioned.

Though we have had two cash transactions with them, we advise you to be prudent, because some of our friends think that the proprietor lives beyond his means and has probably incurred debts.

Hoping you will keep our information strictly confidential,
   We remain, Gentlemen,
   Yours faithfully,

40. Vague reply about a person

Dear Sir,
We are at a loss to answer your letter of the 30th ult.

Mr. Both is not unknown to us, since he worked in the firm of one of our friends; but our relations did not allow us to judge him with full knowledge of the facts. We found him a polite and straighforward employee, and yet, we are rather doubtful about his ability.

We are sorry not to be able to give you any other precise information about Mr. Both's personality, and
   We remain, dear Sir,
   Yours truly,

39. Informes imprecisos sobre una casa

Muy Señores nuestros:
Su carta del 4 cte. obra en nuestro poder y lamentamos el que no podamos darles ningún informe preciso sobre la casa de que se trata.

Bien que hayamos realizado dos negocios al contado con ellos, le aconsejamos cautela, pues algunos amigos piensan que el dueño vive excediendo sus medios y que debe hallarse lleno de deudas.

Confiando que Uds. hagan uso discreto de estos informes, quedamos de Uds.
   attos y SS. SS.

40. Informes imprecisos sobre una persona

Muy Señor nuestro:
Su carta del 30 pdo. obra en nuestro poder, y nos embaraza contestarles.

Cierto que conocemos al Sr. Both que trabajó en la casa de uno de nuestros clientes, pero nuestros contactos no nos permitieron juzgar con certeza. Nos pareció formal y enterado en negocios, y no obstante dudamos un poco de su habilidad en el trabajo.

Lamentamos el que no podamos informarle con más precisión sobre la personalidad del Sr. Both y nos repetimos de Ud.
   attos y SS. SS.

EXERCICES

39.

Donnez quelques renseignements vagues sur la maison Caravel S.A. avec laquelle vous n'avez traité aucune affaire; elle ne possède qu'un petit capital qui l'empêche de prospérer.

Recommandez de prendre des renseignements ailleurs.

40.

M. Débieux vous a cité comme référence et vous donnez quelques renseignements vagues: à votre service depuis 6 mois, il désire trouver une place mieux rétribuée; vous n'avez pas eu à vous plaindre de lui, cependant vous le trouvez prétentieux et quelque peu instable.

AUFGABEN

39.

Geben Sie einige unbestimmte Auskünfte über die Firma Caravel S.A., mit welcher Sie bisher keine Geschäfte getätigt haben; sie verfügt nur über wenig Kapital und kann sich deshalb nicht entwickeln.

Empfehlen Sie, sich an eine andere Adresse zu wenden.

40.

Herr Débieux hat Sie als Referenz genannt. Sie geben nun einige unbestimmte Auskünfte. Nachdem er seit 6 Monaten bei Ihnen angestellt ist, hofft er einen besser bezahlten Posten zu finden. Sie können sich über ihn nicht beklagen, indessen finden Sie ihn anspruchsvoll und unbeständig.

EXERCISES

39.
Give some vague information about the firm Caravel S.A. You have never had any transaction with them; their capital is not important, which prevents them from thriving.
Tell your correspondent to write to another firm for further information.

40.
Mr. Débieux has given your name as a reference and you give some vague information: he has been working with you for the last 6 months and wishes to find a better job; you have never had to complain about his behaviour but you find him rather pretentious and somewhat unsteady.

EJERCICIOS

39.
Dése algunos informes imprecisos sobre la casa Caravel S.A. con la cual no se trabó ningún negocio; sólo posee un pequeño capital que le impide prosperar. Se recomienda tomar informes en otra parte.

40.
El Sr. Débieux le nombró como referencia y Ud. da algunos informes imprecisos; sirviéndole desde 6 meses, desea hallar una colocación con mejor retribución; Ud. no tuvo motivo de queja con él, no obstante Ud. le encuentra vanidoso y algo falto de esmero.

XXIII RÉPONSE DÉFAVORABLE	XXIII UNGÜNSTIGE AUSKUNFT
a) Sur une maison	**a) Über eine Firma**
En réponse à votre demande du ... ct, nous regrettons de vous informer que la maison ne prospère pas.	In Beantwortung Ihrer Anfrage vom ... d. M. bedauern wir, Ihnen mitteilen zu müssen, daß sich die Firma gar nicht entwickelt.
Ils ont fait faillite en 19..	Sie ist im Jahre 19.. in Konkurs geraten.
On raconte que a) ils n'ont pas de capitaux et ne peuvent obtenir aucun crédit. b) ils sont très irréguliers dans leurs payements. c) ils ont des difficultés à surmonter. d) M. X. vit au-dessus de ses moyens. e) il s'est engagé dans de mauvaises spéculations.	Man sagt, daß a) sie weder über Kapital verfügen noch Kredite gewährt erhalten. b) ihre Zahlungen sehr unregelmäßig erfolgen. c) sie mit Schwierigkeiten kämpfen. d) Herr X. weit über seine Verhältnisse lebe. e) er sich in schlechte Spekulationen eingelassen habe.
Nous ne comprenons pas pourquoi M. X. nous a cités comme référence.	Wir begreifen nicht, wie Herr X. Sie an uns verweisen konnte.
b) Sur une personne	**b) Über eine Person**
Nous regrettons de vous dire que M. X. était négligent et peu ponctuel.	Wir bedauern, Herrn X. als nachlässig und unpünktlich qualifizieren zu müssen.
Il n'était pas absolument digne de confiance.	Er war nicht absolut vertrauenswürdig.
Nous avons appris qu'il avait commencé à s'adonner aux jeux de hasard.	Wir haben erfahren, daß er mit Hasardspielen begonnen hat.
Il fut congédié et remplacé par un homme plus rangé.	Er wurde entlassen und durch einen zuverlässigeren Angestellten ersetzt.
Il est difficile de s'entendre avec lui.	Es ist schwer, mit ihm auszukommen.
Cet employé ne peut être recommandé ni pour son caractère, ni pour ses capacités.	Dieser Angestellte kann weder hinsichtlich seines Charakters noch seiner Fähigkeiten empfohlen werden.
Il n'était pas toujours apte à faire son travail le matin.	Er war vormittags nicht immer zu richtiger Arbeit fähig.

| XXIII | **UNFAVOURABLE REPLY** | XXIII | **CONTESTACIÓN DESFAVORABLE** |

a) About a firm

In reply to your inquiry of the ... inst., we are sorry to state that the firm is not prosperous.

They went bankrupt in 19 ...

People say that
a) they have no capital and cannot obtain any credit.
b) they are very irregular in their payments.
c) they are struggling to overcome difficulties.
d) Mr. X. lives beyond his means.
e) he has made some bad speculations.

We are at a loss to understand why Mr. X. gave our name to you.

b) About a person

We regret to tell you that Mr. X. was negligent and not punctual.

He was not entirely trustworthy.

We have been told that he had started to gamble.

He was dismissed and replaced by a steadier man.

He is difficult to get on with.

This employee cannot be recommended both as regards his character and ability.

He was not always fit for his work in the morning.

a) Sobre una casa

En contestación a su demanda del ... cte, lamentamos participarle que la casa no prospera.

Hicieron quiebra en 19..

Se dice que
a) no tienen capital y no pueden conseguir ningún crédito.
b) efectúan los pagos de manera muy irregular.
c) tienen dificultad en mantenerse.
d) el Sr. X. vive excediendo sus medios.
e) se enredó en malas especulaciones.

No entendemos por qué el Sr. X. nos nombró como referencia.

b) Sobre una persona

Lamentamos participarle que el Sr. X. era descuidado y poco puntual.

No era del todo digno de confianza.

Supimos que se había entregado a los juegos de azar.

Fué despedido y reemplazado por un hombre más puntual.

Es difícil entenderse con él.

No se puede recomendar este empleado ni por su carácter, ni por sus capacidades.

No era siempre capaz de hacer su trabajo la mañana.

Fin de la lettre	Schlußworte
Confidentiel et sans responsabilité.	Vertraulich und unverbindlich.
Nous comptons sur votre discrétion.	Wir bitten Sie um vertrauliche Verwendung.
Nous vous donnons ces renseignements tout à fait confidentiellement.	Wir geben Ihnen diese Auskünfte streng vertraulich.
Nous regrettons de vous donner une réponse aussi peu favorable.	Wir bedauern, Ihnen eine so ungünstige Antwort geben zu müssen.

LETTRES	MUSTERBRIEFE

41. Renseignements défavorables sur une maison

41. Ungünstige Auskunft über eine Firma

Messieurs,
En réponse à votre lettre du 25 éc. nous regrettons de vous informer que la situation de la maison ... est des plus défavorables. Les directeurs n'ont aucun capital et ne peuvent obtenir aucun crédit. De plus, ils sont très irréguliers dans leurs payements et se sont engagés dans de mauvaises spéculations.

Nous comptons sur votre discrétion et vous prions d'agréer, Messieurs, l'expression de nos sentiments les meilleurs.

Sehr geehrte Herren,
In Beantwortung Ihres Schreibens vom 28. v. M. bedauern wir, Ihnen mitteilen zu müssen, daß sich die Firma ... in sehr ungünstiger Lage befindet. Die Direktoren verfügen weder über Kapital noch erhalten sie Kredite gewährt; zudem erfolgen ihre Zahlungen sehr unregelmäßig, und sie haben sich in schlechte Spekulationen eingelassen.

Wir bitten Sie um vertrauliche Verwendung unserer Auskünfte und zeichnen
   mit vorzüglicher Hochachtung

Ending of the letter

Confidential and without our responsibility.

We hope you will keep it private.

We give you the above information in the strictest confidence.

We are sorry to give you such an unfavourable reply.

LETTERS

41. Unfavourable information about a firm

Dear Sirs,
In reply to your letter of the 28th ult. we regret to inform you that the standing of the firm ... is very low. The partners have no capital and cannot obtain any credit.

Moreover, they are very irregular in their payments and have uncautiously speculated.

Hoping you will keep it private,

       We remain, dear Sirs,
       Faithfully yours,

Final de la carta

Confidencial y sin responsabilidad.

Contamos sobre su discreción.

Sólo damos estos informes confidencialmente.

Lamentamos darle una contestación tan poco favorable.

CARTAS

41. Informes desfavorables sobre una casa

Muy Señores nuestros:
En contestación a su carta del 28 pdo. lamentamos participarles que la situación de la casa ... es de lo más desfavorable. Los directores no tienen ningún capital y no pueden conseguir ningún crédito.

Además, son muy irregulares en sus pagos y se empeñaron en malas especulaciones.

Contamos con su discreción y nos repetimos de Uds.
       attos y SS. SS.

42. Renseignements défavorables sur une personne	**42. Ungünstige Auskunft über eine Person**
Monsieur, En réponse à votre lettre du 12 ct, nous regrettons de vous informer que M. ... ne peut être recommandé ni pour son caractère, ni pour ses capacités. Il est en effet négligent, peu ponctuel et incapable de tenir une comptabilité. C'est pourquoi nous avons dû le congédier.	Sehr geehrter Herr ..., Wir bestätigen den Empfang Ihres Briefes vom 12. d. M. und bedauern, daß Herr ... weder hinsichtlich seines Charakters noch seiner Fähigkeiten empfohlen werden kann. Er ist tatsächlich nachlässig, unpünktlich und unfähig, eine Buchhaltung zu führen, weshalb wir ihn auch entlassen mußten.
Nous espérons vous avoir rendu service dans cette affaire et vous présentons, Monsieur, nos salutations distinguées.	Wir hoffen, Ihnen mit diesen Angaben gedient zu haben und zeichnen mit vorzüglicher Hochachtung
EXERCICES 41. Conseillez à M. Wolfrath de ne pas entrer en relations d'affaires avec la maison ... qui a en ce moment, de grosses difficultés à surmonter.	**AUFGABEN** 41. Raten Sie Herrn Wolfrath ab von einer Geschäftsverbindung mit der Firma ..., die zurzeit mit großen Schwierigkeiten kämpft.
42. Ecrivez à M. Widmer que M. X n'est pas un employé sérieux: il ne connaît pas très bien son travail et n'essaye pas de s'améliorer; se donne aux jeux, rentre souvent très tard et n'est pas très apte au travail le matin.	42. Schreiben Sie Herrn Widmer, daß Herr X. kein zuverlässiger Angestellter ist: er ist in seiner Arbeit nicht sehr bewandert und versucht nicht, sich zu verbessern, gibt sich Hasardspielen hin, schläft zu wenig und ist vormittags nicht immer zu richtiger Arbeit fähig.

42. Unfavourable information about a person

Dear Sir,
In reply to your letter of the 12th inst., we are sorry to inform you that we cannot recommend Mr. ... both as regards his character and ability. He is indeed a negligent, unpunctual and unable bookkeeper, which explains our having dismissed him.

We hope our information will be of use to you and

    We remain, dear Sir,
    Yours truly,

EXERCISES
41.
Advise Mr. Wolfrath not to start business relations with the firm ... They have great difficulties to overcome just now.

42.
Write to Mr. Widmer that Mr. X. is not a trustworthy employee: he does not know his work very well and does not try to know more about it; he likes to gamble; goes home very late and is not fit to work in the morning.

42. Informes desfavorables sobre una persona

Muy Señor nuestro:
En contestación a su carta del 12 cte. lamentamos informarle que el Sr. ... no se puede recomendar ni por su carácter, ni por sus capacidades. Luego es descuidado, poco puntual e incapaz de llevar una contabilidad. Por este motivo tuvimos que despedirle.

Esperamos haberle prestado servicio en este asunto y nos ofrecemos de Ud.

    attos y SS. SS.

EJERCICIOS
41.
Aconseje al Sr. Wolfrath de no trabar negocios con la casa ... que tiene en este momento grandes dificultades.

42.
Escriba al Sr. Widmer que el Sr. X. no es un empleado serio: no conoce muy bien su trabajo y no trata de mejorarse; se entrega a los juegos, vuelve a menudo muy tarde y no es muy apto para el trabajo por la mañana.

| XXIV | DEMANDE D'ASSURANCE | XXIV | VERSICHERUNGS-ANTRAG |

Nous aimerions savoir à quel prix vous pourriez conclure cette assurance.

Pouvez-vous assurer contre tous risques une cargaison de café, valeur Fr. 500000.– à bord du vapeur «Gothard», se trouvant actuellement dans les docks de la «Swiss-Atlantic Company» à Buenos-Aires et prêt à rejoindre Gênes?

Serait-ce possible de conclure l'assurance immédiatement?

Nous vous prions de couvrir pour nous les risques suivants ...

Pouvez-vous assurer contre tous risques les marchandises suivantes:

J'espère qu'il vous sera possible de couvrir ces risques.

Veuillez nous indiquer, aussi rapidement que possible, le montant de la prime.

Nous espérons que vous pourrez conclure cette assurance.

Nous joignons une liste des marchandises à assurer.

Nous vous prions d'assurer le chargement à ... %.

Pourrais-je savoir pourquoi les primes exigées sont si élevées?

Veuillez assurer aux conditions ordinaires Fr. 20000.– de mon stock au dépôt de Londres W. 3.

Veuillez assurer les marchandises de X. à Y.

Sous ce pli, nous vous remettons, conformément aux prescriptions de notre police d'assurance, la constatation officielle de la poste de Genève, relative à la disparition de notre colis.

Zu welchem Satz können Sie diese Versicherung abschließen?

Können Sie eine Schiffsladung Kaffee im Wert von Fr. 500000.– an Bord des Dampfers «Gotthard», der zurzeit im Dock der «Swiss-Atlantic Company» in Buenos-Aires liegt und zur Überfahrt nach Genua bereit ist, gegen alle Gefahren versichern?

Kann die Versicherung sofort abgeschlossen werden?

Wir bitten Sie, für uns die Deckung folgender Gefahren in die Versicherung aufzunehmen ...

Versichern Sie bitte folgende Waren gegen alle Gefahren:

Ich hoffe, daß Sie diese Gefahren decken können.

Geben Sie uns bitte so bald wie möglich den Prämienbetrag bekannt.

Wir hoffen, daß Sie diese Versicherung abschließen können.

Wir fügen ein Verzeichnis der zu versichernden Waren bei.

Wir bitten Sie, die Ladung zu ... % zu versichern.

Warum sind eigentlich die geforderten Prämien so hoch?

Ich bitte Sie, Fr. 20000.– meiner Vorräte im Lager London W3 zu den gewöhnlichen Bedingungen zu versichern.

Versichern Sie bitte die Waren von X. in Y.

Gemäß den Bestimmungen unseres Versicherungsscheines senden wir Ihnen die Bestätigung des Genfer Postamtes über unser verschwundenes Postpaket.

XXIV — INSURANCE REQUIRED / XXIV — DEMANDA DE SEGURO

We should like to know what would be your rate to cover this risk.	Desearíamos saber a qué precio Ud. podría celebrar este contrato de seguro.
Could you insure against all risks a shipment of coffee, value Fr. 500000.-, sailing by S.S. «Gothard» presently anchored in the dock yards of the «Swiss-Atlantic Company» in Buenos-Aires and bound for Genova?	¿Puede Ud. asegurar contra cuantos siniestros un cargamento de café, valor Fr. 500000.–, a bordo del vapor «Gothard» hallándose en el momento en el puerto de la «Swiss-Atlantic Company» en Buenos-Aires y listo para dirigirse a Génova?
Would it be possible to sign the agreement immediately?	¿Sería posible celebrar el contrato de seguro inmediatamente?
We ask you to cover for us the following risks: ...	Les rogamos nos cubra los siguientes siniestros ...
Could you insure against all risks the following goods:	Puede Ud. asegurarnos contra todo riesgo las siguientes mercancías:
I hope you will be in a position to cover these risks.	Espero que le será posible cubrir estos siniestros.
Will you please let us know the amount of the premium a soon as possible.	Le suplicamos nos comuniquen tan pronto como posible, el importe de la prima.
We hope you will agree to grant us this insurance policy.	Esperamos que Uds. podrán celebrar el contrato de este seguro.
We are sending you herewith a list of the goods to insure.	Le acompañamos una lista de mercancías para asegurarlas.
Will you please insure the shipment to ...%.	Le rogamos asegurar el cargamento a ...%.
I should like to know why your rates are so high?	¿Podría saber por qué las primas exigidas son tan altas?
Please insure me for Fr. 20000.- at your usual rates on stock in my warehouse in London W. 3.	Le rogamos asegurar bajo las condiciones ordinarias Fr. 20000.– de mi existencia en el depósito de Londres W. 3.
Will you please insure the goods from X. to Y.	Le rogamos nos aseguren las mercancías de X. a Y.
We are sending you herewith, according to the prescriptions of our insurance policy, the official statement of the post-office of Geneva, concerning the loss of our parcel.	Dentro de este pliego, le remitimos, conforme con las ordenanzas de nuestra póliza de seguro, la comprobación oficial del correo de Ginebra, que se refiere a la desaparición de nuestro bulto.

| LETTRES | MUSTERBRIEFE |

43. Demande d'assurance

Messieurs,
Pouvez-vous assurer contre tous risques 1 caisse contenant des montres, valeur Fr. 15 000.—, du Locle à Montréal, via le Havre.

Veuillez nous indiquer aussi rapidement que possible le montant de la prime à payer et agréer, Messieurs, nos salutations distinguées.

44. Perte d'un colis

Messieurs,
Nous avons reçu un télégramme de notre client nous annonçant la perte du colis assuré par vous pour une valeur de Fr. 2 500.–.

Vous trouverez, sous ce pli, la constatation officielle de la poste de Zurich, relative à la disparition de notre colis.

Veuillez nous faire parvenir le montant de l'indemnité qui nous est due et agréer, Messieurs, nos salutations empressées.

EXERCICES

43.
Demandez à une Compagnie d'assurances d'assurer aux conditions ordinaires un envoi de machines à écrire (10 caisses), valeur Fr. 8 500.–, d'Yverdon à Rio de Janeiro.

44.
Demandez à une Compagnie d'assurances une explication sur l'augmentation des primes.

43. Versicherungsantrag

Sehr geehrte Herren,
Können Sie 1 Kiste mit Uhren im Wert von Fr. 15 000.– von Le Locle nach Montreal (über Le Havre) gegen alle Gefahren versichern?

Wir bitten Sie, uns so bald wie möglich den Prämienbetrag bekanntzugeben und zeichnen

mit vorzüglicher Hochachtung

44. Verlust eines Paketes

Sehr geehrte Herren,
Unser Kunde teilte uns telegraphisch den Verlust des bei Ihnen mit einem Wert von Fr. 2 500.– versicherten Paketes mit.

Als Beilage senden wir Ihnen die Bestätigung des Zürcher Postamtes über unser verschwundenes Postpaket.

Wir bitten Sie, uns den uns zustehenden Entschädigungsbetrag zukommen zu lassen und zeichnen

mit vorzüglicher Hochachtung

AUFGABEN

43.
Versichern Sie bei einer Versicherungsgesellschaft eine Sendung Schreibmaschinen (10 Kisten, Wert Fr. 8 500.–) von Yverdon nach Rio de Janeiro.

44.
Verlangen Sie von einer Versicherungsgesellschaft eine Erklärung über die Prämienerhöhung.

LETTERS	CARTAS
43. Asking for an insurance	**43. Demanda de seguro**

Gentlemen,
Could you insure against all risks 1 Case containing watches, value Fr. 15000.–, from Le Locle to Montreal, via Le Havre.

Will you let us know as soon as possible, the amount we shall have to pay.
We remain, Gentlemen,
Faithfully yours,

44. Loss of a parcel

Gentlemen,
We have received from our customer a telegram stating the loss of the parcel insured by you for Fr. 2500.–.

You will find herewith the official declaration of the Zürich post-office, concerning the loss of our parcel.

Please let us have the amount of the compensation due.
Yours faithfully,

Muy Señores nuestros:
¿Pueden Uds. asegurar contra cuantos siniestros, 1 caja encerrando relojes, valor Fr. 15 000.–, de Le Locle a Montreal, vía Le Havre?

Le rogamos nos indiquen también la suma de la prima que hay que pagar y con este motivo, nos ofrecemos de Uds.
attos y SS.SS.

44. Pérdida de un bulto

Muy Señores nuestros:
Recibimos un telegrama de nuestro cliente avisándonos de la pérdida del bulto asegurado por Uds. por un valor de Fr. 2500.–.

Uds. hallarán en este pliego la comprobación oficial de correos de Zurich, refiriéndose a la desaparición de nuestro bulto.

Les rogamos nos entreguen el importe de la indemnización que nos corresponde y nos repetimos de Uds.
attos y SS.SS.

EXERCISES / EJERCICIOS

43.
Write to an Insurance Company to ask them to insure at the ordinary rates a consignment of typewriters (10 cases), value Fr. 8500.–, from Yverdon to Rio de Janeiro.

Escriba Ud. a una Compañía de Seguros para asegurar bajo las condiciones de costumbre una expedición de máquinas de escribir (10 cajas), valor Fr. 8500.–, de Yverdon a Rio de Janeiro.

44.
Ask an Insurance Company why their rates have gone up.

Pídase a una Compañía de Seguros una aclaración sobre el alza de las primas.

| XXV | RÉPONSES DE LA SOCIÉTÉ D'ASSURANCES | XXV | ANTWORTEN DER VERSICHERUNGS- GESELLSCHAFT |

Nous vous informons que la prime pour le transport de ... de Bienne à Casablanca s'élève à ..% de la valeur, tous risques compris, plus frais de certificat et timbre fédéral.

Veuillez nous remettre le certificat d'avarie de notre Commissaire à Gênes.

Nous avons soumis le dossier en question à notre direction qui l'examinera.

Nous prenons à notre charge les frais d'expertise s'élevant à Fr. ...

Aucun des dommages prévus aux art. 15 et 15 bis des conditions générales ne s'est produit, de sorte que la perte ne saurait nous concerner.

Nous nous voyons à regret contraints de vous renvoyer, à notre décharge, le dossier complet que vous nous aviez remis.

Nous ne voyons pas comment vous pourriez soutenir en justice vos prétentions.

En réponse à votre lettre du ... nous vous informons

a) que nous pouvons assurer le bâteau ...

b) que nous ne pouvons pas conclure une telle assurance.

Nous préparerons la police et vous l'enverrons à la fin de la semaine.

Notre société est la seule qui puisse couvrir ce risque.

Die Prämie für den Transport von Biel nach Casablanca beträgt ...% des Wertes (alle Gefahren eingeschlossen) zuzüglich Zertifikat- und Stempelkosten.

Senden Sie uns bitte das Schadenattest unseres Beauftragten in Genua.

Wir haben die fraglichen Akten unserer Direktion zur Prüfung vorgelegt.

Wir nehmen die sich auf Fr. ... belaufenden Expertenkosten auf uns.

Nachdem keiner der in Art. 15 und 15 bis der allgemeinen Bedingungen vorgesehenen Schäden eingetreten ist, betrifft der Verlust uns nicht.

Wir sehen uns leider gezwungen, Ihnen sämtliche uns überlassene Akten zu unserer Entlastung zurückzusenden.

Wir sehen nicht, wie Sie Ihre Ansprüche in einem Gerichtsverfahren aufrechterhalten könnten.

In Beantwortung Ihres Briefes vom ... teilen wir Ihnen mit,

a) daß wir das Schiff ... versichern können.

b) daß wir keine derartige Versicherung abschließen können.

Wir werden die Police vorbereiten und sie Ihnen Ende dieser Woche zustellen.

Wir decken als einzige Gesellschaft dieses Risiko.

	ANSWERS FROM THE INSURANCE COMPANY		CONTESTACIONES DE LA SOCIEDAD DE SEGUROS
XXV		XXV	

We inform you that the rate for the transport of ... from Bienne to Casablanca is of ...% of the value, all risks included, plus certificate and federal stamp expenses.

Will you please let us have the damage certificate delivered by our agent in Genova.

Our Management Committee is going to examine the case.

We shall pay the costs of appraisal, which amount to ...

None of the damages mentioned in the items 15 and 15 ^{bis} of the general conditions having occurred, we cannot accept your claim for this loss.

We regret to be compelled to send back to you the complete file you had given us.

We cannot see how you could legally justify your claim.

In reply to your letter of the ... we inform you

a) that we can insure the ship ...

b) that we cannot sign such contract.

We are preparing the policy and shall send it by the end of the week.

Our society is the only one that can cover this risk.

Le participamos que la prima para el traslado de ... de Biena a Casablanca se suma a ...% del valor, cuantos siniestros inclusos, más los gastos de certificado y de sello federal.

Le rogamos remitirnos el certificado de avería de nuestro Comisario en Génova.

Hemos enseñado los documentos referidos a nuestra dirección que los examinará.

Tomamos a nuestro cargo los gastos de informe sumándose a ...

Ninguno de los daños previstos en los art. 15 y 15 ^{bis} de las condiciones generales se verificó, de manera que la pérdida no nos concierne del todo.

Lamentamos hallarnos obligados a devolverle, a nuestro descargo, los documentos completos que Ud. nos remitió.

No vemos como podría Ud. sostener ante el tribunal sus pretensiones.

En contestación a su carta del ... les participamos

a) que no podemos asegurar el barco ...

b) que no podemos celebrar el contrato de un tal seguro.

Prepararemos la póliza y se la mandaremos al fin de la semana.

Nuestra sociedad es la sola que puede asegurar este siniestro.

| La prime de …% est la plus basse que nous puissions exiger pour couvrir ce risque. | Die Prämie von …% ist der niedrigste Ansatz, den wir zur Deckung dieses Risikos gewähren könnten. |

Nous avons soigneusement examiné votre police.

Wir haben Ihre Police sorgfältig geprüft.

Chaque année, nous vous créditerons du montant de votre part aux bénéfices de la société.

Wir werden Ihnen Ihren Anteil am Gewinn unserer Gesellschaft jährlich gutschreiben.

Veuillez nous faire savoir si vous désirez renouveler votre assurance.

Wir bitten Sie um Ihren Bescheid, ob Sie Ihre Versicherung zu erneuern wünschen.

Nous accusons réception de votre lettre du 15 ct, dans laquelle vous nous demandez d'assurer votre stock à … pour un montant de Fr. 15000.–.

Wir bestätigen den Empfang Ihres Versicherungsantrages vom 15. d. M. für Ihr Lager in … zum Werte von Fr. 15000.–.

| LETTRES | MUSTERBRIEFE |

45. Réponse affirmative de l'assureur

45. Zustimmende Antwort des Versicherers

Messieurs,
En réponse à votre lettre du 2 ct, nous sommes disposés à assurer le transport de 10 caisses de machines à écrire d'Yverdon à Rio de Janeiro.

Sehr geehrte Herren,
In Beantwortung Ihres Schreibens vom 2. d. M. sind wir bereit, die Sendung von 10 Kisten Schreibmaschinen von Yverdon nach Rio de Janeiro zu versichern.

La prime s'élève à 1,2% de la valeur déclarée de Fr. 8500.– tous risques compris, plus frais de certificat et de timbre fédéral.

Die Prämie beträgt 1,2% des bescheinigten Wertes von Fr. 8500.– (alle Gefahren eingeschlossen), zuzüglich Zertifikat- und Stempelkosten.

Dans l'attente de vos nouvelles à ce sujet, nous vous présentons, Messieurs, nos salutations les meilleures.

In Erwartung Ihrer weiteren Nachrichten verbleiben wir

    mit freundlichen Grüßen

The rate of ... % is the lowest we can charge you to cover this risk.

We have carefully examined your policy.

Every year, we credit you with the amount corresponding to your share in the company's profit.

Will you please let us know whether you wish to renew your insurance.

We acknowledge receipt of your letter of the 15th inst. with instructions to cover you for the amount of Fr. 15000.– on stock in your warehouse in ...

La prima de ... % es la más baja que podemos exigir para cubrir este riesgo.

Hemos examinado detenidamente su póliza.

Cada año, les abonaremos la cantidad de su parte de los beneficios de la sociedad.

Le rogamos nos participen si Ud. desea renovar su póliza de seguro.

Le acusamos recibo de su carta del 15 cte, en la cual Ud. nos pide de asegurar su existencia en ... por una suma de Fr. 15000.–.

LETTERS

45. Affirmative reply from the insurer

Gentlemen,
In reply to your letter of the 2nd inst., we agree to insure the transport of 10 cases of typewriters from Yverdon to Rio de Janeiro.

The rate will be 1,2% of the value declared, all risks included, plus certificate and federal stamp expenses.

Awaiting your further news,
   We remain, Gentlemen,
   Yours faithfully,

CARTAS

45. Contestación afirmativa del asegurador

Muy Señores nuestros:
En contestación a su carta del 2 cte, estamos de acuerdo de asegurar el traslado de 10 cajas de máquinas de escribir de Yverdon a Rio de Janeiro.

La prima se suma a 1,2% del valor declarado de Fr. 8500.– cuantos siniestros inclusos, además de gastos de certificado y de sello federal.

Aguardando sus noticias a este concepto, nos ofrecemos de Uds.
   attos y SS. SS.

46. L'assureur accepte de verser une indemnité

Monsieur,
Nous avons reçu votre lettre du 3 ct, à laquelle étaient joints les documents relatifs à la perte d'un colis assuré pour une valeur de Fr. 2500.–.

Conformément à nos conditions générales, nous avons versé ce montant à votre compte de chèques postaux.

Espérant vous avoir donné entière satisfaction dans le règlement de cette affaire, nous vous prions d'agréer, Monsieur, nos salutations distinguées.

46. Der Versicherer anerkennt eine Schadenersatz-Forderung

Sehr geehrter Herr ...,
Wir bestätigen den Empfang Ihres Schreibens vom 3. d.M. und der beigelegten Dokumente über den Verlust eines zu Fr. 2500.– versicherten Paketes.

In Übereinstimmung mit unseren allgemeinen Bedingungen haben wir Ihnen diesen Betrag auf Ihr Postscheckkonto überwiesen.

In der Hoffnung, diesen Schadenfall zu Ihrer vollen Zufriedenheit erledigt zu haben, verbleiben wir

mit freundlichen Grüßen

EXERCICES
45.
La Compagnie d'assurances écrit à son client pour lui expliquer les raisons d'une augmentation des primes (Risques de grèves et de guerre accrus).

46.
L'assureur refuse de verser une indemnité, l'avarie n'étant pas la conséquence d'un accident survenu en cours de route selon les art. 15 et 26 des conditions générales. Il propose à l'assuré de s'adresser à la Compagnie Maritime.

AUFGABEN
45.
Die Versicherungsgesellschaft erklärt ihrem Klienten die Gründe einer Prämienerhöhung (Streik- und drohende Kriegsrisiken).

46.
Der Versicherer weist eine Schadenersatzforderung zurück, da der Schaden nicht auf einen Unfall auf der Fahrt im Sinne der Art. 15 und 26 der allgemeinen Bedingungen zurückzuführen ist. Er empfiehlt dem Versicherten, sich an die Schifffahrtsgesellschaft zu wenden.

46. The Insurance Company agrees to pay a compensation

Dear Sir,
We thank you for your letter of the 3rd inst., and the documents concerning the loss of a parcel insured by us for Fr. 2500.–.

According to our general conditions we are sending you a postal money-order for this amount.

Hoping you shall find our settlement entirely satisfactory,

We remain, dear Sir,
Yours faithfully,

EXERCISES
45.
The Insurance Company must write to his client to explain why the rates have gone up (strike and war risks are increasing).

46.
The Insurer refuses to pay a compensation, the damage being not the consequence of an accident occurred during the transport, according to the art. 15 and 26 of the general conditions. He proposes his client to write to the Maritime Company.

46. El asegurador acepta pagar una indemnización

Muy Señor nuestro:
Recibimos su carta del 3 cte, acompañando los documentos refiríendose a la pérdida de un bulto asegurado por un valor de Fr. 2500.–.

Conforme a nuestras condiciones generales remitimos esta cantidad a su cuenta de giros postales.

Esperando haberle satisfecho por completo en el arreglo de este asunto, nos reiteramos de Ud.

attos y SS. SS.

EJERCICIOS
45.
La Compañía de seguros escribe a su cliente para aclararle los motivos de un alza de las primas (Siniestros de huelgas y de guerra incrementados).

46.
El asegurador, se niega pagar una indemización, la avería no siendo la consecuencia de un accidente ocurrido en el curso del traslado según los art. 15 y 26 de las condiciones generales. Propone al asegurado de dirigirse a la Compañía Marítima.

XXVI	IMPORTATION ET EXPORTATION	XXVI	IMPORT UND EXPORT

Notre gouvernement a limité l'exportation de ces articles.	Unsere Regierung gestattet nur eine begrenzte Ausfuhr dieser Artikel.
L'exportation ne peut se faire que sur présentation d'un permis d'exportation.	Der Export kann nur mit Ausfuhrbewilligung erfolgen.
Nous ne voyons pas la possibilité d'importer ces articles de la Suisse.	Wir sehen keine Möglichkeit, diese Artikel aus der Schweiz einzuführen.
Nous resterons en relations avec vous, afin de pouvoir reprendre nos affaires dès que la situation aura changé.	Wir werden mit Ihnen in Verbindung bleiben und die Geschäfte mit Ihnen wieder aufnehmen, sobald die Verhältnisse geändert haben.
Payement par traite acceptée sur la Banque X. de Lausanne.	Zahlung durch Akzept auf die Bank X. in Lausanne.
Vous trouverez ci-inclus le connaissement et le certificat d'assurance.	Als Beilagen finden Sie das Konnossement und das Versicherungszertifikat.
Le prix du transport est de Fr. 1.20 par 1 000 kg ou par m³.	Der Transport kostet Fr. 1.20 pro 1 000 kg oder pro m³.
Le fret et l'assurance sont à notre charge (sont à votre charge; vous incombent).	Seefracht und Versicherung werden von uns übernommen (gehen zu Ihren Lasten).
Conditions: ouverture d'un crédit sur présentation du connaissement.	Bedingungen: Krediteröffnung gegen Vorlage des Konnossements.
Nous ne pourrons pas importer ces marchandises d'Amérique tant que la situation du marché persistera.	Solange diese Marktlage andauert, können wir diese Waren nicht aus Amerika einführen.
Vous trouverez ci-inclus le certificat d'origine et le permis d'importation des machines portant les références No FB/L/17/1918.	Als Beilage finden Sie das Ursprungszeugnis und die Einfuhrbewilligung für die Maschinen mit den Bezeichnungen Nr. FB/L/17/1918.

XXVI	IMPORT AND EXPORT TRADE	XXVI	IMPORTACIÓN Y EXPORTACIÓN

Our government has limited the exportation of these articles.	Nuestro gobierno limitó la exportación de estos artículos.
The exportation can only take place on presentation of an export permit.	La exportación sólo puede hacerse presentando un permiso de exportación.
We do not see the possibility of importing these articles from Switzerland.	No vemos la posibilidad de importar estos artículos de Suiza.
We shall remain in touch with you, so as to be able to start business again as soon as the situation has been altered.	Quedaremos en relaciones con Ud., con el fin de poder reanudar nuestros negocios tan pronto como la situación haya cambiado.
Payment by means of acceptance of our draft drawn on X. Bank, Lausanne.	Se acepta el giro a cargo del banco X. de Lausanne.
Find herewith the bill of lading together with the insurance affidavit.	Ud. hallará incluso el conocimiento de carga y el certificado de seguro.
The freight price would be Fr. 1.20 per 1 000 kg or per m³.	El precio del traslado es de Fr. 1.20 por 1 000 kg o por m³.
Freight and insurance are paid by us (are paid by you).	El flete y el seguro quedan a cargo nuestro (quedan a su cargo; les incumben).
Conditions (terms): opening of a credit on presentation of the bill of lading.	Condiciones: concesión de un crédito sobre presentación de un conocimiento de carga.
We shall not be able to import from America, as long as the market conditions remain what they are.	No podremos importar estas mercancías de América, siempre que permanezca la situación del mercado.
Also enclosed you will find the certificate of origin. The import license for the machines has the reference number FB L/17/1918.	Ud. hallará el certificado de origen incluso con el permiso de importación de máquinas llevando las referencias No. FB/L/17/1918.

Nous vous envoyons ci-joint a) une facture provisoire N⁰ ... de Fr. ..., se rapportant à votre ordre. b) notre facture originale. c) le document de banque visé. d) 2 copies de notre facture N⁰ 3515. e) 1 copie de la facture de notre fournisseur que vous voudrez bien nous retourner munie du visa de sortie de la douane. Livraison: immédiate. Conditions: fob Marseille. Emballage: compris. Payement: contre accréditif. Pouvez-vous nous envoyer une attestation de l'Office suisse de compensation certifiant l'exécution de votre virement? Nous vous débitons de la contre-valeur soit de Fr. 1 500.– valeur 15 juin. Vous trouverez, ci-inclus, la police d'assurance et le certificat d'origine. Le payement s'effectuera sur la quantité reconnue à l'embarquement avec une tolérance de 2%. Veuillez ouvrir un crédit irrévocable en notre faveur auprès de la banque X. Je suis en possession du chargement de ... embarqué sur le vapeur ... et dont vous m'avez donné avis le ...	Wir übermitteln Ihnen als Beilage a) eine provisorische Rechnung Nr. ... in der Höhe von Fr. ... in Übereinstimmung mit Ihrem Auftrag. b) unsere Originalfaktura. c) die Devisenbescheinigung. d) 2 Kopien unserer Rechnung Nr. 3515. e) eine Rechnungsabschrift unseres Lieferanten, die Sie uns bitte mit dem Ausgangsvermerk des Zollamtes versehen zurücksenden wollen. Lieferung: sofort. Bedingungen: fob Marseille. Verpackung: inbegriffen. Zahlung: gegen Akkreditiv. Können Sie uns eine Bescheinigung der Schweizerischen Verrechnungsstelle über die Ausführung Ihrer Überweisung zukommen lassen? Wir belasten Sie zum Ausgleich mit Fr. 1 500.–, Wert 15. Juni. Als Beilagen finden Sie die Versicherungspolice und das Ursprungszeugnis. Die Zahlung ist bei der Verschiffung auf Grund der festgestellten Menge mit einer Toleranz von 2% zu leisten. Eröffnen Sie bitte zu unseren Gunsten einen unwiderruflichen Kredit bei der Bank X. Ich bin im Besitz der mir von Ihnen am ... als auf dem Dampfer ... verschifft gemeldeten Ladung ...

We are sending you herewith a) a provisional invoice No ... for Fr. ... referring to your order.	Les mandamos incluso a) una factura provisoria No. ... de Fr. ... refiriéndose a su orden.
b) our original invoice. c) the written approval of the Bank. d) two copies of our invoice No. 3515. e) one copy of our supplier's invoice which, please, return stamped with the Customs Exit License.	b) nuestra factura original. c) el documento de banco visado. d) 2 copias de nuestra factura No. 3515. e) 1 copia de la factura de nuestro proveedor que Ud. se servirá devolvernos provisto del visa de la aduana.
Delivery: immediate. Conditions: fob Marseille. Packing: included (inclusive). Payment: against an opening of credit. Could you send us an affidavit of the Swiss Office of compensation certifying the execution of your transfer?	Entrega: inmediata. Condiciones: fob Marsella. Embalaje: incluso. Pago: contra acreditivo. ¿Puede Ud. mandarnos una fe de la administración suiza de compensación certificando la ejecución de su libranza?
We debit you with the amount corresponding, that is to say Fr. 1 500.– value 15th June. Find herewith the insurance affidavit and the certificate of origin.	Le cargamos la cantidad de Fr. 1 500.– vencimiento 15 de Junio. Ud. hallará incluso la póliza de seguro y el certificado de origen.
Payment on the quantity acknowledged on loading at port of embarcation with an allowance for a loss at 2%. Please open an irrevocable credit in our favour, in the X. Bank.	El pago se efectuará sobre la cantidad reconocida en el embarque con una tolerancia de 2%. Sírvase otorgar un crédito irrevocable a nuestro favor a cargo del banco X.
I have received the goods shipped on the S.S. ... according to your dispatch note of the ...	Obra en mi poder el cargamento de ... embarcado sobre el vapor ..., y del cual Ud. me avisó el ...

Veuillez activer la livraison, car notre filiale a fait le nécessaire pour l'ouverture d'un crédit à la Banque X.	Wollen Sie bitte die Ablieferung beschleunigen, da unsere Zweigfirma bereits um die Eröffnung eines Kredites bei der Bank X. besorgt gewesen ist.
Selon vos instructions, nous avons embarqué aujourd'hui 20 000 kg d'oranges à bord du vapeur «Helvetia», Capitaine X., de la société de navigation «Marina»; port de destination de Gênes.	Weisungsgemäß haben wir heute 20 000 kg Orangen auf den Dampfer «Helvetia», Kapitän X., der Schiffahrtsgesellschaft «Marina», Bestimmungshafen Genua, verladen.
Sur votre ordre, nous avons versé aujourd'hui même, à vos guichets, la somme de Fr. s. ..., contre-valeur de £ ..., au change de ..., en couverture de la traite de Londres.	Auftragsgemäß haben wir noch heute an Ihrem Schalter den Betrag von S. Fr. ... (£ ... zum Kurs von ...) zur Deckung der London-Tratte einbezahlt.
Nous venons également de recevoir de l'Union de Banques Suisses à Lausanne confirmation de l'ouverture d'un crédit confirmé et irrévocable en notre faveur, en payement de votre commande.	Soeben erhalten wir von der Union de Banques Suisses in Lausanne die Bestätigung über die Eröffnung eines festen und unwiderruflichen Kredites zu unseren Gunsten, der zum Ausgleich Ihrer Bestellung bestimmt ist.
Nous vous en remercions vivement et transmettons immédiatement votre ordre à nos usines aux fins d'exécution.	Wir danken Ihnen für die prompte Erledigung und geben Ihren Auftrag sofort an unsere Fabrik zur Ausführung weiter.

LETTRES	MUSTERBRIEFE
47. Confirmation de vente	**47. Verkaufsbestätigung**
Messieurs, Nous accusons réception de votre lettre du 17 ct, et avons noté pour vous:	Sehr geehrte Herren, Wir bestätigen den Empfang Ihres Schreibens vom 17. d. M. und haben folgenden Auftrag notiert:
500 boîtes de compas à Fr. 15.– la boîte	500 Schachteln Zirkel zu Fr. 15.– pro Schachtel.
aux conditions suivantes: Livraison: immédiate. Conditions: fob Le Havre. Emballage: compris. Payement: par ouverture de crédit. Assurance: à notre charge.	Bedingungen: Lieferung: sofort, fob Le Havre. Verpackung: inbegriffen. Zahlung: durch Krediteröffnung. Versicherung: zu unseren Lasten.

As our subsidiary has already done what is necessary for the opening of a credit in the X. Bank, please, deliver as soon as possible.	Sírvase activar la entrega, pues nuestra sucursal hizo lo necesario para la concesión de un crédito en el Banco X.
According to your instructions we have loaded today a supply of 20 000 kg Oranges on board the S.S. Helvetia, chief officer Capt. X., of the "Marina" Shipping Company, bound for Genoa.	Según sus órdenes, embarcamos hoy 20 000 kg de naranjas a borde del vapor «Helvetia», Capitán X., de la sociedad de navegación «Marina»; puerto de destinación de Génova.
According to your instructions we have deposited today in your account S. Fr. ... as the amount corresponding to £ ... at the rate of exchange of ... to cover the draft drawn from London.	Conforme a su orden, entregamos hoy mismo en su despacho la cantidad de Fr. S. ... valor correspondiente de £ ..., al cambio de ... como pago de la letra de Londres.
We have just received news from the Union de Banques Suisses in Lausanne, about the opening of an irrevocable and firm credit in our favour, in settlement of your order.	Acabamos así mismo de recibir de la Union de Bancos Suizos, en Lausanne, confirmación de la concesión de un crédito confirmado e irrevocable a nuestro favor, como pago de su orden.
We thank you for it and are immediately forwarding your order to our factories to carry it out.	Se lo agradecemos sumamente y comunicamos en seguida su orden a nuestras fábricas para ejecutarla.

LETTERS	CARTAS
47. Acknowledgment of an order	**47. Confirmación de venta**
Dear Sirs, We acknowledge receipt of your letter of the 17th inst. and have noted for you:	Muy Señores nuestros: Les acusamos recibo de su carta del 17 cte y hemos apuntado para Uds.
500 boxes of compasses at Fr. 15.– the box.	500 cajas de compases, a Fr. 15.– la caja
Our terms are: Delivery: at once. Conditions: fob Le Havre. Packing: included. Payment: opening of a credit. Insurance: paid by us.	bajo las condiciones siguientes: Entrega: inmediata. Condiciones: fob Le Havre. Embalaje: incluso. Pago: mediante concesión de crédito. Seguro: a nuestro cargo.

Veuillez nous télégraphier l'acceptation de ces conditions et nous indiquer la Banque avec laquelle nous pourrons traiter.

Dans l'attente de vos nouvelles, nous vous présentons, Messieurs, avec nos remerciements anticipés, nos salutations les meilleures.

48. Envoi de marchandises

Messieurs,
Nous vous communiquons que, selon vos instructions, nous avons embarqué aujourd'hui sur le vapeur «Helvetia» battant pavillon suisse, 5000 kg de bananes en direction de Gênes et vous joignons facture et police de chargement.

Veuillez créditer notre compte courant de ce montant.

Toujours dévoués à vos ordres, nous vous présentons, Messieurs, nos salutations distinguées.

Annexe : 1 facture.
    1 police de chargement.

EXERCICES
47.
Ecrivez à l'Union de Banques Suisses à Lausanne pour demander l'ouverture d'un crédit irrévocable de Fr. 5000.– utilisable contre remise des documents suivants :
1. facture en 3 exemplaires,
2. connaissement en original et duplicata signés,

relatifs à l'envoi de 200 machines à écrire.

48.
Réponse négative à une demande d'importation.

Telegraphieren Sie uns bitte die Annahme dieser Bedingungen, und geben Sie uns bitte die Bank bekannt, an die wir uns zu wenden haben.

  Mit vorzüglicher Hochachtung

48. Versandbestätigung

Sehr geehrte Herren,
Weisungsgemäß haben wir heute 5000 kg Bananen auf den Dampfer «Helvetia» (unter schweizerischer Flagge) mit Bestimmung Genua verladen. Als Beilage finden Sie unsere Rechnung und die Verladebestätigung.

Wir bitten Sie, uns den Rechnungsbetrag auf dem laufenden Konto gutzuschreiben und verbleiben

    mit freundlichen Grüßen

Beilagen: Unsere Rechnung.
     Verladebestätigung.

AUFGABEN
47.
Beantragen Sie bei der Union de Banques Suisses in Lausanne die Eröffnung eines unwiderruflichen Kredites von Fr. 5000.– zur Freigabe gegen folgende Dokumente:
1. Faktura (dreifach),
2. Konnossement im Original und unterzeichnetem Doppel,

für eine Sendung von 200 Schreibmaschinen.

48.
Ablehnende Antwort auf eine Einfuhranfrage.

Will you please wire us your agreement to the above terms and give us the name of your Bank.

Awaiting your reply for which we thank you in advance,
  We are, dear Sirs,
  Faithfully yours,

48. Goods are forwarded

Gentlemen,
In conformity with your instructions we have shipped today, on board the S.S. "Helvetia" flying the Swiss flag and bound for Genoa 5000 kg of bananas.

Please find herewith the invoice and Bill of Lading, and credit our A/C with this amount.

Always at your service,
  We remain,
  Yours faithfully,

Enclosure: 1 Invoice.
     1 Bill of Lading.

EXERCISES
47.
Write to The Union de Banques Suisses in Lausanne to ask them to open an irrevocable credit of Fr. 5000.– available on presentation of the following documents:
1. bill in 3 copies,
2. original bill of lading with duplicate signed,

relating to the delivery of 200 typewriters.

48.
Negative answer to an inquiry for import.

Sírvanse telegrafiarnos el acuerdo con estas condiciones e indicarnos el Banco con el cual podremos tratar.

Esperando sus noticias, nos ofrecemos de Uds.
      attos y SS.SS.

48. Expedición de mercancías

Muy Señores nuestros:
Les participamos que según sus órdenes, embarcamos hoy sobre el vapor «Helvetia» izando pabellón suizo, 5000 kg de plátanos con rumbo a Génova y le acompañamos la factura y la póliza de cargamento.

Sírvanse abonarnos esta cantidad a cuenta corriente nuestra.

Quedamos a sus órdenes y nos reiteramos de Uds.
      attos y SS.SS.

Inclusos: 1 factura.
    1 póliza de cargamento.

EJERCICIOS
47.
Escriba a la Unión de Bancos Suizos en Lausanne para solicitar un crédito irrevocable de Fr. 5000.– utilizable contra entrega de los siguientes documentos:
1. factura en 3 ejemplares,
2. conocimiento en original y duplicado firmados,

refiriéndose a la entrega de 200 máquinas de escribir.

48.
Contestación negativa a una demanda de importación.

XXVII | BANQUE ET BOURSE

XXVII | BANK UND BÖRSE

Veuillez me faire connaître vos conditions d'ouverture d'un compte courant auprès de votre établissement.

Je vous prie de procéder à l'achat pour mon compte de:

50 (cinquante) obligations ...
50 (cinquante) actions ...
ordre valable jusqu'au 30 ct.

Nous vous prions de vendre pour notre compte: 100 (cent) actions ... Veuillez porter le montant de cette opération au crédit de notre compte courant.

Nous sommes disposés à vous accorder le crédit demandé. Nos conditions seraient les suivantes:

Intérêt: 4%.
Commission: ¼%.
Comptes arrêtés tous les 3 mois.

Nous pouvons vous consentir une ouverture de crédit garanti par les titres en votre possession.

Le dividende relatif à l'exercice arrêté au 31 déc. 19.. est payable à partir du ... contre remise du coupon N° ...

Veuillez procéder à l'encaissement des 3 effets ci-joints et créditer mon compte de ce montant.

Nous nous tenons avec plaisir à votre disposition.

Vous trouverez, ci-inclus, le relevé de votre compte courant arrêté au ... Le solde de Fr. ... en votre faveur a été porté à nouveau.

Ich bitte Sie, mir die Bedingungen für die Eröffnung eines Kontokorrentes bekanntzugeben.

Kaufen Sie bitte für meine Rechnung:

50 (fünfzig) Obligationen ...
50 (fünfzig) Aktien ...
Mein Auftrag ist bis zum 30. d.M. gültig.

Wir bitten Sie, für unsere Rechnung 100 (hundert) Aktien ... zu verkaufen und uns den Erlös auf Kontokorrent gutzuschreiben.

Wir sind bereit, Ihnen den verlangten Kredit zu gewähren, und zwar zu folgenden Bedingungen:

Zins: 4%.
Kommission: ¼%.
Abrechnung alle drei Monate.

Wir können Ihnen gegen Hinterlage Ihrer Wertpapiere einen Kredit gewähren.

Die Dividende für das am 31. Dez. 19.. abgelaufene Geschäftsjahr ist ab ... gegen Aushändigung des Coupons Nr. ... zahlbar.

Wollen Sie bitte die 3 beiliegenden Wechsel einkassieren und den Erlös meinem Konto gutschreiben.

Wir stehen gerne zu Ihrer Verfügung.

Sie erhalten hiermit unseren Kontoauszug per ... Den Saldo zu Ihren Gunsten von ... haben wir auf neue Rechnung vorgetragen.

| XXVII | BANK AND STOCK-EXCHANGE | XXVII | BANCO Y BOLSA |

Could you let me know your conditions for the opening of a account current in your bank.

Please purchase for me:

50 (fifty) bonds ...
50 (fifty) shares ...
Period of purchase until 30th inst.

Please sell for us: 100 (hundred) shares ... and credit our account current with the amount.

We agree to the opening of the required credit. Our conditions would be:

Interest: 4%.
Commission: ¼%.
Closing of A/C every three months.

We can open you a credit with the bonds in your possession as security.

The ordinary General meeting of the 31st Dec. 19.. has declared that the following dividend is payable from the ... against withdrawal of coupon No. ...

Please collect the 3 drafts enclosed and credit me with their amount.

We gladly place ourselves at your disposal.

We are sending you herewith a statement of your account current closed on the ... The balance of Fr. ... in your favour has been carried forward.

Les ruego me participen sus condiciones para abrir una cuenta corriente en su establecimiento.

Les ruego efectúen la compra por mi cuenta de

50 (cincuenta) obligaciones ...
50 (cincuenta) acciones ...
orden válida hasta el 30 del cte.

Les rogamos vendan por nuestra cuenta: 100 (cien) acciones ... Les rogamos cargun el importe de estas operaciones al crédito de nuestra cuenta corriente.

Estamos de acuerdo de otorgarles el crédito solicitado. Nuestras condiciones serían las siguientes:

Interés: 4%.
Comisión: ¼%.
Cuentas cerradas cada 3 meses.

Podemos otorgarles un crédito garantizado por los títulos en su poder.

El dividendo refiriéndose al ejercicio cerrado a 31 de Dic. 19.. es pagadero desde el ... contra entrega del cupón No. ...

Sírvase cobrar los 3 efectos inclusos y abonar mi cuenta de esta suma.

Quedamos gustosos a sus órdenes.

Ud. hallará incluso el extracto de su cuenta corriente cerrada el ... El saldo de Fr. ... a su favor se llevó a cuenta nueva.

Veuillez l'examiner, et si vous le trouvez conforme, signer la déclaration ci-jointe et nous la retourner.	Wollen Sie ihn bitte prüfen und uns bei Richtigbefund die beiliegende Bestätigung unterzeichnet zurücksenden.
Il nous est malheureusement impossible de vous ouvrir un compte courant.	Leider ist es uns nicht möglich, Ihnen ein Kontokorrent zu eröffnen.
Nous serons heureux de vous compter au nombre de nos clients.	Wir freuen uns, Sie zu unseren Kunden zählen zu dürfen.
Les intérêts produits par les titres mentionnés ci-dessus seront portés au crédit de votre compte.	Die Zinsen der oben erwähnten Titel werden Ihrem Konto gutgeschrieben.
A partir du ... votre compte courant cessera de produire un intérêt de ...%.	Ihr Kontokorrent wird ab ... nicht mehr mit ...% verzinst.
Nous avons viré à la Banque X. à Berne, la somme de ... au cours officiel de ... à bonifier à M. X., New York, par le clearing américano-suisse. Nous débitons votre compte de la contre-valeur de Fr. ... au 29 sept.	Wir haben der Bank ... in Bern zur Weiterleitung im amerikanisch-schweizerischen Verrechnungsverkehr überwiesen: ... zum offiziellen Kurs von ... zugunsten von Herrn ..., New York. Ihr Konto belasten wir für den Gegenwert mit S. Fr. ..., Wert 29. September 19..
J'ai reçu le relevé de mon c/c arrêté au 30.6.58, faisant ressortir un solde en ma faveur de Fr. 17350.–.	Ich bestätige den Empfang Ihres Kontoauszuges per 30.6.58 und erkläre mich mit dem Saldo von Fr. 17350.– zu meinen Gunsten einverstanden.
Le trouvant conforme à mes écritures je vous en donne quittance.	

LETTRES	MUSTERBRIEFE
49. Demande de crédit	**49. Kreditgesuch**
Messieurs, Pourriez-vous m'accorder un crédit de Fr. 15000.– contre les garanties suivantes:	Sehr geehrte Herren, Können Sie mir einen Kredit von Fr. 15000.– gegen Hinterlage von
Actions X	Aktien X
Actions Y	Aktien Y
	gewähren?

Will you please check it and, if found correct, sign and return the enclosed form.	Le ruego examinarlo, y si lo encuentra conforme, firmar la declaración inclusa y devolvérmela.
Unfortunately, we are not in a position to open the required account current.	Lamentamos no poder abrirle una cuenta corriente.
We should be pleased to welcome you as one of our clients.	Celebraremos contarle entre nuestros clientes.
The interest accruing on the above mentioned bonds will be added to your credit.	Los intereses resultando de los títulos mencionados arriba se abonarán a cuenta suya.
By the ... your account current will cease to earn the rate of ... %.	A partir del ... su cuenta corriente dejará de producir un interés de ... %.
We have paid in the Bank X. in Bern the amount of ... at today's rate of exchange of ..., to be held at the disposal of Mr. X., New York, through the Swiss-American clearing. We debit you with Fr. ..., value 29th Sept.	Giramos al Banco X. en Berna, la suma de ..., al cambio oficial de ... debiendo abonárselo al Sr. X., Nueva York por el clearing americano-suizo. Cargamos su cuenta del valor correspondiente, Fr. ... a 29 de Septiembre.
I have received the statement of my A/C up to the 30th/6/58, showing a balance in my favour of Fr. 17350.–	Recibí el extracto de mi c/c cerrada al 30. 6. 58, arrojando un saldo a favor mío de Fr. 17350.–.
Having found it correct after checking it, I am sending you the enclosed receipt.	Hallándose conforme a mis cuentas, le declaro satisfecho el asunto.

LETTERS	CARTAS
49. Letter requesting credit	**49. Se solicita un crédito**
Gentlemen, Could you grant me a credit of Fr. 15000.–? I can offer you as security: ... Shares X, ... Shares Y.	Muy Señores míos: ¿Podrían Uds. otorgarme un crédito de Fr. 15000.– contra las siguientes garantías? Acciones X, Acciones Y.

Veuillez m'indiquer le nombre d'actions que je devrais vous fournir comme garantie. Dans l'attente d'une prompte réponse, je vous présente, Messieurs, mes salutations distinguées.	Ich sehe Ihren Nachrichten gerne entgegen und bitte Sie insbesondere um Angabe der Anzahl der zu deponierenden Titel. Mit vorzüglicher Hochachtung

50. Ouverture de crédit / 50. Krediteröffnung

Monsieur,
En réponse à votre demande du 21 ct, nous vous informons que nous sommes prêts à vous accorder un crédit de Fr. 15000.–.
Comme garantie, vous pouvez déposer chez nous:
    4 actions X,
    3 actions Y.
Nos conditions sont:
    Intérêt: 4%, Commission: ¼%.
Cet intérêt serait ajouté à votre crédit.
Nous vous envoyons, ci-inclus, une demande de crédit en deux exemplaires et vous prions de nous retourner le double.
Nous nous tenons avec plaisir à votre disposition et vous présentons, Monsieur, l'expression de nos sentiments dévoués.
	Sehr geehrter Herr...,
	Wir danken für Ihre Anfrage vom 21. d. M. und sind bereit, Ihnen einen Kredit von Fr. 15000.– zu folgenden Bedingungen zu gewähren:
	    Hinterlagen:
	    4 Aktien X,
	    3 Aktien Y.
	    Zins 4% + ¼% Kommission,
	    Aufrechnung in Kreditkonto.
	Wir senden Ihnen als Beilage ein Kreditgesuch im Doppel und bitten Sie, uns ein Exemplar unterzeichnet zurückzugeben.
	Indem wir Ihnen gerne zur Verfügung stehen, zeichnen wir
	    mit vorzüglicher Hochachtung

EXERCICES / AUFGABEN

49. Envoyez 3 effets à encaisser. 50. Accusez réception d'un relevé de compte que vous avez trouvé conforme à vos écritures.	49. Senden Sie 3 Wechsel zum Inkasso. 50. Bestätigen Sie den Empfang eines Kontoauszuges, der mit Ihren eigenen Buchungen übereinstimmt.

Will you tell me, please, how many shares I should have to deposit with you?

Waiting for your early reply,

I remain,
      Gentlemen,
           Yours faithfully,

Les ruego me indiquen el número de acciones que tendré que entregar como garantía.

Aguardando su contestación en breve plazo, se repite de Uds.
      atto y S.S.

50. Opening of credit

Dear Sir,
In reply to your request of the 21st inst., we inform you that we agree to grant you a credit of Fr. 15000.–.

As security, you can deposit with us:

    4 shares X,
    3 shares Y.

Our conditions are:

    Interest: 4%, Commission: ¼%.

This interest would be added to your credit.

We are sending you herewith the contract in duplicate, one of which you will kindly return to us.

We gladly place ourselves at your disposal and remain,
      dear Sir,
          Yours truly,

50. Se otorga un crédito

Muy Señor nuestro:
En contestación a su demanda del 21 cte, les participamos que podemos otorgarle un crédito de Fr. 15000.–.

Como garantía puede Ud. depositar en nuestro despacho:

    4 acciones X,
    3 acciones Y.

Nuestras condiciones son:

    Interés: 4%, Comisión: ¼%.

Este interés se agregaría a su crédito.

Les mandamos incluso una demanda de crédito en dos ejemplares y le rogamos nos devuelva el duplicado.

Quedamos gustosos a sus órdenes, y nos ofrecemos de Ud.
      attos y SS.SS.

EXERCISES
49.
Send 3 drafts to collect.

50.
Acknowledge the receipt of a statement of account you have found correct.

EJERCICIOS
49.
Mande 3 efectos para su cobro.

50.
Acuse recibo de un extracto de cuenta que halló Ud. conforme.

XXVIII CORRESPONDANCE HÔTELIÈRE

Demande de réservation

J'ai l'intention de venir en Suisse au mois d'août et serais heureux de recevoir quelques brochures illustrées concernant votre hôtel.

Pourriez-vous me faire savoir si vous avez une chambre confortable à deux lits jumeaux, disponible pour la deuxième quinzaine de juillet?

Nous désirons passer 3 semaines dans votre station et aimerions connaître vos conditions en pension pour 2 chambres à 2 lits, du 10 au 30 juillet.

M. X., qui a séjourné chez vous l'année passée, m'a donné votre adresse.

Par suite de circonstances imprévisibles, je dois vous demander de changer la date de mon arrivée à votre hôtel et de la remettre au 28 décembre.

LETTRES

51. Demande de réservation d'une chambre

    Monsieur le Directeur
    Hôtel de la Prairie

    Montana
    Valais
    Suisse

Monsieur,
J'ai obtenu votre adresse par M. Angel.

Comme j'ai l'intention d'aller à Montana, j'aimerais connaître vos prix de pension pour une chambre

XXVIII KORRESPONDENZ DER HOTELBRANCHE

Anfrage für Reservierung

Ich beabsichtige, im Monat August in die Schweiz zu kommen und bitte Sie, mir einige illustrierte Prospekte über Ihr Hotel zuzustellen.

Können Sie mir für die zweite Hälfte des Monats Juli ein komfortables Doppelzimmer reservieren?

Wir möchten gerne 3 Wochen in Ihrem Kurort verbringen und bitten Sie um Ihre Pensionsofferte für 2 Zimmer zu je 2 Betten vom 10. bis 30. Juli.

Herr X., der sich letztes Jahr bei Ihnen aufhielt, empfahl mir Ihre Adresse.

Unvorhergesehener Umstände wegen muß ich Sie bitten, mein Ankunftsdatum in Ihrem Hotel auf den 28. Dezember abzuändern.

MUSTERBRIEFE

51. Anfrage für Zimmerreservierung

    Direktion des
    Hôtel de la Prairie

    Montana
    Valais
    Suisse

Sehr geehrter Herr Direktor,
Ihr Hotel wurde mir von Herrn Angel empfohlen.

Da ich beabsichtige, nach Montana zu kommen, bitte ich Sie um Bekanntgabe Ihres Pensionspreises für

| XXVIII | HOTEL CORRESPONDENCE | XXVIII | CORRESPONDENCIA DE HOTELES |

Asking for reservation

I intend coming to Switzerland in August and would be pleased to receive some descriptive literature about your hotel.

Would you kindly let me know whether you have a comfortable twin-bedded room available for the second fortnight of July?

We wish to spend 3 weeks at your resort, and would like to know your en-pension terms for 2 double bedrooms, from the 10th to the 30th of July.

Mr. X., who stayed with you last year, gave me your address.

Owing to unforeseen circumstances I must ask you to alter the date of my arrival at your hotel, and to postpone it until the 28th of December.

Se piden reservaciones

Tengo la intención de venir a Suiza en el mes de Agosto y quisiera recibir algunos folletos ilustrados refiriéndose a su hotel.

¿Podría Ud. participarme si Ud. tiene una habitación de dos camas gemelas disponible para la segunda quincena de Julio?

Deseamos pasar 3 semanas en su estación y quisiéramos saber sus condiciones de pensión para 2 habitaciones de 2 camas del 10 al 30 de Julio.

El Sr. X., que residió en su hotel el año pasado, me dió su dirección.

Como consecuencia de circunstancias imprevisibles debo pedirle de cambiar la fecha de mi llegada a su hotel y de aplazarla al 28 de Diciembre.

| LETTERS | CARTAS |

51. Applying for a room

The Manager
Hôtel de la Prairie

Montana
Valais
Switzerland

Dear Sir,
Your address has been handed to me by Mr. Angel.

As I intend going to Montana, I would like to know your en-pension terms for a comfortable double room

51. Se pide reservar una habitación

Señor Director
Hôtel de la Prairie

Montana
Valais
Suiza

Muy Señor mío:
Conseguí su dirección por el Sr. Angel.

Como proyecto ir a Montana, quisiera conocer sus precios de pensión para una habitación confortable con

confortable à deux lits, du 22 décembre au 10 janvier.

Dans l'attente de votre prompte réponse, je vous présente, Monsieur, mes salutations distinguées.

52. Renvoi d'une réservation

Monsieur le Directeur
Hôtel du Mont d'Or

Leysin
Suisse

Monsieur,

Je regrette d'avoir à renvoyer mon séjour à votre hôtel et de vous demander s'il me serait possible d'arriver 15 jours plus tard, c'est-à-dire le 18 juillet au lieu du 5 juillet.

Dans l'attente d'une prompte réponse, je vous prie d'agréer, Monsieur, l'expression de mes sentiments distingués.

EXERCICES
51.

Ecrivez une lettre au Directeur de l'Hôtel Royal, Montréal, et demandez-lui des prospectus illustrés ainsi que les conditions pour un séjour d'un mois.

52.

Demandez si les prix de l'année passée sont restés inchangés.

---

ein komfortables Zimmer mit zwei Betten für die Zeit vom 22. Dezember bis 10. Januar.

Ich sehe Ihrer umgehenden Antwort gerne entgegen und verbleibe

mit freundlichen Grüßen

52. Datumverschiebung

Direktion des
Hôtel du Mont d'Or

Leysin
Schweiz

Sehr geehrte Herren,

Ich bedaure, meinen Aufenthalt in Ihrem Hotel verschieben zu müssen. Können Sie 14 Tage später, d. h. ab 18. Juli statt am 5. Juli, reservieren?

In Erwartung Ihres sofortigen Bescheides verbleibe ich

mit freundlichen Grüßen

AUFGABEN
51.

Verlangen Sie von der Direktion des Hotels Royal in Montreal illustrierte Prospekte und eine Offerte für einen einmonatigen Aufenthalt.

52.

Fragen Sie an, ob die Preise des vergangenen Jahres unverändert geblieben sind.

from the 22nd of December till the 10th of January.

Looking forward to your early reply, I am, dear Sir,

                Yours faithfully,

52. Postponing a reservation

        The Manager
        Hôtel du Mont d'Or
        Leysin
        Switzerland

Dear Sir,

I am sory to have to postpone my stay at your hotel and to ask you whether you would agree to my coming a fortnight later, on July the 18th instead of July the 5th.

Kindly let me have your reply as soon as possible.

                Yours faithfully,

EXERCISES

51.
Write a letter to the Manager, Royal Hotel, Montreal, asking for the illustrated hotel-booklet with rates for a month's stay.

52.
Ask whether the prices of last year have remained unchanged.

---

dos camas, del 22 de Diciembre al 10 de Enero.

Aguardando su contestación en breve plazo, se ofrece de Ud.

                atto y S. S.

52. Aplazo de una reservación

        Señor Director
        Hôtel du Mont d'Or
        Leysin
        Suiza

Muy Señor mío:

Lamento el deber aplazar mi estancia en su hotel y preguntarle si me fuera posible llegar 15 días más tarde, es decir el 18 de Julio en vez del 5 de Julio.

Aguardando una contestación en breve plazo, tiene el gusto de ofrecerse de Ud.

                atto y S. S.

EJERCICIOS

51.
Escríbase una carta al Director del Hotel Royal, Montreal, y pídase folletos ilustrados así como las condiciones para una estancia de un mes.

52.
Pregúntese si los precios del año pasado no se cambiaron.

XXIX CORRESPONDANCE POUR HÔTELS

Nous vous remercions de votre lettre du ... et sommes heureux d'apprendre que vous avez l'intention de passer quelques jours dans notre hôtel, du ... au ...

Veuillez trouver ci-inclus notre brochure illustrée. Nous pourrions vous réserver une jolie chambre confortable à deux lits, avec eau courante chaude et froide.

En réponse à votre demande du ... j'ai le plaisir de vous envoyer, sous pli séparé, une brochure illustrée avec les tarifs généraux à la page 5.

C'est avec plaisir que nous vous réserverons deux chambres à un lit, pour le prix de Fr. 20.– par jour et par personne, pension comprise.

Les suppléments suivants s'ajoutent aux prix ci-dessus:

Service: 10%,

Chauffage
(par jour et par personne): Fr. 1.30.

Nous pouvons vous réserver, pour juillet, des chambres au premier étage aux prix suivants:

Adultes
(par jour et par personne) Fr. ....

Servantes
(par jour et par personne) Fr. ....

Réduction pour enfants:

jusqu'à 6 ans   50%,
de 6 à 12 ans   30%,

s'ils n'occupent pas des chambres séparées.

XXIX HOTEL-KORRESPONDENZ

Wir danken Ihnen für Ihr Schreiben vom ... und haben gerne davon Kenntnis genommen, daß Sie vom ... bis ... einige Tage in unserem Hotel verbringen wollen.

Als Beilage erhalten Sie unseren Bildprospekt. Wir könnten Ihnen ein hübsches und komfortables Zimmer mit zwei Betten und fließendem kaltem und warmem Wasser reservieren.

In Beantwortung Ihrer Anfrage vom ... sende ich Ihnen gerne mit separater Post einen illustrierten Prospekt mit den Preisen auf Seite 5.

Wir freuen uns, für Sie zwei Einerzimmer zum Preis von Fr. 20.– pro Tag und Person, einschließlich Pension, vorzumerken.

Folgende Zuschläge kommen hinzu:

Bedienung: 10%,

Heizung
pro Tag und Person: Fr. 1.30.

Im Monat Juli können wir Ihnen Zimmer im ersten Stock zu folgenden Preisen reservieren:

Erwachsene
(pro Tag und Person): Fr. ...

Dienstboten
(pro Tag und Person): Fr. ...

Ermäßigung für Kinder:

bis zu 6 Jahren   50%,
von 6 bis 12 Jahren   30%,

sofern sie keine Einzelzimmer belegen.

XXIX	HOTEL CORRESPONDENCE	XXIX	CORRESPONDENCIA PARA HOTELES

We thank you for your letter of the ... and are very pleased to know that you intend spending a few days at our hotel, from ... till ...

Enclosed you will find our illustrated booklet. We could reserve for you one nice and comfortable double room with hot and cold running water.

In answer to your request of the ..., I have much pleasure in sending you, under separate cover, my illustrated booklet with the general tariff on page 5.

We shall be pleased to reserve for you two single rooms at the en-pension rate of 20.- fr. per day and per person.

The following extras should be added to the above rate:

Service   10%,

Heating
(per day and per person)   Fr. 1.30.

Our inclusive terms for first-floor accommodation for July are as follows:

Adults
(per day and per person)   Fr. ....

Servants
(per day and per person)   Fr. ....

Reduction for children:

up to 6 years   50%,
from 6 to 12 years   30%,

if separate rooms are not requested.

Les agradecemos a Ud. su carta del ... y celebramos el que Ud. proyecte pasar algunos días en nuestro hotel del ... hasta el ... Incluso tenemos el gusto de mandarle nuestro folleto ilustrado.

Podríamos reservarle una linda habitación confortable de dos camas, con agua corriente caliente y fría.

En contestación a su demanda del ..., tengo el gusto de mandarle, en un pliego suelto, un folleto ilustrado con los precios generales en la página 5.

Nos es grato reservarle dos cuartos de una cama, por el precio de Fr. 20.- por día y por persona, pensión inclusa.

Se agregan los siguientes suplementos a los precios arriba mencionados:

Servicio   10%,

Calefacción
(por día y por persona)   Fr. 1.30.

Podemos reservarle, para Julio, unas habitaciones al primer piso a los siguientes precios:

Adultos
(por día y por persona)   Fr. ....

Criadas
(por día y por persona)   Fr. ....

Reducción para niños:

hasta 6 años   50%,
de 6 a 12 años   30%,

si no ocupan habitaciones separadas.

Nous sommes très heureux de vous informer que nous pouvons vous réserver les chambres désirées pour la période mentionnée, aux prix suivants:	Wir sind glücklich, Ihnen die gewünschten Zimmer für die erwähnte Zeit zu folgenden Preisen reservieren zu können:
Chambre à un lit, avec cabinet de toilette, de ... à ... francs par jour.	Einzelzimmer mit eigenem Badezimmer von Fr. ... bis Fr. ... pro Tag.
Chambre à deux lits, avec salle de bains, de ... à ... francs par jour.	Doppelzimmer mit eigenem Badezimmer von Fr. ... bis Fr. ... pro Tag.
Les repas sont servis au restaurant «à la carte», ou aux prix fixes suivants:	Die Mahlzeiten werden in der Gaststube «à la carte» oder zu folgenden festen Preisen serviert:

Déjeuner ...
    Dîner   ...
	Mittagessen Fr. ....
	    Nachtessen Fr. ....

Les taxes et le service sont inclus dans nos prix pour les chambres et les repas.	Die Taxen und die Bedienung sind in unseren Zimmer- und Speise-Preisen enthalten.
Ayant reçu une annulation inattendue, nous pouvons vous réserver une chambre à un grand lit et avec salle de bains, au prix indiqué dans notre dernière lettre.	Da wir eine unerwartete Absage erhalten haben, ist es uns möglich, Ihnen zum in unserem letzten Schreiben genannten Preis ein Zimmer mit einem Zweierbett und Bad zu reservieren.
Nous avons bien reçu votre lettre du ... nous informant que vous devez renoncer à votre séjour dans notre hôtel.	Wir bestätigen den Empfang Ihres Briefes vom ..., dem wir entnehmen, daß Sie auf den Aufenthalt in unserem Hotel verzichten müssen. Indem wir Ihren Entscheid lebhaft bedauern, hoffen wir aber, daß Ihr Besuch damit nur verschoben sei.
Tout en regrettant vivement votre décision, nous espérons que votre visite n'est que renvoyée.	
Nous vous remercions de nous l'avoir annoncé à temps, et vous prions de croire, Monsieur, à nos sentiments très distingués.	Wir danken Ihnen für Ihre frühzeitige Meldung und verbleiben mit freundlichen Grüßen
Nous regrettons vivement de vous informer qu'il nous est impossible de vous donner satisfaction, notre hôtel étant au complet pour la date ci-dessus.	Wir bedauern aufrichtig, Ihren Wünschen nicht entsprechen zu können, da unser Hotel am oben erwähnten Datum vollständig besetzt ist.

We have much pleasure in advising you that we can reserve for the considered date the number of required rooms at the following rates:

Single bedroom with toilet-room from ... to ... francs per day.

Double bedroom with bath-room from ... to ... francs per day.

Meals are served in the restaurant "a la carte" or at fixed prices which are the following:
 Lunch ....
 Dinner ....

Taxes and service are included in our charges for rooms and meals.

Having received an unexpected cancellation, we can reserve you a room with large bed and bath-room, at the agreed price specified in our last letter.

We have in hand your letter of the ..., informing us that you must cancel your stay here.

While regretting the fact, we do hope that your visit is only posponed.

We thank you for having advised us in good time, and we remain,

 Yours faithfully.

We are very sorry to inform you that we are unable to give you satisfaction, our hotel being full up for the above date.

Nos es muy grato participarle que podemos reservarle las habitaciones deseadas para el período mencionado, a los siguientes precios: Habitación con una cama, con gabinete de tocador, de ... a ... francos por día.

Habitación de dos camas, con sala de baño, de ... a ... francos por día.

Se sirven las comidas en el restaurante «por lista», o a los siguientes precios fijos:
 Desayuno ....
 Almuerzo ....

Las tasas y el servicio van inclusos en nuestros precios para los cuartos y las comidas.

Habiendo recibido una anulación imprevista, podemos reservarle un cuarto de una grande cama y con sala de baño, a los precios indicados en nuestra última carta.

Su carta del ... comunicándonos que Ud. debe renunciar a su estancia en nuestro hotel, obra en nuestro poder.

Lamentamos ésta decisión y esperamos que su visita sólo queda aplazada.

Les agradecemos el que Ud. nos lo haya avisado en tiempo debido y con este motivo se ofrecen de Ud.
 attos y SS.SS.

Lamentamos deber comunicarle que nos es imposible satisfacer a su demanda pues nuestro hotel se halla ocupado por completo para la fecha arriba mencionada.

Veuillez nous faire connaître votre décision le plus tôt possible.

Les réservations pour la saison d'été sont nombreuses cette année et, dans quelques jours, nous n'aurons plus aucune chambre disponible.

Nous n'avons reçu aucune correspondance pour vous, depuis votre départ, il y a une semaine.

Vous serait-il possible de renvoyer votre arrivée au 8 août?

Le guide accompagnant un minimum de 25 personnes sera logé et nourri gratuitement.

Si notre offre ne correspond pas à vos désirs, veuillez nous faire connaître vos exigences afin que nous puissions vous soumettre une nouvelle offre qui vous donne entière satisfaction.

Nous vous avions réservé une chambre et vous attendions hier. Comme nous n'avons reçu aucune nouvelle de votre part à ce jour, nous prenons la liberté de vous envoyer une facture de ... francs, représentant la réservation de cette chambre pour une nuit.

En réponse à votre lettre du ..., nous nous empressons de vous informer que nous avons trouvé votre camera dans le salon. Nous vous l'envoyons aujourd'hui par colis postal, selon votre désir.

Nous regrettons vivement de vous informer que nous n'avons pas trouvé le bijou que vous décrivez.

Selon votre désir, un de nos employés de bureau vous attendra à l'aéroport et s'occupera de vos bagages.

Wir bitten Sie, uns Ihren Entscheid so bald wie möglich mitzuteilen, da die Anfragen für die Sommersaison dieses Jahr zahlreich sind und wir in einigen Tagen kein Zimmer mehr frei haben werden.

Seit Ihrer vor einer Woche erfolgten Abreise haben wir für Sie keine Post erhalten.

Könnten Sie Ihre Ankunft auf den 8. August verschieben?

Bei Gesellschaften von mindestens 25 Personen erhält der Führer Unterkunft und Verpflegung kostenlos.

Sollte unser Angebot Ihren Erwartungen nicht entsprechen, so bitten wir Sie um Angabe Ihrer Wünsche, damit wir Ihnen eine neue und zu Ihrer vollen Zufriedenheit ausfallende Offerte unterbreiten können.

Wir hatten für Sie ein Zimmer belegt und erwarteten Sie gestern. Da wir bis heute ohne Ihre Nachrichten geblieben sind, gestatten wir uns, Ihnen die Zimmerreservierung für eine Nacht im Betrage von Fr. ... in Rechnung zu stellen.

In Beantwortung Ihres Schreibens können wir Ihnen mitteilen, daß wir Ihre Kamera im Salon gefunden und sie Ihnen wunschgemäß heute als Postpaket zugestellt haben.

Wir bedauern aufrichtig, daß wir das von Ihnen beschriebene Schmuckstück nicht gefunden haben.

Einer unserer Büroangestellten wird Sie wunschgemäß auf dem Flugplatz erwarten und sich Ihres Gepäckes annehmen.

Please let us know your decision in the shortest delay possible. Bookings for the Summer season are numerous this year and, within a few days, there will be no rooms available.

No mail has arrived for you since your departure a week ago.

Would it be possible for you to pospone your arrival until the 8th of August?

Free full board will be granted to the guide accompanying a minimum of 25 persons.

If our offer does not correspond to your wishes, will you kindly specify what are your requirements, so as to enable our bringing a new offer to your attention, in order to give you entire satisfaction.

We had reserved a room for you and expected you yesterday. As we have not received any news from you up to now, we take the liberty of sending you an account of ... francs, for the rent of this room for one night.

In answer to your letter of the ..., we hasten to inform you that we have found your camera in the sitting-room. According to your wish, we forward it to-day by parcel-post.

We are sorry to say that the jewel you describe has not been found.

In accordance with your wishes, one of our office clerks will await you at the airport to collect your luggage.

Les rogamos nos comuniquen su decisión en el más breve plazo. Las reservaciones para la temporada de verano son numerosas este año y, dentro de algunos días, no tendremos ya habitación disponible.

No hemos recibido ninguna correspondencia para Ud., desde su salida, hace una semana.

¿Le sería a Ud. posible aplazar su llegada al 8 de Agosto?

Se alojará y alimentará gratuitamente al guía que acompañe a un mínimum de 25 personas.

Si nuestro ofrecimiento no corresponde a sus deseos, les suplicamos nos comuniquen cuales son sus exigencias de modo que podamos someterles una nueva proposición que les dé completa satisfacción.

Les habíamos reservado un cuarto y les esperábamos ayer. Como no recibimos ninguna noticia de Ud. hasta el día, nos permitimos mandarle la factura de ... francos correspondiendo a la reservación de este cuarto para una noche.

En contestación a su carta nos apresuramos en comunicarle que hallamos su cámera en el salón. Se la mandamos hoy por bulto postal según su deseo.

Lamentamos muy sensiblemente deber participarle que no hayamos encontrado la joya que Ud. describe.

Según su deseo, uno de nuestros empleados de oficina le aguardará en el aeropuerto y se ocupará de su equipaje.

Ayant retrouvé votre nom dans notre livre d'adresses, nous sommes heureux de vous informer que notre hôtel a été complètement rénové récemment et pourvu du confort le plus moderne.

La réouverture est prévue pour le 15 avril prochain.

Notre service a été réorganisé avec un personnel soigneusement trié.

C'est avec plaisir que nous vous donnerons tous les renseignements que vous pourriez souhaiter et nous serions très heureux de vous garantir une réservation.

Veuillez nous répondre le plus tôt possible, car nos chambres sont presque toutes réservées pour la saison prochaine.

La date de votre arrivée étant très proche, nous vous serions reconnaissants de nous la confirmer par télégramme.

Pourriez-vous nous communiquer la date exacte de votre arrivée et la durée de votre séjour?

Nachdem wir unserem Adressenverzeichnis auch Ihren Namen entnehmen können, freuen wir uns, Ihnen mitteilen zu können, daß unser Hotel kürzlich vollständig renoviert und mit dem modernsten Komfort versehen worden ist.

Die Wiedereröffnung ist auf den 15. April vorgesehen.

Auch die Bedienung wurde reorganisiert und stützt sich nun auf sorgfältig ausgelesenes Personal.

Es wird uns freuen, Ihnen mit allen wünschbaren Auskünften dienen zu können, und wir wären glücklich, für Sie etwas zu reservieren.

Wir bitten Sie um Ihre baldmöglichste Antwort, denn fast alle unsere Zimmer sind für die nächste Saison bereits reserviert.

Da Ihr Ankunftstag nahe bevorsteht, wären wir Ihnen für telegraphische Bestätigung des Datums dankbar.

Könnten Sie uns das genaue Datum Ihrer Ankunft und die Aufenthaltsdauer angeben?

LETTRES	MUSTERBRIEFE

53. Réponse à une demande de prix

Monsieur,
Nous vous remercions de votre lettre du 5 ct, et sommes heureux de vous communiquer que nos prix pour deux chambres à un lit avec salle de bains privée seraient de:

Fr. 24.– par jour et par personne, y compris pension, service et chauffage.

53. Antwort auf eine Preisanfrage

Sehr geehrter Herr ...,
Wir danken Ihnen für Ihre Anfrage vom 5. d. M. und geben Ihnen gerne unseren Preis für zwei Einerzimmer mit eigenem Bad bekannt:

Fr. 24.– pro Tag und Person, inkl. Pension, Bedienung und Heizung.

Finding your name on our address-book, we are very much pleased to inform you that our hotel has recently been completely renovated and provided with all the latest improvements.

The re-opening is scheduled for the 15th of April next.

The attendance has been re-organized with a carefully selected staff.

We shall be delighted to provide you with any other information you might wish to know and we assure you in advance of the real pleasure we would have in making a reservation for you.

Our hotel being almost booked for the coming season, your prompt reply would be appreciated.

The date of your arrival being now so close, we would be obliged to you if you could let us have your confirmation by telegram.

Could you provide us with the exact date of your arrival and length of your stay?

LETTERS

53. Reply to a price inquiry

Dear Sir,
We thank you for your letter of the 5th inst, and are pleased to inform you that the en-pension rate for two single rooms with private bathroom attached would be

Fr. 24.– per day and per person, pension, service and heating included.

Habiendo vuelto a encontrar en nuestro registro su nombre, tenemos el gusto de comunicarle que nuestro hotel se ha renovado por completo últimamente y provisto con el confort más moderno.

Se prevé la reapertura para el 15 de Abril próximo.

Nuestro servicio se reorganizó con un personal cuidadosamente elegido.

Con gusto le daremos cuantos informes Ud. pudiere desear y celebraríamos asegurarle una reservación.

Le suplicamos nos conteste en el más breve plazo pues nuestros cuartos se han casi todos reservado para la próxima temporada.

Siendo muy próxima la fecha de su llegada, le agradeceríamos el que Ud. nos la confirme por telegrama.

¿Le sería a Ud. posible comunicarnos la fecha exacta de su llegada y la duración de su residencia?

CARTAS

53. Contestación a una demanda de precios

Muy Señor nuestro:
Le agradecemos por su carta del 5 cte, y nos es grato comunicarle nuestros precios para dos cuartos de una cama con sala de baño particular. Estos serían de

Fr. 24.– por día y por persona, inclusos la pensión, el servicio y la calefacción.

Vous trouverez ci-inclus notre brochure illustrée. Dans l'attente de votre prompte réponse, nous vous prions d'agréer, Monsieur, l'assurance de notre considération très distinguée.	Als Beilage erhalten Sie unseren illustrierten Prospekt. Wir sehen Ihren baldigen Nachrichten gerne entgegen und zeichnen mit vorzüglicher Hochachtung

54. L'hôtel communique une réservation Monsieur, Donnant suite à votre désir, nous sommes très heureux de vous annoncer que nous vous avons réservé pour le 21 juillet: 1 chambre à deux lits, avec salle de bains, au même prix que l'année passée. Un de nos employés vous attendra à l'aéroport et se chargera de vos bagages. Dans l'attente du plaisir de vous accueillir, nous vous présentons, Monsieur, nos salutations les meilleures.	**54. Bestätigung einer Zimmerreservierung** Sehr geehrter Herr ..., Wir freuen uns, Ihnen wunschgemäß auf den 21. Juli 1 Doppelzimmer mit Bad zum gleichen Preis wie im Vorjahr zu reservieren. Einer unserer Angestellten wird Sie auf dem Flugplatz erwarten und sich Ihres Gepäckes annehmen. Wir sehen Ihrer Ankunft gerne entgegen und zeichnen mit vorzüglicher Hochachtung

EXERCICES 53. Ecrivez une lettre pour annoncer à un client qu'un départ inattendu vous donne la possibilité de lui offrir une chambre. 54. Expliquez les raisons d'une augmentation de prix.	**AUFGABEN** 53. Teilen Sie einem Interessenten mit, daß es eine unerwartete Abreise Ihnen ermöglicht, ihm ein Zimmer anzubieten. 54. Begründen Sie eine Preiserhöhung.

Offre à un industriel Monsieur, Par l'un de nos fidèles clients, Monsieur Z., nous apprenons que vos affaires vous appelleront fréquemment dans notre ville. Aussi, nous nous permettons de vous recommander notre hôtel pour vos séjours. Par le dépliant ci-inclus,	**Offerte an einen Gewerbetreibenden** Von einem unserer Kunden, Herrn X, erfahren wir, dass Sie sich aus geschäftlichen Gründen oft in unsere Stadt begeben werden. Wir erlauben uns deshalb, Ihnen unser Hotel für Ihren Aufenthalt bestens zu empfehlen. Durch den beiliegenden Prospekt können Sie fest-

Enclosed you will find our illustrated booklet.

Looking forward to your early reply, we remain, dear Sir,

        Yours faithfully,

54. Making a reservation

Dear Mr. ...,
According to your wish, we are very much pleased to let you know that we have reserved for the 21st July

1 double bedded room with bathroom at last year's rate.

One of our office clerks will await you at the airport to collect your luggage.

Awaiting your visit with pleasure, we are, dear Mr. ...,

        Yours faithfully,

EXERCISES
53.
Write to say that an unexpected departure offers the possibility of accommodating your correspondent.

54.
Give explanation for an increase of rates.

Offer to a businessman

Dear Sir,
One of our regular hosts, Mr Z.., has told us you will often be in our town for business. We therefore take the liberty of offering you our services in our hotel for your stays. In the booklet enclosed, you will notice that we provide very

---

Incluso hallará Ud. nuestro folleto ilustrado.

Aguardando su contestación en breve plazo, nos ofrecemos de Ud.

        attos y SS. SS.

54. El hotel comunica una reservación

Muy Señor nuestro:
Para satisfacer a su demanda, tenemos el sumo gusto de avisarle a Ud. que reservamos para el 21 de Julio

1 cuarto de dos camas, con sala de baño, al mismo precio que el año pasado.

Uno de nuestros empleados le aguardará en el aeropuerto y se encargará de su equipaje.

Mientras tengamos el gusto de recibirle nos repetimos de Ud.

        attos y SS. SS.

EJERCICIOS
53.
Escríbase una carta para avisar un cliente que una salida imprevista le dará la posibilidad de ofrecerle un cuarto.

54.
Aclárese las razones de un alza de precios.

Oferta a un industrial

Muy Señor nuestro:
Quedamos enterados por uno de nuestros asiduos clientes, el Señor Z., que sus negocios le hacen visitar frecuentemente nuestra ciudad. Nos tomamos pues la libertad de recomendarle nuestro hotel para sus estancias aquí. Por el folleto

vous constaterez que notre établissement est particulièrement bien équipé pour offrir toutes les commodités aux industriels.

Les vœux de nos hôtes sont les nôtres. N'hésitez pas à exprimer les vôtres; nous nous emploierons à les satisfaire.

Nous espérons votre visite et nous vous prions de croire, Monsieur, à l'assurance de toute notre considération.

Réouverture d'un hôtel

Madame,
Vous avez été, et nous vous en sommes reconnaissants, une fidèle cliente de notre hôtel. C'est à ce titre, et en primeur, que nous avons le plaisir de vous annoncer que notre établissement vient d'être agrandi. Complètement rénové, il est doté d'installations modernes et offre le plus large confort.

Par la brochure ci-jointe, vous serez renseignée sur les multiples avantages que nous sommes dorénavant en mesure d'offrir à nos hôtes appréciés.

La réouverture aura lieu le 1er mai 19.. Aurons-nous le privilège de vous accueillir prochainement? Nous le souhaitons et nous vous prions d'être persuadée que nous mettrons tout en œuvre pour justifier la confiance que vous nous avez témoignée dans le passé. Un personnel choisi s'emploiera à déférer à tous vos vœux.

stellen, dass unser Haus besonders gut eingerichtet ist, Gewerbetreibenden alle Bequemlichkeiten zu bieten.

Die Wünsche unserer Kundschaft sind auch unsere. Zögern Sie nicht, die Ihrigen auszudrücken; wir werden uns bemühen, sie zu befriedigen.

Gerne hoffen wir auf Ihren Besuch und grüssen Sie
hochachtungsvoll

Wiedereröffnung eines Hotels

Sehr geehrte Frau,
Sie sind eine treue Kundin unseres Hotels gewesen, wofür wir Ihnen bestens danken. Es freut uns deshalb ganz besonders, Ihnen mitzuteilen, dass wir unser Haus vergrössert haben. Vollständig aufgefrischt und mit moderner Installation versehen, bietet es sehr grosse Behaglichkeit.

Die beiliegende Broschüre gibt Ihnen näheren Aufschluss über die vielfältigen Vorteile, die wir künftig unseren geschätzten Kunden bieten können.

Die Wiedereröffnung findet am 1. Mai 19.. statt. Wird es uns vergönnt sein, Sie nächstens zu begrüssen? Wir hoffen es und versichern Ihnen, dass wir alles tun werden, um das uns bis heute entgegengebrachte Vertrauen zu rechtfertigen. Unser bestgeschultes Personal wird sich bemühen, alle Ihre Wünsche zu erfüllen. Es er-

good accommodation to businessmen.

Our hosts' wishes are ours. Do not hesitate to let us know yours; we shall do our utmost to give you full satisfaction.

Looking forward to welcoming you,
We remain, dear Sir,
Faithfully yours,

Re-opening of an hotel

Madam,
You have been a faithful client of our hotel and we thank you for it. That is the reason why we are pleased to inform you that our hotel has been enlarged and completely renovated. It now offers you modern and most comfortable accommodation.

The pamphlet here enclosed gives you all information on the numerous facilities we can now offer to our honorable hosts.

The re-opening will take place on May 1st 19.. Shall we have the pleasure of welcoming you soon? We do hope so and you may be certain that we shall do our best to justify the confidence you have shown us in the past. A carefully selected staff will endeavour to give you full satisfaction.

informativo adjunto, podrá Usted comprobar que nuestro establecimiento está bien equipado en particular, para ofrecer toda clase de comodidades a los industriales.

Los deseos de nuestros huéspedes son nuestros propios deseos. No dude pues manifestarnos lo que desee, y nosotros nos esforzaremos en dejarle completamente satisfecho.

En espera de su grata visita, nos cabe el honor de expresarle nuestra consideración y estima.

Reapertura de un hotel

Estimada Señora:
Ha sido Usted una cliente asidua de nuestro hotel, digna de nuestra más alta consideración. A dicho título, nos cabe el placer de anunciarle, antes que a nadie, que nuestro hotel acaba de ser ampliado, quedando ahora completamente renovado y dotado de las más modernas instalaciones, dentro del más amplio confort.

Por el folleto informativo adjunto, que-dará Usted ampliamente informada con respecto de las múltiples ventajas que, desde ahora, podemos ofrecer a nuestros apreciados huéspedes.

La reapertura tendrá lugar el I° de Mayo de 19.. – Nos cabrá el privilegio de recibirla próximamente? Lo deseamos de veras y podemos manifestarle que, desde ahora, haremos lo posible y lo imposible por justificar la confianza que Usted nos manifestró en el pasado. Puede Usted estar segura de ello. Un selecto personal tratará de satisfacerla en cuanto Usted desee.

Il vous attend comme le soussigné vous attend en vous assurant de sa particulière estime.

wartet Sie mit dem Unterzeichneten und grüsst Sie

hochachtungsvoll

Offre à une agence de voyages

Monsieur le Directeur,
Nous nous empressons d'acquiescer à votre demande du 15 ct, dont nous vous remercions.

Notre prix par jour et par personne, pendant la saison, pour des groupes de 15 personnes au minimum, 25 au maximum, s'élève à Fr.... Ce prix, net de toute commission, comprend: le petit déjeuner, le déjeuner, le dîner, le service et les taxes, la chambre. Pour les chambres dotées d'une salle de bains, nous percevons un supplément journalier de Fr.... Le guide est reçu gracieusement.

Vos groupes, avec indication du nombre, doivent nous être annoncés deux semaines à l'avance. Quatre jours avant l'arrivée doit nous parvenir la liste définitive des participants; vous voudrez bien joindre votre chèque pour le montant du forfait, selon les conditions générales décrites dans le document que nous joignons à cette lettre.

Il va de soi, hors saison, nous serions en mesure de recevoir des groupes plus importants, à des prix avantageux. Consultez-nous à temps: nous examinerons avec vous les plus favorables conditions.

Offerte an ein Reisebüro

Sehr geehrter Herr Direktor,
Gerne beantworten wir Ihre Anfrage vom 15. d. M., wofür wir Ihnen bestens danken.

Unser Preis pro Tag und Person während der Saison für Gruppen von mindestens 15 und höchstens 25 Personen beträgt Fr. ... In diesem Preis sind inbegriffen: Frühstück, Mittagessen, Abendessen, Bedienung, Taxen und Zimmer. Für Zimmer mit Bad verlangen wir einen Zuschlag von Fr. ... pro Tag. Gruppenleiter werden kostenlos aufgenommen.

Geben Sie uns Ihre Gruppen mit Anzahl zwei Wochen im voraus bekannt. Vier Tage vor deren Ankunft senden Sie uns die endgültige Liste der Teilnehmer und fügen bitte, gemäss den im beiliegenden Schreiben enthaltenen allgemeinen Bedingungen, Ihren Scheck für den Pauschalpreis bei.

Selbstverständlich sind wir bereit, ausser Saison grössere Gruppen zu günstigen Bedingungen aufzunehmen. Wenden Sie sich frühzeitig an uns: wir werden dann zusammen eine befriedigende Lösung finden.

We all are looking forward to welcoming you.

Yours truly,

Offer to a travel agency

Dear Sir,
We thank you for your inquiry of the 15th inst. and are pleased to accept it.
We will charge you Fr. .... per day and person during the season and for groups of 15 to 25 guests. That price includes: breakfast, lunch, dinner, attendence, taxes and room. A daily extra-charge of Fr. ... is asked for bedrooms with a bathroom. No charge for the guide.

Please book two weeks in advance, not forgetting to indicate the number of persons. The precise list of your clients must be in our hands four days before your arrival. With it let us have your cheque for the whole amount, according to the general conditions you find in the pamphlet we are enclosing in our letter.

Useless to say that, out of the season, we could accommodate more important groups at more interesting pension-rate. Do contact us in time: we shall offer you our best terms.

Dicho personal, al igual que el abajo firmante, la esperan con la expresión de nuestra más sincera estima.

Oferta a una agencia de viajes

Estimado Señor Director:
Como respuesta a su atenta carta del 15 del corriente nos cabe el placer de comunicarle lo que sigue:

Nuestros precios por día y por persona, durante la temporada, en grupos de 15 personas cuando menos y de 25 como máximum, es de Fr. ... Dicho precio, libre de toda comisión, comprende: el desayuno, la comida o almuerzo, la cena y el servicio, incluídos los impuestos y la habitación. Por las habitaciones dotadas de cuarto de baño, percibimos un suplemento diario de Fr. ... Ofrecemos además un guía gratuitamente.

Sus grupos, con indicación de su cantidad numérica, deben sernos comunicados con dos semanas de antelación. Cuatro días de antemano al de su llegada, debe obrar en nuestro poder la lista definitiva de los participantes; tenga pues Usted a bien adjuntar su cheque por el importe del precio global, según las condiciones generales insertas en el documento que adjuntamos a nuestra carta.

Naturalmente, fuera de temporada, podríamos recibir grupos más importantes, a precios más ventajosos. Tenga la bondad de consultarnos a tiempo: examinaremos con Usted las condiciones más favorables.

Nous espérons que vous pourrez retenir notre offre et nous sommes, Monsieur le Directeur, vos bien dévoués.

Réduction de prix pour enfants

Monsieur,
Nous vous remercions de votre aimable lettre du 20 mai. Selon le règlement de la Société suisse des hôteliers, une réduction de prix pour enfants ne peut être accordée que si aucune chambre particulière n'est exigée. Veuillez avoir l'obligeance de consulter à ce sujet le guide suisse des hôtels que nous vous adressons par courrier séparé.

Toutefois, grâce à l'arrangement suivant que nous vous proposons, vous pourriez bénéficier d'une remise de 30% par enfant:

a) 1 chambre à 2 lits, avec salle de bains privée
1 grande chambre à 1 lit, dans laquelle prend aisément place 1 lit supplémentaire

prix forfaitaire pour
4 personnes...... Fr...

b) même arrangement, mais avec situation au levant et avec une chambre à 1 lit plus petite

prix forfaitaire pour
4 personnes...... Fr...

Nous espérons que vous pourrez retenir l'une ou l'autre de ces propositions et, dans l'agréable attente de vous accueillir dans notre hôtel, nous vous présentons, Monsieur, nos salutations les meilleures.

In der angenehmen Erwartung, dass Sie unsere Offerte berücksichtigen werden, grüssen wir Sie
hochachtungsvoll

Preisermässigung für Kinder

Sehr geehrter Herr,
Für Ihren freundlichen Brief vom 20. Mai danken wir bestens. Gemäss Verordnung des schweiz. Hotelierverbandes kann eine Preisermässigung für Kinder nur dann gewährt werden, wenn kein Einzelzimmer verlangt wird. Schlagen Sie bitte diesbezüglich im schweiz. Hotelführer nach, den wir Ihnen separat zustellen. Laut nachstehender Abmachung, die wir Ihnen vorschlagen, könnten Sie jedoch eine Ermässigung von 30% pro Kind gewinnen:

a) 1 Doppelzimmer mit Privatbad
1 Einzelzimmer, wo für ein zusätzliches Bett genügend Platz vorhanden ist

Pauschalpreis für vier
Personen...... Fr. ...

b) gleiche Abmachung aber in östlicher Lage mit kleinerem Einzelzimmer

Pauschalpreis für vier
Personen ...... Fr. ...

Wir hoffen, dass Ihnen der eine oder andere Vorschlag zusagen wird.

In der angenehmen Erwartung, Sie in unserem Hotel begrüssen zu können, verbleiben wir mit
vorzüglicher Hochachtung

We hope you will agree to our proposal and
 	
  We remain, dear Sir,
  Truly yours,
	Es espera de que Usted pueda aceptar nuestra oferta, quedamos a su entera disposición, afmos. y ss. ss.

Reduction for children

Reducción de precios por niños

Dear Sir,
We thank you for your letter of May 2nd. According to the rule of the Swiss Society of Inkeepers, a reduction for children can only be granted if no separate room is required. For your own information, we are sending you by separate mail the Swiss Guide for Hotels.

Muy Señor nuestro:
Obra en nuestro poder su amable carta del 20 de Mayo. Según el reglamento de la Sociedad Suiza de Hostelería, no pueder ser acordada una reducción de precios por niños sin una habitación particular exigida. Tenga Usted la amabilidad de consultar a este respecto la Guía Suiza de Hoteles que le enviamos por correo separado.

However, thanks to the following proposal, you could get a 30% reduction for your children:

Pese a ello, y gracias al arreglo que le proponemos seguidamente, podría Usted beneficiar de una reducción equivalente a un 30% por cada niño.

a) 1 double-bedroom with private bathroom
1 large single-bedroom, in which we could easily place a spare-bed

 All-included charge for
 4 persons Fr. ....

b) Same accommodation, but with rooms in the east and a smaller single-bedroom:

 All-included charge for
 4 persons Fr. ....

a) 1 habitación con 2 camas y cuarto de baño privado
1 habitación grande, con 1 cama, en la cual cabe desahogadamente una cama suplementaria

 precio global por cada
 cuatro personas ...... Fr. ....

b) mismo arreglo, pero con vistas a levante y con una habitación de 1 cama más pequeña

 precio global por cada
 cuatro personas ...... Fr. ....

We hope you will accept one of our proposals and, looking forward to welcoming you in our hotel,

  We remain, dear Sir,
  Yours faithfully,

Quedamos en la espera de que Usted acepte una u otra de las proposiciones predichas, y ante la agradable espera de poderle acoger en nuestro hotel, le rogamos acepte la expresión de nuestra más alta consideración y estima.

Confirmation d'une offre télégraphique	**Bestätigung einer telegraphischen Offerte**
Monsieur et Madame, Dans un premier télégramme, nous vous annoncions, à regret, que nous n'avions aucune chambre libre. Or, dans l'intervalle, l'annulation d'une commande nous a permis de vous adresser le deuxième télégramme suivant:	Sehr geehrte Frau, sehr geehrter Herr, In einem ersten Telegramm haben wir Ihnen mitgeteilt, dass wir leider kein freies Zimmer hätten. In der Zwischenzeit hat uns eine Abbestellung ermöglicht, Ihnen folgendes zweites Telegramm zuzustellen:
Possibilité réserver chambre moyenne	Möglichkeit Zimmer reservieren
Lettre suit	Brief folgt
Il nous plaît, en effet, de vous confirmer que nous pouvons vous offrir une chambre simple à deux lits, dès le 18 avril; à partir du 25 avril, votre chambre habituelle sera disponible.	Es freut uns tatsächlich, Ihnen zu bestätigen, dass wir Ihnen ab 18. April ein einfaches Doppelzimmer anbieten können; vom 25. April an können Sie über Ihr gewohntes Zimmer verfügen.
Vu la haute saison et les nombreuses demandes que nous devons chaque jour décliner, nous vous saurions le plus vif gré si vous pouviez accepter cette proposition. De notre côté, nous nous efforcerons de vous donner satisfaction par les soins les plus attentifs.	In Anbetracht der Hochsaison und der zahlreichen Anfragen, die wir täglich abweisen müssen, wären wir Ihnen sehr dankbar, könnten Sie sich mit diesem Vorschlag einverstanden erklären. Wir werden uns bestreben, Sie in jeder Beziehung zu befriedigen.
Dans l'attente de votre confirmation télégraphique, nous vous présentons, Monsieur et Madame, nos compliments dévoués.	In der Erwartung Ihrer telegraphischen Zusage, grüssen wir Sie hochachtungsvoll
L'hôtel est momentanément complet	**Das Hotel ist gegenwärtig voll besetzt**
Cher Monsieur, Nous nous référons à votre lettre du 27 ct et à la correspondance que nous avons échangée. Certes, nous apprenons avec plaisir que vous vous êtes plu dans notre hôtel l'année passée et que vous	Liebwerter Herr, Wir beziehen uns auf unser Schreiben vom 27. d. M. sowie auf unseren Briefwechsel. Natürlich freut es uns zu hören, dass es Ihnen letztes Jahr in unserem Hotel gefallen hat, und Sie nächsten Herbst

Acknowledgment of an order

Dear Sir and Madam,
We have sent you a telegram, in which we were sorry to inform you we could not book a room for you. In the meantime, after a cancellation, you received a telegram reading:

Room available. Writing.

We are now pleased to confirm that one ordinary double-bedroom will be available from April 18th. The room we usually booked for you will be free from April 25th.

As the inquiries are numerous, due to the period of the year, we would be thankful to you if you could accept our proposal. We shall do our utmost to give you full satisfaction.

Awaiting your confirmation by wire,

We remain, dear Sir and Madam, Truly yours,

The hotel is all booked now

Dear Sir,
Referring to your letter of the 27th inst. and to our correspondence, we are pleased to notice you have enjoyed your stay in our hotel last year and you are looking forward

Confirmación de una oferta telegráfica

Estimados Señores:
En un primer telegrama le anunciábamos, lamentándolo mucho, que no disponíamos de ninguna habitación libre. Pero, entre tanto, ha surgido la anulación de una habitación reservada, que nos ha permitido dirigirle un segundo telegrama, con el texto siguiente:

Posibilidad reservar
habitación mediana
Sigue carta

Nos complace mucho, efectivamente, confirmarle que podemos ofrecerle una habitación sencilla, con dos camas, a partir del 18 de Abril. Desde el 25 de Abril, su habitación de siempre quedará a su disponibilidad.

Dada la plena temporada y dadas las numero sas demandas que debemos rechazar cada día, les quedaríamos agradecidísimos, si Ustedes pudiesen aceptar esta proposición. Por nuestra parte, nos esforzaremos en satisfacerles esmeradamente.

Esperando su confirmación telegráfica, les rogamos acepten la expresión de nuestra consideración y respeto.

El hotel está completo, por ahora

Muy Señor nuestro:
Contestamos a su amable carta del 27, e igualmente hacemos referencia a nuestro intercambio de correspondencia. Nos complace saber, naturalmente, que Usted se sintió a gusto en nuestro hotel el año pasado y que le gustaría volver

seriez fort aise de séjourner de nouveau chez nous cet automne.

Malheureusement, vous nous avez écrit trop tard: toutes nos chambres sont occupées durant les prochains quinze jours. Il se peut que nous ayons un dédit au dernier moment. Nous nous empresserons alors de vous télégraphier pour vous donner la priorité. Sinon, nous nous efforcerons de vous trouver une chambre chez l'habitant.

Nous regrettons sincèrement cette situation et nous vous prions d'être assuré, cher Monsieur, de notre dévouement.

Réponse à une annulation pour cause de santé

Cher Monsieur,
Votre état de santé, nous écrivez-vous par votre lettre expresse du 15 septembre, vous contraint de renoncer au séjour que vous projetiez de faire dans notre hôtel dès le 17 septembre. Nous en sommes navrés pour vous et nous annulons votre réservation, sans aucuns frais, eu égard aux longues et amicales relations que nous entretenons. Nous espérons que votre santé se rétablira bientôt et que nous aurons le plaisir de vous accueillir cet hiver.

Sur ce vœu, nous vous prions de croire, cher Monsieur, à nos dévoués sentiments.

gern wieder bei uns verbringen möchten.

Leider haben Sie uns zu spät geschrieben: alle unsere Zimmer sind für die nächsten vierzehn Tage besetzt. Es ist natürlich möglich, dass wir im letzten Augenblick eine Abbestellung erhalten. Wir würden Ihnen dann sogleich telegraphieren, um Ihnen den Vorzug zu geben; andernfalls werden wir uns bestreben, Ihnen ein Privatzimmer zu finden.

Wir bedauern diesen Zustand aufrichtig und senden Ihnen freundliche Grüsse.

Beantwortung eines Widerrufes aus Gesundheitsgründen

In Ihrem Eilbrief vom 15. September teilen Sie uns mit, dass Ihr Gesundheitszustand Sie zwingt, auf den Aufenthalt zu verzichten, den Sie in unserem Hotel ab 17. September zu verbringen beabsichtigten.

Wir bedauern es lebhaft für Sie und streichen Ihre Reservation kostenlos in Anbetracht unserer langjährigen, freundlichen Beziehungen. Wir hoffen, dass Sie bald genesen und wir die Freude haben werden, Sie nächsten Winter bei uns zu begrüssen.

In dieser Erwartung verbleiben wir mit freundlichen Grüssen

to spending a new holiday next autumn.

Unfortunately, you are too late: all our rooms are booked up for the next fortnight. We may receive a cancellation at the last minute. We would then inform you at once. If not, we shall endeavour to find a room for you in the vicinity of our hotel.

We are sorry for it and
We remain, dear Sir,
Truly yours,

Reply to a cancellation for illness

Dear Sir,
You wrote to us in your express of September 15th that your health compelled you to give up staying in our hotel from September 17th.

We are very sorry for you and we cancel your reservation without any extra-charge, due to our long and friendly relationship. We hope you will soon recover and we shall be pleased to welcome you in winter.

With our best wishes we send you our kind regards.

Faithfully yours,

a alojarse de nuevo en esta su casa, para el otoño próximo.

Desgraciadamente, Usted nos escribió demasiado tarde: todas nuestras habitaciones están ocupadas para los próximos quince días. Pudiera ocurrir que tuviésemos alguna anulación de última hora. Y en dicha eventualidad, nos apresuraríamos a telegrafiarle, acordándole a Usted la prioridad. En caso negativo, trataremos de encontrarle alguna habitación en casa de un particular.

Lamentando sinceramente esta situación, le rogamos acepte la expresión de nuestra más alta consideración y estima.

Respuesta a una anulación, por motivos de salud

Estimado Señor:
Por su carta exprés del 15 de Septiembre, quedamos esterados que, debido a su estado de salud, Usted se ve obligado a renunciar a la estancia que Usted proyectaba efectuar en nuestro hotel, a partir del 17 de Septiembre. Lo lamentamos sinceramente por Usted y anulamos la reserva sin gasto alguno, habida cuenta de nuestras viejas y sólidas relaciones amicales. Esperamos se restablezca prontamente y no dudamos poderlo recibir, con mucho gusto, para el próximo invierno.

Con estos deseos, le rogamos acepte la expresión de nuestra más alta consideración y estima.

Réponse à une annulation tardive
Monsieur,
Selon votre lettre d'hier, vous devez, pour des raisons professionnelles, reporter à une date ultérieure la cure prévue dans notre établissement et pour laquelle vous aviez loué un appartement.

Nous fondant sur votre commande du 15 écoulé, nous avons retenu pour vous cet appartement pour trois semaines. Il est regrettable que vous ne nous ayez pas avertis plus tôt, et par télégramme, de votre désistement. Par chance, nous avons pu louer aujourd'hui la chambre à 1 lit, avec bain. Nous n'avons pas trouvé, en revanche, de locataire pour la chambre à deux lits. Vous comprendrez qu'une indemnité nous est due. Nous la calculons au plus juste, pour trois jours seulement, et nous vous remercions de vous acquitter sans tarder de cette facture.

Comptant sur votre compréhension, nous vous présentons, Monsieur, nos salutations les meilleures.

Le client ne s'est pas présenté
Monsieur,
Nous vous avons attendu en vain, hier. Selon votre lettre de confirmation du 3 février, vous deviez arriver chez nous par le train de nuit. Nous n'avons, par conséquent, pas disposé de votre chambre, malgré les nombreuses demandes que nous avons eues dans

Antwort auf eine zu spät eingetroffene Abbestellung
Sehr geehrter Herr,
Gemäss Ihrem gestrigen Schreiben müssen Sie aus Berufsgründen die in unserem Haus vorgesehene Kur verschieben, wofür Sie eine Wohnung gemietet hatten.

Bezugnehmend auf Ihre Bestellung vom 15. v. M. haben wir diese Wohnung für Sie für drei Wochen reserviert. Wir bedauern sehr, dass Sie uns nicht früher und telegraphisch von Ihrer Abbestellung benachrichtigt haben. Glücklicherweise haben wir heute ein Einzelzimmer mit Bad vermieten können. Für das Doppelzimmer jedoch haben wir keinen Mieter gefunden. Sie werden deshalb gut verstehen, dass wir Anrecht auf eine Entschädigung haben. Wir berechnen diese äusserst niedrig, nur für drei Tage, und bitten Sie, diese Rechnung möglichst bald zu begleichen.

Wir zählen auf Ihr Verständnis und zeichnen
hochachtungsvoll

Der Kunde ist nicht gekommen
Sehr geehrter Herr,
Vergebens haben wir Sie gestern erwartet. Laut Ihrer Bestätigung vom 3. Februar hätten Sie mit dem Nachtschnellzug bei uns eintreffen sollen. Infolgedessen haben wir nicht über Ihr Zimmer verfügt, obwohl wir mehrere Anfragen erhielten. Das bringt uns natürlich einen

Reply to a cancellation received too late

Dear Sir,
According to your yesterday's letter, business compells you to postpone your healing stay in our house, though you had booked a suit.

Respuesta a una anulación tardía

Muy Señor nuestro:
Según su carta de ayer, Usted debiera, por motivos profesionales, aplazar a una fecha ulterior la cura prevista en nuestro establecimiento, para la cual Usted había alquilado un apartamento.

After your reservation of the 15th ult., we had kept that suit free for you for three weeks. We regret you did not send us a wire earlier to advise us of your cancellation. Fortunately, we have today found a client for the single-bedroom with bathroom. But, so far, nobody for the double-bedroom. You will understand that we must charge you a certain amount. We ask you to pay for three days only, and thank you in advance for the settling of our invoice at your earliest convenience.

Fundándonos en su demanda del 15 del pasado, retuvimos para Usted dicho apartamento por tres semanas. Es pues lamentable que Usted no nos haya advertido más pronto, y por telegrama, de su cambio de planes. Por fortuna, hemos podido alquilar hoy la habitación de 1 cama, con baño. Pero contrariamente a esto, nos ha sido imposible encontrar huéspedes para la habitación con dos camas. Deberá Usted tener en cuenta, que nos adeuda una indemnización. Nosotros la calculamos en tres días solamente, a lo mínimo y le quedaríamos agradecidos tuviese Usted a bien hacer efectiva esta factura, lo más pronto posible.

Hoping you will agree to our proposal,
            We remain, dear Sir,
            Truly yours,

Contamos con su comprensión.

Sin otro partucular, le saludamos atentamente.

The client has not arrived

Dear Sir,
We expected you yesterday. According to your acknowledgment of February 3rd, you were to arrive by train at night. We therefore kept your room free in spite of the numerous inquiries wie had during the whole day. We then had a loss and take the liberty of enclosing

El cliente no se ha presentado

Muy Señor nuestro:
Ayer le estuvimos esperando a Usted en vano. Según su carta de confirmación del 2 de Febrero, Usted debiera haber llegado a nuestro establecimiento en el tren de media-noche. Por ello, no pudimos disponer de su habitación, a pesar de las numerosas demandas

la journée. Ainsi, nous avons subi un préjudice et nous nous permettons de vous remettre sous ce pli une facture de Fr.... représentant le prix d'une nuitée. Nous vous remercions de régler incessamment cette somme au moyen du bulletin de versement ci-joint.

Soyez persuadé que vous serez toujours le bienvenu dans notre hôtel et veuillez recevoir, Monsieur, nos salutations empressées.

Nachteil, wofür wir uns erlauben, Ihnen beiliegend eine Rechnung von Fr. ..., Preis für eine Nacht, zu überreichen. Für eine baldige Überweisung dieses Betrages mittels inliegendem Einzahlungsschein wären wir dankbar.

Wir versichern Ihnen, dass Sie in unserem Hotel immer ein willkommener Gast sein werden und grüssen Sie

recht freundlich

A une cliente victime d'un sinistre

Mademoiselle,
Nous déplorons le sinistre qui vous est arrivé hier dans notre restaurant et nous vous prions de nous pardonner cette maladresse.

Notre compagnie d'assurance a été prévenue. Voulez-vous avoir l'obligeance de nous adresser la facture pour la remise en état de vos effets. Nous la transmettrons à notre assureur, qui vous dédommagera.

Nous espérons que, malgré cet incident, vous nous maintiendrez votre confiance et nous sommes plus que jamais, Mademoiselle, à votre service.

An eine Kundin, die einen Schaden erlitten hat

Sehr geehrtes Fräulein,
Wir bedauern den Schaden sehr, der Ihnen gestern in unserem Restaurant zugestossen ist und bitten Sie, diese Ungeschicklichkeit zu entschuldigen.

Unsere Versicherung ist bereits davon benachrichtigt worden. Wollen Sie uns bitte die Rechnung für die Reparatur Ihrer Kleider zustellen. Wir werden sie dann an unseren Versicherungsagenten weiterleiten, der Sie entschädigen wird.

In der Hoffnung, dass Sie uns trotz dieses Vorkommnisses Ihr Vertrauen auch weiterhin entgegenbringen werden, grüssen wir Sie

hochachtungsvoll

herewith our invoice amounting to Fr. ......
which represents our charge for one night. We thank you in advance for settling it by postal order.

Be sure, we will welcome you in our hotel at any time.

With our best regards,
Yours truly,

To a client who was caused a damage

Dear Miss....,
We are sorry for the damage you were caused yesterday in our hotel and apologize for it.

Our insurance company has been informed. Please, will you send us your invoice for the repair of your personal belongings which were damaged. We shall hand it to our insurer who will pay for it.

We hope you shall forget the incident and

We remain, dear Miss ....,
Faithfully yours,

---

que nos hicieron durante toda la jornada. Así pues, hemos endosado un perjuicio, y nos permitimos mandarle con la carta adjunta una factura de Fr. ... correspondiente al precio de una noche. Le quedaríamos agradecidos tuviese Usted a bien saldar inmediatamente esta cantidad, por medio del boletín de pago adjunto.

Tenga Usted la seguridad de ser siempre bien venido en nuestro hotel.

Sin otro particular le saludan atentamente sus afmos. y ss. ss.

A una cliente víctima de un sinistro

Estimada Señorita:
Lamentamos el sinistro ocurrido ayer en nuestro restaurante, y le rogamos perdone esta incidencia.

Nuestra compañía de seguroa ha sido advertida. Tenga Usted la bondad de dirigirnos una factura correspondiente a la reparación y limpieza de sus efectos personales. Transmitiremos pues dicha factura a nuestra compañía de seguros, quienes la indemnizarán.

Esperamos que, pese a este incidente, prosiga Usted manifestándonos la confianza que siempre nos manifestó.

Atentamente suyos,

Versement d'une commission à une agence de voyage

Messieurs,
Veuillez bien trouver sous ce pli:
– 1 chèque No A891547 d'un montant de $ 13.45. Il représente votre commission pour votre réservation.

Nous vous remercions de votre collaboration et nous vous présentons, Messieurs, nos salutations les meilleures.

Annexes: 1 chèque
            Notre nouveau tarif

Zahlung einer Gebühr an ein Reisebüro

Sehr geehrte Herren,
Als Gebühr für Ihre Reservation überreichen wir Ihnen in der Beilage einen Scheck Nr. A 891 547 in der Höhe von $ 13.45.

Indem wir Ihnen für Ihre Mitarbeit bestens danken, grüssen wir Sie freundlich

Beilagen:
1 Scheck
Unser neues Preisverzeichnis

Payment of a percentage to a travel agency

Gentlemen,
Please find herewith

    1 cheque, N° ......,
    amounting to Fr. ...

representing your percentage for your reservation.

We thank you for your collaboration and,

        We remain, Gentlemen,
        Truly yours,
Enclosure: 1 Cheque
        Our new price-list

Pago de una comisión a una agencia de viajes

Muy Señores nuestros:
Adjuntamos a esta carta:
1 cheque N° A891547 por un importe de $ 13.45.

Este es el importe de su comisión por su reserva.

Agradecidos por su colaboración, nos complace presentarles nuestros saludos distinguidos.

    Anexo: 1 cheque
                   Nuestras nuevas tarifas

XXX	**CORRESPONDANCE HORLOGÈRE**	XXX	**KORRESPONDENZ IN DER UHRENBRANCHE**

Cadran lumineux	Leuchtzifferblatt
Seconde au centre	Sekundenzeiger in der Mitte
Dames, extra-plate	Damen, extra flach
Montres étanches	Wasserdichte Uhren
Capsule antipoussière	Staubdeckel
Avec attaches	Mit Anhängesteg
Modèle spécial	Spezialmodell
Voir modèles ci-joints	Siehe beiliegende Abbildungen
Bracelets cuir	Lederarmbänder
Sauf mention spéciale	Sofern nicht besonders erwähnt
Cuirs lavables	Abwaschbare Lederarmbänder
Automatique, acier	Automatisch, Stahl
Cuivre, radium, argent	Kupfer, Radium, Silber
Caractéristiques, chromé	Beschreibung, verchromt
Acier inoxydable	Rostfreier Stahl
Nous vous rendons particulièrement attentifs au réglage, pour lequel nous tolérons comme écart maximum 1 minute sur avance.	Wir machen Sie ganz besonders auf die Regulierung aufmerksam, die höchstzulässige Abweichung beträgt 1 Minute.
Cadrans: ardoise et noir	Zifferblätter: Schiefer und schwarz
Visa: Chambre de commerce et Chambre Suisse certificat d'origine	Visa: Handelskammer und Uhrenkammer Ursprungszeugnis
Comme les boîtiers exigent un délai de livraison de 4 mois, nous vous envoyons ces montres avec boîtes acier inoxydable.	Da die Gehäusefabrikanten eine Lieferfrist von 4 Monaten benötigen, senden wir Ihnen diese Uhren mit Gehäusen aus rostfreiem Stahl.
Cadran fantaisie	Phantasiezifferblatt
La facture légalisée	Die beglaubigte Rechnung
Les instructions de notre fédération	Die Weisungen unseres Verbandes
Mouvement: ancre, 15 pierres	Werk: Anker, 15 Steine
Antimagnétique, antichoc	Antimagnetisch, stoßgesichert
Réglé en 2 positions	In 2 Lagen ausreguliert
Cadran métal	Metallzifferblatt
Ces prix ne comprennent pas le bracelet cuir.	Diese Preise verstehen sich ohne Lederarmband.

XXX **CORRESPONDENCE FOR WATCH-INDUSTRY**	XXX **CORRESPONDENCIA RELOJERA**
Luminous dial	Esfera luminosa
Centre second	Segundero central
Ladies, extra thin	Señoras, llanísima
Waterproof watches	Relojes impermeables
Dust-proof	Con cápsula antipolvo
With hooks	Con ataduras
Special Model	Modelo especial
As per illustrations	Según ilustraciones adjuntas
Leather watch-bands	Braceletes de cuero
When not specially mentioned	Salvo indicación especial
Whashable straps	Cueros lavables
Selfwinding, steel	Automática, acero
Copper, luminous, silver	Cobre, luminosas, plata
Description, chrome	Características, cromada
Stainless steel	Acero inoxidable
We draw your special attention to timing, for which we allow a maximum advance of 1 minute a day.	Llamamos su particular atención a la regulación, para la cual toleramos un avance máximo de 1 minuto al día.
Dials: slate and black	Esferas: pizarra y negras
Visa: Chamber of Commerce and Swiss Chamber, Certificate of origin	Visa: Cámara del comercio y Cámara Suiza, Certificado de origen
As casemakers require 4 months to execute orders, we have sent you cases in stainless steel.	Ya que los fabricantes de cajas exigen un plazo de entrega de 4 meses, les enviamos estos relojes con cajas acero inoxidable.
Fancy dials	Cifras de fantasía
Invoice against import license	Factura legalizada
The regulations of our Board	Las instrucciones de nuestra federación
Movement: lever, 15 jewels	Movimiento: áncora, 15 rubíes
Non magnetic, shock-proof	Antimagnético, antichoque
Timed in 2 positions	Regulada en 2 posiciones
Metal dial	Esfera metálica
Prices do not include straps	Estos precios no incluyen el bracelete de cuero.

Vous trouverez en annexe les pièces à l'appui et les quittances des annonces de journaux et des clichés lumineux passés dans les cinémas.	Sie finden als Beilagen die Belege und Quittungen für die Zeitungsinserate und die in den Kinos gezeigten Lichtreklamen.
Permettez-nous d'attirer particulièrement votre attention sur notre nouvelle série de montres étanches qui obtiendront certainement la faveur du public.	Gestatten Sie uns, Ihre besondere Aufmerksamkeit auf unsere neue Serie wasserdichter Uhren zu lenken, die sich bei der Kundschaft bestimmt größter Beliebtheit erfreuen werden.
Parmi les avantages spéciaux il convient de citer l'échappement antimagnétique et le dispositif antichoc.	Unter den besonderen Vorteilen seien vor allem die antimagnetische Hemmung und die Stoßsicherung erwähnt.
Par sa construction, par son aspect extérieur, la montre X est un chef-d'œuvre de la technique moderne.	Durch ihren Bau und mit ihrem Aussehen stellt die X....-Uhr ein Meisterwerk moderner Technik dar.
Si le crédit de publicité que vous pouvez nous accorder nous semble suffisant, nous vous remettrons un premier ordre au reçu de vos indications.	Sofern uns der von Ihnen vorgesehene Werbekredit angemessen erscheint, werden wir Ihnen sofort nach Empfang Ihrer näheren Angaben einen ersten Auftrag erteilen.
Chacun des nombreux modèles à votre disposition accuse le même fini, la même perfection.	Jede Uhr der reichhaltigen Auswahl weist die gleiche vollendete Herstellung, die gleiche Vollkommenheit auf.
Tous ceux qui portent la montre X sont stupéfaits des qualités dont elle fait preuve à l'usage.	Alle, die eine X....-Uhr tragen, sind immer wieder über ihre Strapazierfähigkeit erstaunt.
Nos dernières nouveautés dans ce domaine.	Unsere letzten Neuheiten auf diesem Gebiet.
Permettez-nous de vous exprimer notre vive surprise d'avoir reçu des boîtes acier d'un genre démodé au lieu des boîtes en chromé que nous avions commandées.	Wir sind erstaunt, anstelle der bestellten verchromten Gehäuse ein veraltetes Stahlmodell erhalten zu haben.

You will find enclosed press cuttings and receipts covering advertisements and projection of lantern slides in cinemas.	Uds. hallarán incluso los documentos correspondientes y los recibos de los anuncios de los periódicos y de los clichés luminosos presentados en los cines.
We draw your special attention to our new range of waterproof models, which should prove very popular.	Nos permitimos llamar particularmente su atención sobre nuestra nueva serie de relojes estancos que conseguirán sin duda el favor del público.
Special features include non magnetic escapement and jarproof attachment.	Entre las ventajas especiales conviene mencionar el escape anti-magnético y el dispositivo antichoque.
In design, appearance and construction, X.... watches are the perfection of modern watchmaking.	Por su construcción, por su aspecto exterior, el reloj X.... es una obra maestra de la técnica moderna.
If your advertising allowance is satisfactory, we shall remit you a first order upon receipt of particulars on this subject.	Si el crédito de publicidad que Ud. pueda otorgarnos nos parece suficiente, le remitiremos un primer pedido al recibir sus precisiones.
There are many models to choose from, all with the same wonderful finish.	Cada uno de los numerosos modelos tipos a su disposición demuestra el mismo esmero, la misma perfección.
You will come again to the splendid X. watch because of its striking qualities.	Cuantos lleven el reloj X... quedan asombrados de las calidades que demuestra en su empleo.
Our latest novelties in this line.	Nuestra últimas novedades en este campo.
We must say that we are very much surprised at having received steel cases of an old-fashioned type instead of the chromium ones we ordered.	Permitan Uds. que le expresemos nuestra gran extrañez de haber recibido cajas acero de un tipo pasado de moda en vez de la cajas metal cromado que les habíamos encargado.

Nous regrettons infiniment que les boîtes acier inoxydable n'aient pas répondu à votre attente et avons peine à croire que vous puissiez les trouver démodées.

Nous sommes certains que vous tiendrez compte de nos difficultés qui sont d'ailleurs de caractère tout transitoire.

En vous réitérant nos excuses, nous vous prions d'agréer, Messieurs, nos salutations distinguées.

Es tut uns sehr leid, daß die Schalen aus rostfreiem Stahl Ihren Erwartungen nicht entsprochen haben; es ist uns schwer verständlich, daß Sie sie als altmodisch bezeichnen können.

Wir sind überzeugt, daß Sie unsere Schwierigkeiten, die übrigens nur vorübergehenden Charakters sind, berücksichtigen werden.

Wir bitten Sie nochmals um Entschuldigung und verbleiben
mit freundlichen Grüßen

| LETTRES | MUSTERBRIEFE |

55. Offre

Messieurs,
Nous avons reçu votre télégramme d'hier et sommes heureux de vous envoyer, ci-inclus, notre catalogue illustré et notre liste de prix.

Notre nouvelle série de montres étanches est promise à un grand succès et retiendra certainement votre attention.

Dans l'attente de vos prochains ordres, nous vous prions d'agréer, Messieurs, nos salutations distinguées.

Annexes: 1 catalogue illustré
    1 liste de prix

55. Angebot (Offerte)

Sehr geehrte Herren,
Wir bestätigen den Empfang Ihres gestrigen Telegrammes und senden Ihnen als Beilagen gerne unseren illustrierten Katalog und unsere Preisliste.

Unsere neue Serie wasserdichter Uhren verspricht einen großen Erfolg und wird von Ihnen sicher mit großem Interesse aufgenommen.

Wir sehen Ihren nächsten Aufträgen gerne entgegen und verbleiben
    mit freundlichen Grüßen

Beilagen: 1 Katalog
    1 Preisliste

We are very sorry that the stainless steel cases did not come up to expectation and can hardly believe that you should consider them as being old-fashioned.

We feel sure you will show some consideration for our difficulties, which are only of a transient nature.

Apologizing once more,
   We remain, dear Sir,
   Faithfully yours,

Lamentamos infinito que las cajas acero inoxidable no les hayan dado satisfacción y nos cuesta creer que puedan considerarlas como anticuadas.

Estamos convencidos de que Uds. tendrán la bondad de tomar en consideración nuestras dificultades que, por lo demás, tienen sólo un carácter transitorio.

Reiterándoles nuestras disculpas, les saludamos muy atentamente y nos suscribimos siempre suyos
   attos y SS. SS.

| LETTERS | CARTAS |

55. Making an offer

Dear Sir,
We have received your yesterday's telegram and are pleased to enclose our illustrated catalogue and price list.

We draw your special attention to our new range of Waterproof models which shall certainly prove very popular.

Awaiting the favour of your further orders,
   We remain, dear Sir,
   Faithfully yours,

Enclosure: 1 illustrated catalogue
     1 price list

55. Ofrecimiento

Muy Señores nuestros:
Recibimos su telegrama de ayer y celebramos mandarles incluso, nuestro catálogo ilustrado y nuestra lista de precios.

Nuestra nueva serie de relojes estancos es prometedora de una gran salida y sin duda llamará su atención.

Aguardando sus nuevas órdenes, nos repetimos de Uds.
   attos y SS. SS.

Incluso: 1 catálogo ilustrado
    1 lista de precios

56. Réclame

Des siècles de travail font votre fierté.

La joie de posséder une montre ... repose sur des siècles de tradition.

Les fabricants de montres ... descendent des corps de métiers du Moyen âge et leurs fines réalisations dépassent celles de leurs ancêtres: ainsi cette montre en or de messieurs.

La précision requise pour la fabrication de chaque petit écrou et de chaque ressort exclut la production en masse; de sorte que l'exactitude et la belle présentation vont de pair.

Demandez à votre bijoutier une montre ..., ce bijou de la famille des montres ...

EXERCICES

55.
Demandez à une Compagnie d'assurances une police pour l'assurance d'un envoi de montres du Locle à Caracas, valeur Fr. 25 000.–.

56.
Rédigez une annonce.

56. Werbung

Jahrhunderte der Arbeit sind Ihr Stolz.

Die Freude, eine ...-Uhr sein eigen zu nennen, gründet auf jahrhundertealter Überlieferung.

Die Uhrmacher stammen vom Gewerbestand des Mittelalters ab, und ihre auserlesenen Schöpfungen übertreffen diejenigen ihrer Vorfahren: so auch diese goldene Herrenuhr.

Die auf die Herstellung jeder einzelnen Feder und aller anderen Teile verwendete Präzision schließt eine Massenproduktion aus. Nur so ist es möglich, daß sich Genauigkeit und schönes Aussehen vereinen.

Verlangen Sie in Ihrem Geschäft eine ...-Uhr, dieses Juwel unter den ...-Uhren.

AUFGABEN

55.
Beantragen Sie bei einer Versicherungsgesellschaft die Versicherung eines Uhrentransportes im Wert von Fr. 25 000.– von Le Locle nach Caracas.

56.
Entwerfen Sie ein Inserat.

56. Advertisement

Centuries of skill to make you proud.

Behind your pride in your watch lie centuries of tradition.

The craftsmen descend from the ancient medieval Guilds and their exquisite workmanship surpasses that of their forebearers: this man's gold dress watch, for instance.

Every tiny screw and spring so formed, so set, that mass production is impossible, and accuracy and good looks go hand in hand.

Your jeweller can show you a ... watch, that very distinguished member of the ... family.

EXERCISES

55.
Ask an Insurance Company to insure a consignment of watches from Le Locle to Caracas, value Fr. 25 000.–.

56.
Write an advertisement.

56. Reclamo

Siglos de trabajo hacen su orgullo.

El gozo de poseer un reloj ... se basa sobre siglos de tradición.

Los artesanos de relojes ... descienden de los cuerpos de oficios de la Edad-Media y sus finas realizaciones descuellan de las de sus antepasados: así bien este reloj de oro para señores.

La precisión requerida para la fabricación de cada pequeña tuerca y de cada muelle, excluye la producción en masa; así, la exactitud y la bella presentación son iguales.

Pida a su joyero un reloj ..., esta joya de la familia de los relojes ...

EJERCICIOS

55.
Pida a una Compañía de seguros una póliza para asegurar una expedición de relojes del Locle a Caracas, valor Fr. 25 000.–.

56.
Redacte un anuncio.

XXXI TRANSPORT

Nous nous sommes décidés à vous confier nos envois.

J'ai besoin d'un wagon (d'un bateau) d'environ ... tonnes.

Veuillez nous communiquer vos conditions les meilleures pour le transport de ...

Veuillez nous faire savoir si vous pouvez vous charger du transport par bateau, de ...

Sur l'ordre et pour le compte de MM. ... nous avons envoyé aujourd'hui à votre adresse ...

Veuillez prendre livraison des marchandises à notre dépôt.

Pouvez-vous m'indiquer vos conditions pour le transport de 100 caisses de ..., poids total 5000 kg, de Genève à Londres.

Nous vous prions de passer chez nous demain matin à la première heure pour prendre ..., poids brut ..., que vous expédierez en G.V. à M. ...

Veuillez envoyer les marchandises (caisses, balles) immédiatement à l'adresse de M. ...

Je vous remercie de votre envoi du 6 ct, et vous informe que la marchandise a déjà été réexpédiée aujourd'hui.

XXXI TRANSPORT

Wir haben uns entschlossen, Ihnen unsere Sendungen anzuvertrauen.

Ich benötige einen Eisenbahnwagen (ein Schiff) mit einem Fassungsvermögen von ungefähr ... Tonnen.

Geben Sie uns bitte Ihre günstigsten Bedingungen für die Beförderung von ... bekannt.

Können Sie den Schiffstransport von ... übernehmen?

Im Auftrage und für Rechnung der Herren ... haben wir heute an Ihre Adresse gesandt: ...

Wir bitten Sie, die Lieferung ab unserem Lager abzuholen.

Zu welchen Bedingungen können Sie den Transport von 100 Kisten ... im Gesamtgewicht von 5000 kg von Genf nach London ausführen?

Wir bitten Sie, morgen früh bei uns ..., Bruttogewicht ..., abholen zu lassen und als Eilgut an ... abzusenden.

Spedieren Sie bitte die Waren (Kisten, Ballen) sofort an Herrn ...

Ich danke Ihnen für die Sendung vom 6. d.M. und benachrichtige Sie, daß die Ware heute bereits weitergeleitet worden ist.

XXXI TRANSPORT

We have decided to ask you to forward our goods.

I need a wagon (a ship) of about ... tons.

Could you let us know your best terms for the transport of ...

Please tell us whether you can assure the transport by ship of ...

In conformity with the instructions of Messrs. ... we have forwarded today to your address ...

Will you come and fetch the goods at our warehouse.

Could you let us know your conditions for the transport of a 100 cases of ..., total weight 5000 kg, from Geneva to London.

Please call on us, early next morning, to load ..., gross weight ..., to be despatched by fast freight to Mr. ...

Will you please send the goods (cases, balls) at once to the following address: Mr. ...

I thank you for your consignment of the 6th inst., and inform you that the goods have been re-forwarded today.

XXXI EXPEDICIONES

Nos determinamos a confiarles nuestras expediciones.

Necesito un vagón (un barco) de unas ... toneladas.

Les rogamos nos comuniquen sus mejores condiciones para el transporte de ...

Les rogamos nos comuniquen si Uds. pueden encargarse del transporte por barco, de ...

Sobre orden y a cargo de los Sres. ... mandamos hoy a su dirección ...

Les rogamos vengan para hacerse cargo de las mercancías en nuestro depósito.

Le ruego me comunique sus condiciones para el transporte de 100 cajas de ..., peso total 5000 kg, de Ginebra a Londres.

Les rogamos vengan a nuestro despacho mañana por la mañana de madrugada para tomar ..., peso bruto ..., que Uds. expedirán por G.V. al Sr. ...

Sírvanse mandar las mercancías (cajas, balas) en seguida a la dirección del Sr. ...

Les agradezco por su entrega del 6 cte y les comunico que la mercancía ya se reexpidió hoy.

Veuillez	Wollen Sie bitte
a) décharger immédiatement.	a) sofort ausladen.
b) dédouaner les marchandises dès leur arrivée.	b) die Waren sofort nach Ankunft verzollen.
c) garder les marchandises en stock en attendant nos ordres.	c) die Waren zu unserer Verfügung auf Lager nehmen.
d) réexpédier les marchandises par le prochain vapeur.	d) die Waren mit dem nächsten Dampfer zurückgehen lassen.
La cargaison sera placée à bord du vapeur « St - Gothard », capitaine Müller, qui lèvera l'ancre au début de la semaine prochaine.	Der Verlad wird auf den anfangs nächster Woche abgehenden Dampfer «St. Gotthard» (Kapitän Müller) erfolgen.
Veuillez expédier la marchandise immédiatement, en petite vitesse, à l'adresse de ...	Wollen Sie die Ware bitte sofort per Frachtgut an ... absenden.
Veuillez assurer la marchandise pour Fr. ...	Versichern Sie die Ware bitte für ...
Les droits de douane et les frais d'assurance sont à la charge de M....	Zoll und Versicherung gehen zu Lasten von Herrn ...
Nous vous prions d'établir deux connaissements en notre nom.	Stellen Sie bitte in unserem Namen zwei Konnossemente aus.
Les marchandises mentionnées dans l'ordre ci-dessus sont maintenant prêtes à être embarquées et nous serions heureux de recevoir vos instructions immédiatement.	Die obenerwähnten Waren sind verladebereit, und wir bitten Sie um Ihre sofortigen Weisungen.

Dès l'arrivée des marchandises, veuillez livrer à M. ..., de votre ville, sur présentation de l'ordre de livraison N° 1156
    200 sacs de café Santos.
	Sofort nach Ankunft dieser Waren sind Herrn ... gegen Vorweisung unserer Lieferungsbestätigung Nr. 1156
	    200 Sack Kaffee Santos
	auszuliefern.

Nous référant à votre lettre du ..., nous avons le plaisir de vous soumettre une offre aux conditions suivantes:	Wir danken Ihnen für Ihre Anfrage vom ... und unterbreiten Ihnen gerne folgendes Angebot:
Fr. ... par 100 kg, avec un minimum de Fr. ... par livraison.	Fr. ... für 100 kg, mindestens Fr.... je Lieferung.

Please
a) unload immediately.
b) pay the custom duties as soon as the goods have arrived.
c) keep the goods in your warehouse till you receive further orders.
d) send back the goods by the next ship.
 	
The shipment will be loaded on board the S.S. "St. Gothard", captain Müller, who is going to sail at the beginning of next week.
 	
Will you please despatch the goods immediately, by slow freight to ...
 	
Please insure the goods for Fr. ...
 	
The custom duties and expenses are paid by Mr. ...
 	
Will you establish two bills of lading in our name.
 	
The goods for the above order are now ready for shipment and we should be glad to have your instructions at once.
 	
On arrival will you please deliver to Mr. ... of that town on presentation of our Delivery Order No. 1156
     200 sacks Santos coffee.
 	
With reference to your letter of the ..., we have the pleasure of making you an offer at the following rates:
 	
Fr. ... per quintal, with a minimum acceptance of Fr. ... for each despatch.
	Sírvase
	a) descargar en seguida.
	b) despachar las mercancías en cuanto lleguen.
	c) almacenar las mercancías mientras les mandemos las órdenes.
	d) reexpedir las mercancías por el próximo barco.
	
	Se colocará el cargamento a borde del vapor «St Gothard», capitán Müller, que levará anclas a principios de la semana próxima.
	
	Sírvanse expedir la mercancía por pequeña velocidad, a la dirección de ...
	
	Sírvanse asegurar la mercancía por Fr. ...
	
	Los aranceles de aduana y los gastos de seguro van a cargo del Sr. ...
	
	Sírvanse extender dos conocimientos en nuestro nombre.
	
	Las mercancías mencionadas en el pedido más arriba están ahora preparadas para su embarque y quisiéramos recibir sus órdenes en seguida.
	
	En cuanto lleguen las mercancías, sírvase entregar al Sr. ... de su plaza, sobre presentación del orden de entrega No. 1156
	     200 sacos de café Santos.
	
	Refiriéndonos a su carta del ..., tenemos el gusto de someterles un ofrecimiento bajo las siguientes condiciones:
	
	Fr. ... por 100 kg, con un mínimo de Fr. ... por entrega.

Charge maximale: 8 tonnes par camion. Le transbordement ferroviaire et maritime est inclus dans ces prix.

Nous espérons que vous nous transmettrez cet ordre que nous exécuterons avec célérité.

Nous vous remettons ci-inclus une Police de chargement et une Police d'assurance concernant les marchandises suivantes, embarquées sur le vapeur ...

Maximalladung pro Lastwagen: 8 Tonnen. Bahn- und Schiffsumlad inbegriffen.

Wir erwarten gerne Ihren Auftrag, den wir so rasch wie möglich ausführen werden.

Wir übermitteln Ihnen als Beilagen eine Verladebestätigung und einen Versicherungsschein für folgende auf den Dampfer ... verschifften Waren:

| LETTRES | MUSTERBRIEFE |

57. Les marchandises sont envoyées à une agence de transport

Messieurs,
Nous vous remettons ci-inclus un connaissement et une police d'assurance maritime concernant les marchandises suivantes que nous vous avons envoyées à bord du vapeur «Nyon» de la Compagnie de navigation nationale suisse:

1000 kg de chocolat suisse, valeur Fr. 10000.–.

Vous voudrez bien en prendre livraison et les réexpédier à M. Senn, 32, High Street, Toronto, frais et port à la charge du destinataire.

Veuillez nous aviser de l'arrivée et de l'envoi des marchandises, et agréer, Messieurs, nos salutations les meilleures.

Annexes: 1 connaissement
            1 police d'assurance maritime

57. Bestätigung des Warenversandes an eine Speditionsfirma

Sehr geehrte Herren,
Wir senden Ihnen als Beilagen ein Konnossement und einen Seeversicherungsschein über folgende Waren, die wir an Bord des Dampfers «Nyon» der Schweiz. Schiffahrtsgesellschaft versandt haben:

1000 kg Schweizer Schokolade im Wert von Fr. 10000.–.

Wollen Sie bitte die Waren nach Eintreffen übernehmen und sie an Herrn Senn, 32, High Street, Toronto, weiterspedieren, wobei Kosten und Fracht zu Lasten des Empfängers gehen.

Wir bitten Sie, uns Empfang und Weiterleitung der Waren zu bestätigen.

        Mit vorzüglicher Hochachtung

Beilagen: 1 Konnossement
            1 Seeversicherungsschein

Truck with a capacity of 8 tons. Collection from the station and loading inclusive in the above costs.

We hope you will give us the order which would be promptly carried out.

We are sending you herewith a bill of lading and a Marine Policy for the following goods despatched to you on board the S.S. ...

Carga máxima: 8 toneladas por camión. El traslado ferroviario y marítimo están incluídos en estos precios.

Esperamos que Uds. nos colocarán esta orden que ejecutaremos en el más breve plazo.

Les remitimos incluso una Póliza de cargamento y una Póliza de seguro para las siguientes mercancías, embarcadas sobre el vapor ...

LETTERS

57. Goods are despatched to a forwarding agency

Dear Sirs,
We are sending you herewith a Bill of Lading and a Marine Policy for the following goods despatched to you on board the S.S. "Nyon" of the Swiss National Shipping Lines:

1000 kg of Swiss chocolate, value Fr. 10000.–

which you must take in delivery and forward to Mr. Senn, 32, High Street, Toronto, carriage expenses and commission paid by the addressee.

Please advise us of the arrival and forwarding of the goods.
            Yours faithfully,

Enclosure: 1 B/L
            1 Marine policy

CARTAS

57. Se mandan las mercancías a una agencia de transporte

Muy Señores nuestros:
Les mandamos incluso un conocimiento y una póliza de seguro marítimo para las mercancías que expedimos a borde del vapor «Nyon» de la Compañía de navegación nacional suiza:

1000 kg de chocolate suizo, valor Fr. 10000.–.

Sírvanse hacerse cargo y reexpedirlos al Sr. Senn, 32, High Street, Toronto, gasto y porte a cargo del destinatario.

Les rogamos nos avisen de la llegada y del envío de las mercancías, y con este motivo nos ofrecemos de Uds.
            attos y SS.SS.

Incluso: 1 conocimiento
           1 póliza de seguro marítimo

58. L'agence de transport accuse réception d'un envoi

Monsieur,

Nous avons reçu aujourd'hui les marchandises que vous avez envoyées à bord du vapeur «Nyon».

Selon vos instructions, nous les avons réexpédiées immédiatement à M. Senn, 32, High Street, Toronto, en port dû.

En vous remerciant de vos ordres que nous exécutons avec le plus grand soin, nous vous présentons, Monsieur, nos salutations distinguées.

EXERCICES

57.
Ecrivez une lettre à une agence de transport pour lui demander si elle peut se charger du transport de 10000 kg de machines et quelles seraient ses conditions.

58.
L'agence répond et indique ses conditions.

---

58. Warenempfangsbestätigung der Transportfirma

Sehr geehrter Herr...,

Wir haben die von Ihnen an Bord des Dampfers «Nyon» spedierten Waren heute erhalten.

Weisungsgemäß haben wir sie sofort unfrankiert an Herrn Senn, 32, High Street, Toronto, weitergeleitet.

Indem wir Ihnen für Ihre Aufträge bestens danken, zeichnen wir

  mit vorzüglicher Hochachtung

AUFGABEN

57.
Fragen Sie eine Transportfirma, ob und zu welchen Bedingungen sie eine Sendung von 10000 kg Maschinen übernehmen könnte.

58.
Der Spediteur antwortet und gibt seine Bedingungen bekannt.

58. The Forwarding Agency takes delivery

Dear Sir,
The goods you sent on board the S.S. "Nyon" have arrived today.

According to your instructions we forwarded them immediately to Mr. Senn, 32, High Street, Toronto, at his own expense.

Thanking you for your orders, which are carried out with our greatest care,
We remain, dear Sir,
Truly yours,

EXERCISES

57.
Write a letter to an agency, asking them whether they could undertake the forwarding of 10000 kg of machines and what would be their terms?

58.
The agency answers and gives conditions.

58. La agencia de transporte acusa recibo de una entrega

Muy Señor nuestro:
Recibimos hoy las mercancías que Ud. expidió a borde del vapor «Nyon».

Según sus órdenes, las reexpedimos en seguida al Sr. Senn, 32, High Street, Toronto, porte a cargo del destinatario.

Agradeciéndole por sus pedidos que ejecutaremos con el mayor esmero, nos ofrecemos de Ud.
attos y SS. SS.

EJERCICIOS

57.
Escriba una carta a una agencia de transporte para preguntarles si pueden encargarse del transporte de 10000 kg de máquinas y cuales serían sus condiciones.

58.
La agencia contesta e indica sus condiciones.

| XXXII | OFFRES DE SERVICES | XXXII | STELLENGESUCHE |

Me référant à l'annonce parue dans la «Gazette de Lausanne» du 12 ct,

a) je me permets de vous offrir mes services pour cette place vacante.

b) je me permets de me présenter comme correspondancier dans votre maison.

c) je serais heureuse d'être engagée comme secrétaire privée.

J'apprends que vous avez l'intention d'engager un jeune homme comme apprenti.

J'ai appris par M. ..., que vous cherchez un jeune homme ayant quelque expérience en comptabilité.

Je prends la liberté de vous offrir mes services comme

a) sténo-dactylographe

b) correspondancier français, allemand et anglais

c) employé de bureau

pour le cas où une place serait vacante dans votre maison.

Je viens de lire dans le «Bund» qu'un poste de sténo-dactylographe est à repourvoir dans votre maison, et je me permets de vous présenter mes services.

Bezugnehmend auf Ihr Stellenangebot in der «Gazette de Lausanne» vom 12. d. M.

a) erlaube ich mir, Ihnen meine Dienste anzubieten.

b) gestatte ich mir, mich um die freie Korrespondentenstelle in Ihrer Firma zu bewerben.

c) würde es mich freuen, von Ihnen als Privatsekretär angestellt zu werden.

Soeben erfahre ich, daß Sie einen jungen Mann als Lehrling einzustellen beabsichtigen.

Durch Herrn ... habe ich erfahren, daß Sie einen jungen Mann mit einiger Erfahrung in der Buchhaltung suchen.

Ich erlaube mir, Ihnen meine Dienste als

a) Stenodaktylo

b) Korrespondent in französischer, deutscher und englischer Sprache

c) Büroangestellter

anzubieten, sofern in Ihrer Firma eine passende Stelle frei sein sollte.

Soeben entnehme ich dem «Bund», daß in Ihrer Firma eine Stenodaktylostelle neu zu besetzen ist, und ich erlaube mir, Ihnen meine Dienste anzubieten.

XXXII APPLICATIONS FOR VACANCIES	XXXII OFRECIMIENTOS
Referring to your advertisement in the "Gazette de Lausanne" of the 12th inst.,	Refiriéndome al anuncio aparecido en la «Gazette de Lausanne» del 12 cte,
a) I beg leave to offer you my services for the position vacant in your firm.	a) me permito ofrecerle mis servicios para esta colocación desocupada.
b) I take the liberty of offering you my services as a corresponding clerk in your office.	b) me permito presentarme como correspondiente en su casa.
c) I should be glad to be appointed as your private secretary.	c) quisiera ser contratada como secretaria particular.
I have been told that you intend to appoint a young apprentice.	Estoy enterado que Ud. proyecta contratar a un jóven como aprendiz.
Mr. ... has told me that a young and experienced bookkeeper is wanted in your office.	Supe por el Sr. ... que Ud. necesita un mozo teniendo alguna experiencia en contabilidad.
I take the liberty of offering you my services for the post of	Me permito ofrecerle mis servicios como
a) shorthand-typist	a) taquígrafo-mecanógrafo
b) French, German and English corresponding clerk	b) correspondiente francés, alemán e inglés
c) office clerk	c) oficinista
in case there should be a vacancy in your firm.	en caso que hubiera una colocación desocupada en su casa.
I have just read in the "Bund" that a post of shorthand-typist is vacant in your firm, and I beg leave to offer you my services.	Acabo de leer en el «Bund» que se necesita un taquígrafo-mecanógrafo en su casa y me permito ofrecerle mis servicios.

J'ai 22 ans. Je suis de nationalité suisse (allemande, anglaise, espagnole).	Ich bin 22 Jahre alt. Ich bin Schweizer (Deutscher, Engländer, Spanier).
J'ai fréquenté le gymnase de ... pendant ... ans. Je possède	Ich besuchte das ... Gymnasium in ... während ... Jahren. Ich besitze
a) une bonne formation primaire.	a) eine gute Elementarschulbildung.
b) une bonne formation générale.	b) eine gute Allgemeinbildung.
J'ai suivi les cours d'une école complémentaire commerciale durant mon apprentissage.	Während meiner Lehrzeit besuchte ich eine kaufmännische Fortbildungsschule.
Les certificats ci-joints vous renseignent sur mes études et les résultats obtenus.	Über meine Leistungen während der Schulzeit geben die beiliegenden Zeugnisse Aufschluß.
J'ai terminé mon apprentissage.	Ich habe meine Lehre beendet.
Je puis	Ich kann
a) sténographier ... syllabes à la minute.	a) ... Silben in der Minute stenographieren.
b) dactylographier ... frappes à la minute.	b) ... Anschläge in der Minute auf der Maschine schreiben.
Je possède une bonne connaissance des langues requises (exigées).	Ich verfüge über gute Kenntnisse der verlangten Sprachen.
J'ai six ans d'expérience.	Ich verfüge über sechsjährige Erfahrung.
J'ai acquis une bonne expérience commerciale dans la maison ...	In der Firma ... habe ich mir eine gute kaufmännische Erfahrung angeeignet.
Je puis lire, écrire et parler couramment l'anglais, l'allemand, l'espagnol et le français.	Ich lese, schreibe und spreche fließend englisch, deutsch, spanisch und französisch.
Il y a deux ans que je travaille dans la maison ...	Seit zwei Jahren arbeite ich in der Firma ...
Voilà trois ans que je suis au service de MM. ... en qualité de ...	Seit drei Jahren bin ich bei Herrn ... als ... tätig.
Je travaille en ce moment comme ...	Gegenwärtig bin ich als ... tätig.
Je suis sans occupation en ce moment.	Zurzeit bin ich ohne Beschäftigung.

I am 22 years old. I am a Swiss (German, English, Spanish).	Tengo 22 años. Soy de nacionalidad suiza (alemana, inglesa, española).
I attended the Gymnase of ... during ... years. I have	Seguí el Gimnasio de ... durante ... años. Poseo
a) a good primary education.	a) una buena instrucción primaria.
b) a good general education.	b) una buena instrucción general.
I attended supplementary courses at a business school during my apprenticeship.	Seguí los cursos de una escuela complementaria comercial durante mi aprendizaje.
The enclosed certificates give you information about my studies and the results I obtained.	Los certificados inclusos le enteran sobre mis estudios y los resultados conseguidos.
I have finished my apprenticeship.	Terminé mi aprendizaje.
I can	Puedo
a) take ... syllables of shorthand a minute.	a) estenografiar ... sílabas por minuto.
b) type ... words a minute.	b) escribir a máquina ... toques por minuto.
I have a good knowledge of the languages required.	Tengo un buen conocimiento de las lenguas que se exigen (que se requieren).
I have had six years experience.	Llevo seis años de experiencia.
I have acquired a sound business experience while working in the firm ...	Adquirí una buena experiencia comercial en la casa ...
I read, write and speak fluent English, German, Spanish and French.	Puedo leer, escribir y hablar corrientemente el inglés, el alemán, el español y el francés.
I have been working for two years in the firm ...	Llevo dos años trabajando en la casa ...
I was appointed ... by Mr. ... three years ago.	Ya hace tres años que estoy al servicio de los Sres. ... como ...
I am working now as a ...	Estoy trabajando como ...
I am momentarily without any work.	En este momento estoy desocupado.

J'ai l'intention de quitter mon emploi actuel	Ich beabsichtige meine jetzige Stellung aufzugeben, um
a) pour trouver une meilleure situation.	a) mich zu verbessern.
b) pour élargir mes connaissances.	b) meine Kenntnisse zu erweitern.
Mon dernier salaire était de ... par mois. Je me contenterais d'un salaire initial de ... mais avec la possibilité d'augmentations régulières.	Mein letztes Gehalt betrug ... pro Monat. Ich wäre mit einem Anfangsgehalt von ... zufrieden, aber mit Aussicht auf regelmäßige Aufbesserungen.
Mon chef vous donnera tous les renseignements que vous pourriez désirer. Je puis vous citer comme références MM. ...	Mein Vorgesetzter wird gerne bereit sein, Ihnen alle Auskünfte zu erteilen. Als Referenzen kann ich Ihnen die Herren ... nennen.
Les maisons mentionnées ci-dessus (ci-dessous) vous donneront volontiers les renseignements que vous pourriez souhaiter.	Die oben (unten) erwähnten Firmen sind gerne bereit, Ihnen jede wünschbare Auskunft zu geben.
Je joins à mon offre	Als Beilage finden Sie
a) les copies de mes certificats.	a) meine Zeugnisabschriften.
b) une copie de mes certificats d'examens.	b) eine Abschrift meiner Prüfungszeugnisse.
J'ose espérer une réponse favorable.	In der Hoffnung auf eine günstige Antwort ...
Je reste à votre disposition pour une entrevue personnelle, au cas où vous accepteriez mon offre.	Ich bin gerne bereit, mich bei Ihnen persönlich vorzustellen, sofern meine Bewerbung Ihr Interesse gefunden hat.
Comme je vous écris sans que mon chef le sache, je vous prie de considérer cette lettre comme confidentielle.	Da ich mich in ungekündigter Stellung befinde, bitte ich Sie um vertrauliche Behandlung dieses Schreibens.
Dans l'espoir qu'il vous sera possible de me confier ce poste, je vous présente, Monsieur le Directeur, mes salutations distinguées.	In der Hoffnung, daß es Ihnen möglich sein werde, mir diesen Posten anzuvertrauen, zeichne ich mit vorzüglicher Hochachtung

I have in mind to give up my post	Proyecto dejar mi colocación actual
a) to find a better position.	a) para encontrar una mejor situación.
b) to increase my knowledge.	b) para ampliar mis conocimientos.
My last salary amounted to ... a month. I would be satisfied with an initial salary of ... but with the possibility of regular increases.	Mi último sueldo era de ... al mes, me contentaría con un sueldo de ... para empezar pero con la posibilidad de aumentos regulares.
My employer is ready to give you any information you might require.	Mi jefe le dará cuantos informes pudiere Ud. desear.
I can give you the following references: Messrs.:	Puedo mencionarle como referencias los Sres. ...
The above (under) mentioned firms will be pleased to give you the information you might wish to obtain.	Las casas arriba (abajo) mencionadas gustosas le darán los informes que Ud. pudiere desear.
I am sending you herewith	Junto a mi ofrecimiento
a) copies of my testimonials.	a) las copias de mis certificados.
b) one copy of my school certificates.	b) una copia de mis certificados de exámenes.
I do hope your answer will be favourable.	Confío en una contestación favorable.
I remain at your disposal for a personal meeting, should you take my offer into consideration.	Quedo a sus órdenes para una entrevista personal en el caso en que Ud. aceptara mi ofrecimiento.
As my employer is not aware of my writing to you, may I ask you to keep my letter confidential.	Como le escribo sin que lo sepa mi jefe, le ruego considere esta carta como confidencial.
Hoping that you will favour me with the vacancy, I thank you in anticipation and remain Yours faithfully,	Con la esperanza de que le será posible confiarme este puesto, se ofrece de Ud. atto, y con toda consideración, S.S.

CURRICULUM VITAE	**LEBENSLAUF**
Nom:	Name:
Prénom:	Vorname:
Né le:	Geburtsdatum:
Origine:	Heimatort:
Etat civil:	Zivilstand:
Religion:	Konfession:
Incorporation militaire:	Militär:
Formation scolaire:	Schulbildung:
Apprentissage:	Lehre:
Activité professionnelle:	Berufstätigkeit:
Langues:	Sprachen:
Connaissances particulières:	Besondere Kenntnisse:

LETTRES / MUSTERBRIEFE

59. Offre de services

Monsieur,

Me référant à l'annonce parue dans la «Gazette de Lausanne» du 14 ct, je me permets de me présenter comme correspondancier dans votre maison.

J'ai 5 ans d'expérience et je lis, écris et parle couramment l'anglais, l'allemand, l'espagnol et le français. Monsieur Glen, 23, avenue du Parc, Paris, pour qui j'ai travaillé jusqu'à ce jour, vous donnera tous les renseignements que vous pourriez lui demander à mon sujet.

Il vous dira également que je le quitte à contre-cœur et dans le dessein d'améliorer ma situation.

Je suis libre de tout engagement et serais heureux de me présenter personnellement.

59. Stellenbewerbung

Sehr geehrte Herren,

Bezugnehmend auf Ihr Stellenangebot in der «Gazette de Lausanne» vom 14. d. M. erlaube ich mir, mich um die freie Korrespondentenstelle in Ihrer Firma zu bewerben.

Ich verfüge über fünfjährige Erfahrung und lese, schreibe und spreche fließend englisch, deutsch, spanisch und französisch. Herr Glen, 23, avenue du Parc, Paris, bei dem ich bis heute tätig war, ist gerne bereit, Ihnen jede wünschbare Auskunft über mich zu geben. Er wird Ihnen auch bestätigen, daß ich ihn nur ungern verlasse, mit dem Ziel, mich zu verbessern.

Da ich von jeglicher Verpflichtung frei bin und die Stelle sofort antreten könnte, würde ich mich freuen, mich persönlich vorstellen zu dürfen.

LIFE HISTORY	CURRICULUM VITAE
Name:	Apellido:
Christian name:	Nombre de pila:
Born:	Nacimiento:
Nationality:	Origen:
Legal status:	Estado civil:
Religion:	Religión:
Military rank:	Incorporación militar:
Schools attended:	Escuelas seguidas:
Apprenticeship:	Aprendizaje:
Professional activity:	Actividad profesional:
Languages:	Lenguas:
Particular knowledge:	Conocimientos particulares:

LETTERS	CARTAS

59. Application for a vacancy

Dear Sir,
Referring to your advertisement in the "Gazette de Lausanne", of the 14th inst., I take the liberty of offering you my services for the post of corresponding clerk.

I have had 5 years experience and I read, write and speak fluent English, German, Spanish and French. Mr. Glen, 23, Park Avenue, Paris, with whom I have been working till now, will kindly give you all information about me. He will also tell you that I am leaving him reluctantly, my sole purpose being to find a better paying position.

I am free from any other obligation and I would be pleased to come and see you personally.

59. Ofrecimiento

Muy Señor mío:
Refiriéndome al anuncio aparecido en la «Gazette de Lausanne» del 14 cte., me permito presentarme como correspondiente en su casa.

Llevo 5 años de experiencia y leo, escribo y hablo correctamente el inglés, el alemán, el castellano y el francés. El Sr. Glen, 23, Avenue du Parc, Paris, para quien trabajé hasta el día le dará cuantos informes que pudiere pedirle sobre mí.

También le dirá que siento dejarle y que lo hago con el propósito de mejorar mi situación.

Estoy libre de cuantas obligaciones y quisiera personarme en su despacho.

Dans l'espoir qu'il vous sera possible de me confier ce poste, je vous présente, Monsieur, avec mes remerciements anticipés, mes salutations distinguées.

Annexes: 1 curriculum vitae
　　　　　Copies de certificats

60. Offre de services
Messieurs,
Ayant lu votre annonce dans le «Evening Standard» de ce jour, je me permets de vous offrir mes services pour la représentation des «Dinky Toys» en Suisse.

Je possède un important magasin de jouets et j'ai acquis, pendant de nombreuses années, une connaissance parfaite de la branche.

Il y a un débouché intéressant dans le pays et je suis certain de pouvoir traiter des affaires importantes dans toutes les villes.

Je serais heureux de vous rencontrer à la date qui vous conviendrait et de vous donner alors tous les renseignements que vous pourriez souhaiter.

Dans l'attente d'une réponse que j'espère favorable, je vous présente, Messieurs, l'expression de mes sentiments distingués.

EXERCICES
59. Répondez aux offres suivantes:

On cherche:
a) une sténo-dactylographe pour le département des ventes.
b) une dactylographe pour copies et travail au dictaphone.
c) un vendeur capable et intègre.

Si vous désirez d'autres renseignements sur ces emplois, veuillez écrire ou téléphoner au chef du personnel, Lilia White (Sales) Ltd., 256, Old Street, London E.C.1, (Tél. CLE 7841).

In der Hoffnung, daß es Ihnen möglich sein werde, mir diesen Posten anzuvertrauen, zeichne ich
　　　mit vorzüglicher Hochachtung

Beilagen: Lebenslauf
　　　　　Zeugnisabschriften

60. Stellenbewerbung
Sehr geehrte Herren,
Ich beziehe mich auf Ihr Inserat in der heutigen Ausgabe des «Evening Standard» und gestatte mir, mich um die Vertretung der «Dinky Toys» in der Schweiz zu bewerben.

Ich bin Besitzer eines bekannten Spielwarengeschäftes und habe mir während vielen Jahren vollständige Branchenkenntnisse angeeignet.

Der schweizerische Markt ist interessant, und ich bin überzeugt, in allen Städten gute Abschlüsse tätigen zu können.

Es würde mich freuen, Sie an einem Ihnen zusagenden Datum persönlich sprechen zu können und Ihnen alle gewünschten Auskünfte zu geben.

Ich sehe Ihren weiteren Nachrichten gerne entgegen und zeichne
　　　mit vorzüglicher Hochachtung

AUFGABEN
59. Beantworten Sie folgende Ausschreibungen:

Man sucht:
a) eine Stenodaktylo für die Verkaufsabteilung.
b) eine Schreibkraft für Abschriften und Diktaphonarbeiten.
c) einen fähigen und selbständigen Verkäufer.

Für allfällige weitere Auskünfte über diese Stellen wollen Sie sich bitte schriftlich oder telephonisch an den Personalchef der Lilia White (Sales) Ltd., 256, Old Street, London E.C.1, Tel. CLE 7841, wenden.

Hoping you will favour me with the vacancy, I thank you in anticipation and remain, dear Sir,
Faithfully yours,

Enclosure: 1 life history
            Copies of certificates

60. Application for a vacancy

Dear Sirs,
Having read your advertisement in the "Evening Standard" of today, I am writing to you in application for your agency in "Dinky Toys" for Switzerland.

I have an important toy-shop and have been in business here for many years, acquiring thus a thorough knowledge of the class of goods in which you deal.

There is a good opening for your goods in this country, and I feel confident that I shall be able to build up an interesting trade in all the towns.

I should be pleased to meet you at any time which would suit your convenience and I could then give you any further particulars you might wish to know.

Awaiting the favour of your early reply,
            I am, dear Sirs,
            Yours truly,

EXERCISES

59. Write an application for the following posts:

Staff required:
a) Sh/Typist for sales dept.

b) Typist for copy and dictaphone work.

c) Salesman of quality and integrity.

If you would like further information about these vacancies, please write or phone to the Staff Manager, Lilia White (Sales) Ltd., 256, Old Street, London E.C. 1, (Tel. CLE 7841).

Esperando que le será posible confiarme este puesto, me reitero de Ud. muy atento y con toda consideración S.S.

Incluso: 1 curriculum vitae
          Copias de certificados

60. Ofrecimiento

Muy Señores míos:
Habiendo leído su anuncio aparecido en el «Evening Standard» de hoy, me permito ofrecerles mis servicios para representar «Dinky Toys» en Suiza.

Soy dueño de una importante tienda de juguetes y adquirí durante numerosos años, un conocimiento perfecto del ramo.

Hay salida interesante en este país y estoy seguro de poder trabar negocios importantes en todas las ciudades.

Celebraría encontrarle a la fecha que les conviniere y darles entonces cuantos informes que Uds. pudieren desear.

Aguardando una contestación que espero favorable, me repito de Uds. muy atento y con toda consideración S. S.

EJERCICIOS

59. Conteste a los siguientes ofrecimientos:

Se necesita:
a) una taquígrafa-mecanógrafa para la sección de ventas.

b) una mecanógrafa para copias y trabajo con el dictafono.

c) un vendedor capaz y honrado.

Si Ud. desea otros informes sobre estos empleos, sírvase escribir o telefonear al jefe del personal, Lilia White (Sales) Ltd., 256, Old Street, London E.C. 1, (Tel. CLE 7841).

| XXXIII | RÉPONSES AUX OFFRES DE SERVICES | XXXIII | ANTWORTEN AUF BEWERBUNGS- SCHREIBEN |

En réponse à votre lettre du..., nous serions heureux de vous voir mardi prochain à 9 heures.

Nous sommes heureux de vous confier le poste de ...

Nous regrettons de ne pouvoir prendre votre offre en considération.

Je regrette de n'avoir aucun poste vacant en ce moment.

Au cas où vous ne trouveriez aucun emploi, veuillez nous soumettre votre offre plus tard.

In Beantwortung Ihres Briefes vom ... bitten wir Sie, sich am nächsten Dienstag um 9 Uhr vorzustellen.

Wir freuen uns, Ihnen die Stelle eines ... anzuvertrauen.

Wir bedauern, auf Ihre Bewerbung nicht eintreten zu können.

Ich bedaure, gegenwärtig keine offene Stelle zu vergeben zu haben.

Sollten Sie keine Stelle finden, so empfehlen wir Ihnen, uns Ihre Bewerbung in einem späteren Zeitpunkt nochmals zu unterbreiten.

| LETTRES | MUSTERBRIEFE |

61. Réponse favorable à une offre de services

Monsieur,
Nous vous remercions de votre offre de services du 3 ct. L'ayant examinée, nous serions heureux de vous rencontrer jeudi prochain dans notre bureau principal à 15 heures.

Veuillez accuser réception de cette lettre.

Dans l'attente de votre visite, nous vous présentons, Monsieur, nos salutations distinguées.

61. Zusagende Antwort auf eine Stellenbewerbung

Sehr geehrter Herr ...,
Wir danken Ihnen für Ihr Bewerbungsschreiben vom 3. d. M. und bitten Sie, sich am nächsten Donnerstag um 15 Uhr in unserem Hauptsitz vorzustellen.

Wollen Sie uns bitte den Empfang dieses Briefes bestätigen.

Wir sehen Ihrem Besuch gerne entgegen und zeichnen

      mit vorzüglicher Hochachtung

XXXIII	ANSWERS TO APPLICATIONS FOR VACANCIES	XXXIII	CONTESTACIONES A LOS OFRECIMIENTOS

In reply to your letter of the ... we would be pleased to see you on Tuesday next at 9 a. m.

We are pleased to appoint you ...

We are sorry not to be in a position to take your application into consideration.

I am sorry not to have any vacancy just now.

Should you not find any post, you could again send us your application at a later date.

En contestación a su carta del ... quisiéramos verle el martes próximo a las 9.

Tenemos el gusto de confiarle el puesto de ...

Lamentamos no poder aceptar su ofrecimiento.

Siento no tener niguna colocación desocupada en este momento.

En el caso en que Ud. no hallara ninguna colocación, sírvase someternos su ofrecimiento más tarde.

LETTERS

CARTAS

61. Favourable reply to a letter applying for employment

Dear Sir,
We thank you for your application of the 3rd inst., and after considering it, we should be pleased to meet you on Thursday next in our main office at 3 p. m.

Please confirm receipt of this letter. Looking forward to our next meeting,

   We remain, dear Sir,
   Faithfully yours,

61. Contestación favorable a un ofrecimiento

Muy Señor nuestro:
Le agradecemos por su ofrecimiento del 3 cte. Habiéndolo examinado, nos gustaría encontrarle el jueves próximo en nuestra oficina principal a las 15.

Le rogamos nos acuse recibo de esta carta.

Aguardando su visita, nos quedamos de Ud.

   attos y SS. SS.

62. Réponse négative à une offre de représentation

Monsieur,
Nous avons bien reçu votre lettre du 2 ct, et regrettons de ne pouvoir vous accorder la représentation de notre maison pour la Suisse.

Cependant, nous gardons votre adresse pour le cas où votre collaboration nous serait utile.

Veuillez agréer, Monsieur, l'expression de nos sentiments distingués.

EXERCICES

60.
Répondez négativement à une offre de services.

61.
Répondez favorablement à une offre de représentation.

62. Absage auf eine Vertretungsbewerbung

Sehr geehrter Herr...,
Wir bestätigen den Empfang Ihres Schreibens vom 2. d.M. und bedauern, Ihnen die Vertretung unserer Firma für die Schweiz nicht übergeben zu können.

Immerhin notieren wir uns Ihre Adresse für den Fall, daß sich die Möglichkeit einer Zusammenarbeit zeigt.

Wir bedauern, Ihnen diesen Bescheid geben zu müssen und zeichnen

    mit vorzüglicher Hochachtung

AUFGABEN

60.
Antworten Sie negativ auf eine Stellenbewerbung.

61.
Beantworten Sie die Bewerbung um eine Vertretung positiv.

62. Negative answer to an application for an agency

Dear Sir,
We thank you for your letter of the 2nd inst., and are sorry not to be in a position to grant you now our agency for Switzerland.

However, we keep your name in mind and shall not fail to call upon you in case of future needs.

Meanwhile, we remain,
Yours truly,

62. Contestación negativa a un ofrecimiento de representación

Muy Señor nuestro:
Obra en nuestro poder su carta con fecha del 2 cte y lamentamos el no poder concederle la representación de nuestra casa en Suiza.

Sin embargo, conservamos sus señas por el caso en que su colaboración nos fuera necesaria.

Con este motivo se ofrecen de Ud.
attos y SS. SS.

EXERCISES

60.
Unfavourable reply to an application for employment.

61.
Favourable answer to a letter applying for an agency.

EJERCICIOS

60.
Conteste negativamente a un ofrecimiento.

61.
Conteste favorablemente a un ofrecimiento de representación.

XXXIV CONSTITUTION ET DISSOLUTION D'UNE MAISON DE COMMERCE	XXXIV GRÜNDUNG UND AUFLÖSUNG EINER HANDELSFIRMA
Nous sommes heureux de vous informer que nous avons fondé en cette ville	Wir freuen uns, Sie darauf aufmerksam machen zu können, daß wir in dieser Stadt
1. sous la raison sociale ... une maison ayant pour but le placement de marchandises fabriquées en Suisse.	1. unter dem Namen ... eine Firma gegründet haben, die sich mit dem Vertrieb von in der Schweiz hergestellten Waren befaßt.
2. une société pour le commerce des ..., sous la raison sociale ...	2. eine Gesellschaft für den Handel mit ... unter der Firmenbezeichnung ... gegründet haben.
3. une société commerciale sous la raison sociale ... dont le but principal est l'importation et l'exportation de ...	3. die Handelsgesellschaft ... gegründet haben, deren Hauptziel Import und Export von ... ist.
Une longue pratique des affaires et la certitude de vous donner satisfaction nous permettent d'espérer que vous voudrez bien nous transmettre vos ordres.	Eine langjährige Geschäftserfahrung und die Gewißheit, Sie zufriedenstellen zu können, erlauben uns, auch mit Ihren Bestellungen zu rechnen.
Nous sommes heureux de porter à votre connaissance que M. ... a été admis dans notre société.	Wir können Ihnen erfreulicherweise mitteilen, daß Herr ... in unsere Firma aufgenommen worden ist.
M. ... étant décédé, les affaires de notre maison seront reprises par M. ... Nous espérons que vos relations avec la nouvelle société seront aussi cordiales qu'avec la précédente et vous en remercions.	Nachdem Herr ... gestorben ist, werden unsere Geschäfte durch Herrn ... weitergeführt. Wir hoffen, daß Ihre Beziehungen zur neuen Gesellschaft ebenso herzlich sein werden wie zur früheren Firma und danken Ihnen dafür im voraus.
En vue du développement de nos affaires, nous avons fait appel à M. ... et vous donnons ci-dessous notre nouvelle raison sociale ...	In Anbetracht unserer Geschäftsentwicklung haben wir uns mit Herrn ... verbunden und die nachstehende neue Firmenbezeichnung gewählt:...
Nous avons l'honneur de vous informer que nous avons repris, en date du ..., la maison ... et que nous prenons à notre charge la liquidation des créances et des dettes existantes.	Wir können Sie davon in Kenntnis setzen, daß wir die Firma ... per ... übernommen haben und uns mit der Liquidation der Guthaben und Schulden befassen.

XXXIV	CONSTITUTION AND DISSOLUTION OF A FIRM	XXXIV	SE CONSTITUYE Y SE DISUELVE UNA CASA DE COMERCIO

We are pleased to inform you that we have established in this town

1. under the style of ... a Firm for the selling of Swiss goods.

2. a Company in the ... trade under the style of ...

3. a Company under the style of ... whose chief concern will be the import and export of ...

Our long experience in business as well as our certainty of giving you satisfaction, let us hope that you will not hesitate to give us your orders.

We are pleased to inform you that Mr. ... has been admitted as our partner.

As a result of the death of Mr. ..., our business has been taken over by ... We hope that your relations with the new Company will be as friendly as they were formerly and we thank you for it.

Due to the development of our business, we have appointed Mr. ... as our partner. You will find our new title below: ...

We are pleased to inform you that, on the ..., we have taken over the Firm ... and at the same time the responsibility for the settlement of its credits and debits.

Tenemos el gusto de participarle que hemos fundado en esta ciudad

1. bajo la razón social ... una casa teniendo como propósito la colocación de mercancías fabricadas en Suiza.

2. una sociedad para el comercio de ... bajo la razón social ...

3. una sociedad comercial bajo la razón social ... cuyo propósito principal es la importación y la exportación de ...

Una larga práctica en los negocios y la convicción de poder satisfacerle, nos permiten confiar en que Ud. aceptará de colocarnos sus pedidos.

Tenemos el gusto de participarle que se admitió al Sr. X en nuestra sociedad.

El Sr. X habiendo fallecido, los negocios de nuestra casa se continuarán por ... Confiamos que los vínculos con la nueva sociedad quedarán tan cordiales como con la precedente y le agradecemos por lo tanto.

En vista de desarrollar nuestros negocios hemos acudido al Sr. X y le comunicamos a continuación nuestra nueva razón social ...

Tenemos el gusto de participarle que hemos continuado, con fecha del ... la casa X ..., y que tomamos a nuestro cargo el satisfacer créditos y deudas que existieran.

Veuillez donc nous faire parvenir la situation de votre compte.	Senden Sie uns daher bitte einen Kontoauszug zu Kontrollzwecken.
A la suite du décès de M. ..., notre société sera dissoute et la Société fiduciaire ... procédera à sa liquidation.	Nach dem Ableben von Herrn ... wird unsere Firma aufgelöst. Das Treuhandbüro ... wird die Liquidation durchführen.

Nous avons l'honneur de porter à votre connaissance la fusion des deux maisons

    X...
et Y...

sous la nouvelle raison sociale ...

Cette fusion permettra une réduction de nos frais généraux et une amélioration de nos produits.

Veuillez prendre note du transfert de nos bureaux à l'adresse suivante ...

Le développement constant de nos affaires a permis l'ouverture d'un nouveau siège à ...

A partir du ... nos magasins seront transférés à ...

Wir freuen uns, Ihnen die Fusion der Firmen

    X...
und Y...

unter dem neuen Namen ... bekanntgeben zu können.

Diese Fusion wird uns eine Senkung der Unkosten und eine Qualitätsverbesserung ermöglichen.

Wir bitten Sie, davon Kenntnis zu nehmen, daß wir unsere Büros an folgende Adresse verlegt haben: ...

Die stete Entwicklung unseres Geschäftsumfanges hat uns die Eröffnung eines neuen Sitzes in ... erlaubt.

Unser Laden befindet sich ab ... an ...

Will you please send us particulars of your account.	Le rogamos luego comunicarnos la situación de su cuenta.
As a result of the death of Mr. ..., our Company will be dissolved and the Fiduciary Society X. will proceed to the settlement of its affairs.	Como consecuencia del fallecimiento del Sr. ..., nuestra Sociedad se disolverá y la Sociedad fiduciaria X. procederá a su liquidación.
We have the pleasure of informing you that the firms	Nos permitimos comunicarle la fusión de las casas
X ... and Y ...	X ... y Y ...
have amalgamated under the style of: ...	bajo la nueva razón social: ...
This amalgamation will allow an abatement in our general expenses as well as an improvement in the quality of its products.	Esta fusión permitirá una reducción de nuestros gastos generales y una mejora de la calidad de sus productos.
Please note the address of our new offices: ...	Les advertimos del traslado de nuestras oficinas a la siguiente dirección: ...
The constant development of our business has allowed us to open a new branch at ...	El constante desarrollo de nuestros negocios nos permitió la apertura de una nueva sede en ...
From the ... our warehouse will be transferred to ...	Desde el ... nuestros almacenes se trasladarán a ...

| XXXV | REPRÉSENTATION PROCURATION CONTRAT | XXXV | VERTRETUNG VOLLMACHT VERTRAG |

Nous sommes heureux de vous communiquer la nomination de M. ... comme représentant de nos ... dans votre secteur.

Wir freuen uns, Sie von der Ernennung von Herrn ... zum Vertreter unserer ... in Ihrem Gebiet in Kenntnis zu setzen.

M. ... nous quitte pour raisons de santé.

Herr ... verläßt uns aus Gesundheitsgründen.

Veuillez prendre note que, à partir du ..., M. ... sera chargé de la vente de nos articles. Nous l'avons également autorisé à procéder aux encaissements.

Wir teilen Ihnen mit, daß ab ... Herr ... mit dem Verkauf unserer Artikel beauftragt sein wird. Wir haben ihn auch zur Entgegennahme von Zahlungen ermächtigt.

Nous avons le plaisir de porter à votre connaissance que notre Conseil d'Administration a nommé un nouveau fondé de pouvoirs en la personne de M. ..., qui signera comme indiqué au bas de la présente.

Wir freuen uns, Ihnen mitteilen zu können, daß unser Verwaltungsrat Herrn ... neu zum Prokuristen ernannt hat. Er wird mit dem untenstehenden Namenszug zeichnen.

Nous avons le plaisir de vous annoncer que nous avons donné notre procuration à M. ... qui travaille dans notre maison depuis 10 ans et qui mérite toute notre confiance.

Wir freuen uns, Sie darauf aufmerksam machen zu können, daß Herr ... neu unterschriftsberechtigt ist. Herr ... arbeitet seit mehr als 10 Jahren in unserer Firma und verdient unser volles Vertrauen.

A partir du ..., M. ... sera porteur de ma procuration pour toutes mes affaires commerciales.

Ab ... wird Herr ... mein Bevollmächtigter für alle meine Handelsgeschäfte sein.

Le soussigné ... déclare constituer mandataire spécial M. ... auquel il donne charge et pouvoir de le représenter dans le litige l'opposant à ...

Der Unterzeichnete ... bestimmt Herrn ... zum Sonderbevollmächtigten und beauftragt ihn mit der Vertretung in der Streitsache gegen ...

Le mandant confère procuration générale pour toute opération que requiert l'exécution du mandat.

Der Auftraggeber verleiht Generalvollmacht für alle zur Durchführung notwendigen Anordnungen und Maßnahmen.

Il est toutefois spécifié:

Es sei jedoch festgehalten:

a) que le mandataire ne peut transiger sans l'assentiment du mandant;

a) daß der Beauftragte Vergleiche nur mit Zustimmung des Auftraggebers abschließen darf;

	AGENCIES GRANTING POWER OF ATTORNEY - AGREEMENT		REPRESENTACIÓN PROCURACIÓN CONTRATO
XXXV		**XXXV**	

We are pleased to inform you that Mr. ... has been appointed as our new representative for our goods in your area.

Mr. ... has left us on account of his ill-health.

We are bringing to your attention that from the ..., Mr. ... will be our agent for the sale of our products. He has also been entrusted with collecting money due.

We have pleasure in informing you that our Board of Directors has given power of Attorney to Mr. ... who will sign as below.

We are pleased to inform you that we have given power of Attorney to Mr. ... who has been working with us for more than 10 years and whom we trust implicitly.

From the ..., Mr. ... will be given my power of Attorney and will manage all the business of my firm.

The undersigned ... declares he gives Mr. ... his special power of Attorney for representing him in his litigation against ...

The constituent confers the general power of Attorney for any action required by the execution of his mandate.

However, it is specified:

a) that the proxy cannot make a compromise without the constituent's agreement;

Tenemos el gusto de comunicarle el nombramiento del Sr. ... como representante de nuestros ... en su comarca.

El Sr. ... nos deja por razón de salud.

Les advertimos que, desde el ..., el Sr. se encargará de la venta de nuestros artículos. También le hemos autorizado a efectuar los cobros.

Tenemos el gusto de participarle que nuestro Consejo de Administración nombró un nuevo apoderado en la persona del Sr. ... que firmará como se indica al pié de la presente.

Tenemos el gusto de avisarle que hemos concedido nuestra procuración al Sr. ... que trabaja en nuestra casa desde más de 10 años y que merece nuestra completa confianza.

Desde el ..., el Sr. ... será portador de mi procuración para todos mis negocios comerciales.

El infrascrito ... declara constituir mandatario especial al Sr. ... al cual concede el encargo y el poder de representarle en el litigio oponiéndole a ...

El poderdante confiere procuración general para cuantas operaciones que requiere la ejecución del mandato.

Se especifica sin embargo:

a) que el mandatario no puede transigir sin el acuerdo del poderdante;

b) que si l'affaire ne peut se dénouer sans l'ouverture d'un procès, le mandataire devra obtenir des pouvoirs spéciaux pour l'intenter.

| LETTRES |

63. Lettre accordant à un agent la représentation d'un article

Monsieur,
Nous avons examiné votre offre du 2 ct, et décidé de vous confier la représentation de nos produits pour le ...

Nos conditions seraient:

1. Vous êtes autorisé à vendre nos ... au ..., et vous payerons une commission de ...% sur tous les ordres reçus directement ou indirectement d'acheteurs de votre pays.

2. Nous vous accordons une marge de ...% sur les prix fixés, plus ...% de ducroire. Le montant des ventes (moins les escomptes et commissions) sera versé le 1er de chaque mois à notre compte auprès de la Banque ...

3. Le présent contrat est conclu pour 1 année de date et se renouvellera tacitement d'année en année.

Veuillez nous confirmer l'acceptation de ces conditions le plus tôt possible, afin que nous puissions signer le contrat et vous envoyer immédiatement nos catalogues, prix courants et circulaires.

Dans l'attente de vos nouvelles, nous vous présentons, Monsieur, nos salutations les meilleures.

b) daß der Beauftragte einen allfällig notwendigen Prozeß nur mit Sondervollmacht anstrengen darf.

| MUSTERBRIEFE |

63. Bestätigung der Übergabe der Verkaufsvertretung an einen Agenten

Sehr geehrter Herr ...,
Wir haben Ihr Angebot vom 2. d. M. geprüft und sind bereit, Ihnen die Vertretung für unsere Produkte in ... anzuvertrauen.

Bedingungen:

1. Sie sind ermächtigt, unsere ... in ... zu verkaufen; wir vergüten Ihnen ...% Provision auf allen direkten und indirekten Bestellungen von Käufern Ihres Landes.

2. Wir gewähren Ihnen auf den festen Preisen eine Marge von ...%, plus ...% Delcredere. Die Verkaufserlöse (nach Abzug der Skonti und Ihrer Provision) sind uns am 1. jedes Monats auf unser Konto bei der Bank ... zu überweisen.

3. Der vorliegende Vertrag ist für die Dauer eines Jahres abgeschlossen und erneuert sich ohne ausdrückliche Kündigung stillschweigend von Jahr zu Jahr.

Wir bitten Sie, uns Ihr Einverständnis so bald wie möglich zu bestätigen, damit der Vertrag unterzeichnet werden kann und wir Ihnen sofort Kataloge, Preislisten und Werbematerial zustellen können.

Indem wir Ihren weiteren Nachrichten gerne entgegensehen, zeichnen wir
      mit vorzüglicher Hochachtung

b) that if the business cannot be concluded without a lawsuit, the proxy shall obtain special power to sue.

LETTERS

63. Letter granting an agency

Dear Sir,
After having examined your offer of the 2nd inst., we are pleased to inform you that we agree to appoint you our agent for ...

Our conditions would be:

1. You are authorized to sell our ... in ..., and we agree to pay you a commission of ...% on all orders received directly or indirectly from buyers of your country.

2. We agree to allow you a margin of ...% on all our prices, plus ...% for del credere. You are to render us account sales (less discounts and commissions) on the 1st of every month. Payments to be made to the Bank ...

3. The present agreement is drawn up for 1 year and will then be tacitly renewed every year.

Please confirm the acceptance of these terms as soon as possible, so that we may sign the agreement and send you immediately our catalogues, price lists and circulars.

Looking forward to hearing from you,
   We remain, dear Sir,
   Yours faithfully,

b) que si el negocio no puede arreglarse sin el inicio de un pleito, el mandatario tendrá que conseguir poderes especiales para intentarlo.

CARTAS

63. Carta concediendo a un agente la representación de un artículo

Muy Señor mío:
Hemos examinado su ofrecimiento del 2 cte, y decidido concederle la representación de nuestros productos para el ...

Nuestras condiciones serían:

1. Le autorizamos vender nuestros ... en ..., y le pagaremos una comisión de ...% sobre cuantos pedidos recibidos directamente o indirectamente de compradores de su país.

2. Le concedemos un margen de ...% sobre los precios fijados, más ...% de prima. El importe de las ventas menos los descuentos y comisiones se entregarán el 1.ro de cada mes a nuestra cuenta en el Banco ...

3. El presente contrato se concluirá por 1 año de fecha y se renovará tácitamente año por año.

Le rogamos nos confirme su acuerdo con estas condiciones en el plazo más breve para que podamos firmar el contrato y mandarle inmediatamente nuestros catálogos, precios corrientes y circulares.

Aguardando su contestación, nos ofrecemos de Ud.
   attos y SS. SS.

64. Contrat d'exclusivité

Monsieur,
Pour la bonne règle, nous résumons en six points notre accord de ce jour:
1. Nous vous confions en exclusivité le placement de nos ... sur le marché ...

Vous êtes autorisé à traiter aux conditions suivantes:
Pour les administrations privées:
    par 20 pièces: fr. ...
    par 100 pièces: fr. ...
Pour les magasins:
    par 500 pièces: fr. ...
Pour la clientèle particulière:
    par 5 pièces: fr. ...

2. Le prix des 100 pièces pour vous est de fr. ...; la marchandise est livrée franco Le Havre.
3. L'exclusivité est consentie pour tout le ...
4. A titre d'essai, l'exclusivité est accordée pour une durée de 6 mois, soit jusqu'au 2 décembre 19.. Passé cette date, nous reprendrons toute liberté d'action, sans avoir à résilier la présente convention ni à vous verser une indemnité quelconque.

Chiffre d'affaires imposé à titre d'essai: 10000 pièces au minimum.
5. Si la période d'essai est satisfaisante, nous passerons un contrat d'exclusivité définitif et vous engagerons alors en qualité d'agent général pour tout le ...

6. Les payements seront effectués par la Banque ...

64. Alleinverkaufsvertrag

Sehr geehrter Herr ...,
Wir bestätigen unsere heutige Vereinbarung wie folgt:
1. Wir übergeben Ihnen das Alleinverkaufsrecht unserer ... für ...

Sie sind zu Abschlüssen zu folgenden Bedingungen berechtigt:
Private Großbezüger:
    bei 20 Stücken: Fr. ...
    bei 100 Stücken: Fr. ...
Ladengeschäfte:
    bei 500 Stücken: Fr. ...
Privatkundschaft:
    bei 5 Stücken: Fr. ...

2. Der 100-Stück-Preis stellt sich für Sie auf Fr. ..., franko Le Havre.
3. Das Alleinverkaufsrecht ist für ganz ... gültig.
4. Das Alleinverkaufsrecht wird Ihnen für eine Probezeit von 6 Monaten, d.h. bis zum 2. Dezember 19... zugesichert. Nach Ablauf dieser Frist sind wir in unseren Handlungen wieder völlig frei, ohne daß die Vertragsauflösung gerichtlich angefochten werden könnte oder irgendeine Abfindung zu Ihren Gunsten fällig wäre.

Geforderter Umsatz für die Versuchszeit mindestens 10000 Stück.
5. Sofern die Probezeit befriedigende Ergebnisse zeitigt, werden wir Ihnen einen endgültigen Alleinverkaufsvertrag übermitteln. Wir werden Sie dann als Generalagent für ... verpflichten.

6. Der Zahlungsverkehr läuft über die ...-Bank.

64. Agreement for the granting of a sole agency

Dear Sir,
We are sending you below our agreement in six items:

1. We appoint you our Sole agent for the sale of our ... in ...

You are allowed to sell at the following prices:

For private offices:
    per 20 pieces: fr. ...,
    per 100 pieces: fr. ...

For shops:
    per 500 pieces: fr. ...

For private customers:
    per 5 pieces: fr. ...

2. The price of 100 pieces is for you: fr. ...; the goods are sent carriage free to Le Havre.

3. The sole agency granted to you covers the whole of ...

4. As a trial, the sole agency is granted for a period of 6 months, i.e. up to the 2nd December 19.... After this date, we shall be released from our commitment and shall no longer be compelled either to cancel the present agreement or to pay you any compensation.

Compulsory turnover for this trial period: a minimum of 10000 pieces.

5. If this trial period is satisfactory, we shall sign a definite agreement for your sole agency and appoint you our sole agent for ...

6. Payments to be made to the Bank ...

64. Contrato de exclusividad

Muy Señor nuestro:
Como conviene resumimos en seis puntos nuestro acuerdo de este día:

1. Le concedemos la exclusividad para la colocación de nuestros ... sobre el mercado ...

Le autorizamos a tratar bajo las siguientes condiciones:

Para las administraciones privadas:
    por 20 piezas: fr. ...
    por 100 piezas: fr. ...

Para las tiendas:
    por 500 piezas: fr. ...

Para la clientela particular:
    por 5 piezas: fr. ...

2. El precio de 100 piezas para Ud. es de fr. ...; se entrega la mercancía franco Le Havre.

3. La exclusividad concedida es válida para todo el ...

4. Para el ensayo, se concede la exclusividad para un período de 6 meses, sea hasta Diciembre 19... Después de esta fecha, volveremos a tomar nuestra completa libertad de acción, sin tener que anular la presente convención ni remitirle ninguna indemnización.

Cifra de negocios impuesta para el ensayo: mínimum 10000 piezas.

5. Si el período de ensayo fuere satisfactorio, le pasaremos un contrato de exclusividad definitivo. Le contrataremos entonces como agente general para todo el ...

6. Los pagos se efectuarán por el Banco ...

Certains que les conditions favorables qui vous sont faites vous inciteront à ne ménager aucun effort, nous vous présentons, Monsieur, nos salutations empressées.

65. Contrat de vente

Messieurs,
Je confirme vous avoir vendu aujourd'hui :

    Quantité :

    Qualité :

    Prix :

    Livraison :

    Payement :

Veuillez signer la confirmation ci-jointe et nous la retourner.

Dans cette attente, nous vous présentons, Messieurs, nos salutations distinguées.

66. Octroi d'une licence de fabrication

Entre ... d'une part, et ... d'autre part, il a été convenu ce qui suit :

1. La maison ... cède à M. ... le droit d'exploiter en ..., le brevet suisse N° ...

2. M. ... payera à la maison ... un montant de Fr. ..., plus une royauté de Fr. ... par pièce fabriquée.

3. Les règlements seront opérés d'après le nombre de pièces fabriquées ; le premier versement aura lieu deux mois après la date de mise en fabrication et les suivants interviendront de trois mois en trois mois, à la Banque ...

Wir sind überzeugt, daß unsere vorteilhaften Bedingungen Sie zu vollem Einsatz anspornen werden und zeichnen
    mit vorzüglicher Hochachtung

65. Verkaufsvertrag

Sehr geehrte Herren,
Ich bestätige hiermit, Ihnen heute verkauft zu haben :

    Menge :

    Qualität :

    Preis :

    Lieferung :

    Zahlung :

Ich bitte Sie, mir die beiliegende Bestätigung unterzeichnet zurückzusenden und zeichne
    mit vorzüglicher Hochachtung

66. Abtretung einer Fabrikationslizenz

Zwischen ... einerseits und ... anderseits ist heute folgendes vereinbart worden :

1. Die Firma ... tritt Herrn ... das Verwertungsrecht des Schweizer Patentes Nr. ... in ... ab.

2. Herr ... wird der Firma ... eine feste Entschädigung von Fr. ... plus eine Lizenzgebühr von Fr. ... pro fabriziertes Stück bezahlen.

3. Die Zahlungen richten sich nach dem Umfang der Fabrikation ; die erste Überweisung wird zwei Monate nach der Fabrikationsaufnahme erfolgen, und die späteren Vergütungen werden in Abständen von je drei Monaten erfolgen. Der Zahlungsverkehr wickelt sich über die Bank ... ab.

Trusting that our favourable conditions will induce you to do your best,

We remain, dear Sir,
Yours faithfully,

65. Sale Agreement

Dear Sirs,
I confirm having sold today:

    Quantity:

    Quality:

    Price:

    Delivery:

    Payment:

Will you sign the enclosed statement and send it back to us.

Meanwhile,
We remain, dear Sirs,
Yours truly,

66. Granting a license for manufacturing goods

Between ... on one side, and ... on the other side, the following agreement has been drawn up:

1. The Firm ... grants Mr. ... the right to manufacture in ... the ... described on the Swiss Patent No. ...

2. Mr. ... shall pay to the Firm ... Fr. ..., plus a royalty of Fr. ... per piece manufactured.

3. The payments shall be made according to the pieces manufactured; the first instalment shall be paid into the Bank ... two months after having started the manufacturing, and the following ones every three months.

Seguros de que estamos que las condiciones favorables que le hacemos le determinarán a dedicar toda su energía, nos ofrecemos de Ud.

attos y SS. SS.

65. Contrato de venta

Muy Señores míos:
Confirmo haberles vendido hoy:

    Cantidad:

    Calidad:

    Precio:

    Entrega:

    Pago:

Sírvanse firmar la adjunta confirmación y delvolvérnosla.

Entretanto, nos repetimos de Ud.
attos y SS. SS.

66. Concesión de una licencia de fabricación

Entre ... por una parte, y ... por otra parte, se convino lo siguiente:

1. La Casa ... cede al Sr. ... el derecho de explotar en ..., la patente suiza No. ...

2. El Sr. ... pagará a la Casa ... una suma de Fr. ..., además de un derecho de Fr. ... por pieza fabricada.

3. Los pagos se efectuarán según el número de piezas fabricadas; la primera remesa se verificará dos meses después de la fecha del comienzo de fabricación, y las siguientes se efectuarán de tres meses en tres meses, en el Banco ...

4. La présente convention prendra fin soit par suite de l'interruption de la fabrication, soit à la demande de l'une des parties qui devra aviser l'autre de sa décision par lettre recommandée. Dans ce cas, la convention restera en vigueur pendant un délai de trois mois à dater de l'envoi de la lettre recommandée.

Fait en double à ..., le ...

(Signatures)

67. Vente d'un brevet

Entre X ... et Y ... a été passé le contrat de vente de brevet suivant:

1. M. X ... cède à ce jour à M. Y ... le brevet suisse N° ... pour la somme de Fr. ...

2. M. Y ... certifie avoir reçu ledit brevet et en avoir donné quittance en bonne et due forme à M. X ...

3. M. Y ... a la faculté d'exploiter le brevet en ... pour une durée illimitée.

4. Le montant de la vente sera versé intégralement à la Banque ... une semaine après la signature du présent contrat.

Fait en deux exemplaires à ..., le ...

(Signatures)

4. Die vorliegende Vereinbarung wird aufgehoben als Folge eines Fabrikationsunterbruches oder auf Begehren eines Vertragspartners, wobei die Gegenpartei vom Entscheid mit eingeschriebenem Brief in Kenntnis zu setzen ist. In diesem Falle bleibt die Abmachung noch während drei Monaten ab Poststempeldatum in Kraft.

Im Doppel ausgefertigt in ...
(Datum) ...

(Unterschriften)

67. Verkauf eines Patentes

Zwischen X ... und Y ... wird folgender Patent-Kaufvertrag abgeschlossen:

1. Herr X ... tritt heute Herrn Y ... das Schweizer Patent Nr. ... zum Preise von Fr. ... ab.

2. Herr Y ... erteilt an Herrn X ... rechtsgültige Quittung für die vertragsgemäße Übergabe des erwähnten Patentes.

3. Herr Y ... hat das Recht zur unbefristeten Verwertung des Patentes in ...

4. Der ganze Kaufpreis wird eine Woche nach Unterzeichnung dieses Vertrages zur Zahlung an die ...-Bank fällig.

Zweifach ausgestellt.

........, den ....

(Unterschriften)

4. The present agreement shall end either by the interruption of the manufacturing, or on the request of one of the contracting parties whose decision shall be forwarded to the other by registered letter. In this case, the agreement shall still be valid for three months after the sending of the registered letter.

Drawn up in two exemplars in ..., on the ...

(Signatures)

67. Sale of a Patent

Between X... and Y... the following agreement for the sale of a Patent has been signed:

1. Mr. X... sells today to Mr. Y... the Swiss Patent No. ... for the amount of Fr. ...

2. Mr. Y... certifies he has received the above mentioned Patent and given due receipt to Mr. X...

3. Mr. Y... is allowed to make use of this Patent in ... for an unlimited period.

4. The whole amount of the sale shall be paid into the Bank ... one week after the acceptance of the present agreement.

Drawn up in two copies in ..., on the ...

(Signatures)

4. La presente convención caducará sea con motivo de la interrupción de la fabricación, sea sobre la solicitación de una de las partes que tendrá que avisar la otra de la decisión por carta certificada. En este caso, la convención quedará válida durante un período de tres meses desde la fecha de la entrega de la carta certificada.

Extendido en ..., en dos copias, el...

(Firmas)

67. Venta de una patente

Entre X... y Y... se pasó el contrato de venta de patente siguiente:

1. El Sr. X... cede este día al Sr. Y... la patente suiza No. ... por la suma de Fr. ...

2. El Sr. Y... certifica haber recibido dicha Patente con un recibo debidamente extendido y remitido al Sr. X...

3. El Sr. Y... tiene el derecho de explotar la Patente en ... por un período sin límite.

4. El importe de la venta se remitirá integralmente en el Banco ... una semana después de la firma del presente contrato.

Extendido en dos copias en ..., el...

(Firmas)

| XXXVI | NOUS AVONS LU DANS LES JOURNAUX | XXXVI | WIR HABEN IN DEN ZEITUNGEN GELESEN |

HÔTEL

Hôtel du ...
Le plus moderne en Suisse. 100 chambres avec salle de bains et douche. Téléphone privé dans chaque chambre et chaque salle de bains. Radio et télévision privés. Garage pour 50 voitures. Vaste place de parc.

Chambres à partir de fr. 18.–, déjeuner et service compris.

Hôtel ...
Situé à ..., en face des célèbres ...; c'est l'hôtel de luxe par excellence. Les jardins de l'hôtel sont le lieu de rendez-vous de personnes les plus distinguées. Un confort somptueux, un goût discret et raffiné: voilà ce que l'hôtel ... offre à sa clientèle sélecte. Le restaurant, le Grill-room et la salle des banquets sont magnifiques. Toutes les chambres sont pourvues d'une salle de bains, du chauffage central, du téléphone et d'un petit tableau permettant d'appeler les différents services de l'hôtel.

HOTEL

Hotel ...
Das modernste Hotel der Schweiz. 100 Zimmer, alle mit Bad und Dusche. Telephon in jedem Zimmer und Bad. Radio und Television. Garage für 50 Wagen und großer Parkplatz.

Zimmer inkl. Frühstück und Bedienung ab Fr. 18.–.

Hotel ...
Die Lage am ... und gegenüber den berühmten ... stempelt das Hotel ... zum einzigartigen Luxushotel. In seinen Gärten treffen sich Angehörige der auserlesensten Gesellschaftskreise. Höchsten und gleichzeitig unaufdringlichen und doch raffinierten Komfort bietet das Hotel ... seinen auserwählten Gästen. Das Restaurant, der Grill-Room und der Bankettsaal sind prachtvoll gestaltet. Alle Zimmer verfügen über eigenes Bad, Zentralheizung, Telephon und eine Sprechanlage für die direkte Verbindung mit den verschiedenen Dienstzweigen des Hotels.

| XXXVI | WE HAVE READ IN THE NEWSPAPERS | XXXVI | LOS LEÍMOS EN PERIÓDICOS |

HOTEL

Hotel ...

Most modern in Switzerland. 100 rooms, all with bath and shower. Private telephone in every room and every bathroom.

Private radio and television sets. 50 cars garage. Ample parking area.

Rooms from fr. 18.– including breakfast and service.

Hotel ...

Situated in ..., facing the famous ..., this is the hotel de luxe par excellence. The hotel gardens are the rendez-vous of the most distinguished persons. Sumptuous comfort, discreet and of refined good taste, is what the ... offers its "select" clientele. A magnificent Restaurant, Grill-room and banquet hall. All the rooms are equiped with bathroom, central heating, telephone and light indicators to contact the various hotel services.

HOTEL

Hotel de ...

El más moderno de Suiza. 100 cuartos con sala de baño y ducha. Teléfono particular en cada cuarto y cada sala de baño.

Radio y televisión particulares. Garage para 50 coches. Plaza extensa de estacionar.

Cuartos desde fr. 18.– desayuno y servicio inclusos.

Hotel ...

Situado en ..., frente a los célebres ..., es el hotel de lujo por excelencia. Los jardines del hotel son el lugar de cita de las personas más distinguidas. Un confort suntuoso, un gusto discreto y delicado: esto es lo que el hotel ... ofrece a su clientela selecta. El restaurant, el Grill-Room y la sala de banquetes son magníficos. Todos los cuartos están provistos con una sala de baño, con calefacción central, con teléfono y con un tablero pequeño permitiendo llamar los diferentes servicios del hotel.

HORLOGERIE

Un siècle d'expérience. La montre ... techniquement et esthétiquement parfaite, le chef-d'œuvre du jubilé d'une excellente précision. C'est la plus petite montre automatique. Système de remontage automatique des plus modernes.

Pour celui qui possède une montre.

Vous avez une montre depuis l'âge de 10 ans. Mais vous désirez quelque chose de plus, quelque chose qui exprime votre recherche de la perfection.

La montre ... vous offre cela. Précise comme seules les montres ... le sont, entièrement automatique, étanche et antichoc, la montre ... est, de plus, un magnifique bijou.

Le plus ancien magasin de montres en Suisse vous offre ses plus récents modèles.

CAMERA

Voici les fameuses ciné-caméras 8 et 16 mm à «œil magique», posemètre automatique incorporé excluant toute erreur d'exposition.

Prix d'exportation: Frs. 512.80.

S'obtiennent aussi avec télé-objectif et objectif grand angle. En vente chez tous les marchands photographes en Suisse.

UHRENBRANCHE

Der Erfolg der Erfahrung eines Jahrhunderts: ..., die technisch und ästhetisch perfekte Uhr als Jubiläums-Meisterwerk hoher Präzision. Die kleinste automatische Uhr mit modernstem automatischem Aufzugswerk.

Tragen Sie eine Uhr?

Sicher haben Sie eine Uhr, vielleicht seit Ihrem zehnten Altersjahr. Aber Sie wünschen etwas Besseres, etwas Vollkommenes.

Die Uhr ... bietet Ihnen das Gesuchte. Genau, wie es nur die Uhren ... sind, absolut automatisch, wasserdicht und unzerbrechlich, alle diese Eigenschaften ergeben die ..., die darüber hinaus ein prachtvolles Schmuckstück ist.

Das älteste Uhrengeschäft in der Schweiz bietet Ihnen die Auswahl unter den modernsten und gediegensten Uhren.

CAMERA

Filmen? Ja, aber mit der berühmten Film-Kamera ... 8 und 16 mm, mit dem «magischen Auge», dem eingebauten automatischen Belichtungsmesser, der alle Belichtungsfehler ausschließt.

Exportpreis: SFr. 512.80.

Lieferung auch mit Teleobjektiv und Weitwinkelobjektiv. In der Schweiz in allen Fachgeschäften erhältlich.

WATCH-INDUSTRY

A century of experience ... The technically and aesthetically perfect, the jubilee timepiece with excellent accuracy. It is the thinnest automatic watch. The most up-to-date scientific system of automatic winding.

For the man who has "a watch". You've had a watch since you were in your teens. But now you want something more, something that expresses your need for perfection.

The ... does just that. Precise as only ... watches are precise, fully automatic, waterproof and shock-protected, the ... adds the final luxury of being a magnificent piece of jewelry.

Switzerland's oldest watch shop, serving you with Switzerland's latest and finest watches.

CAMERA

These are the world famous movie cameras 8 and 16 mm with the "magic eye", the built-in automatic exposure-meter, eliminating all exposure errors.

Export price: SFr. 512.80.

Available also with tele-and wide angle lens attachments. For sale in all photo-shops in Switzerland.

RELOJERIA

Un siglo de experiencia. El reloj ... técnica y estéticamente perfecto, la obra-maestra del jubileo de una excelente precisión. Es el más pequeño reloj automático. Sistema de remontaje automático de lo más moderno.

Para el que posee un reloj. Ud. tiene un reloj desde la edad de 10 años. Pero Ud. desea algo más, algo que exprese su afición a la perfección.

El reloj ... se lo ofrece. Preciso como sólo lo son los relojes ..., enteramente automático, estanco y antichoque, el reloj ... es, además una joya magnífica.

La más antigua tienda de relojes de Suiza le ofrece sus últimos y más finos relojes.

CAMERA

Hé aquí las famosas cine-cámaras 8 y 16 mm de «ojo mágico» pausametro automático incorporado excluyendo todo error de exposición.

Precio de exportación: Fr. s. 512.80.

También se consiguen con teleobjetivo de ángulo grande. Se vende en todas las tiendas de fotografía en Suiza.

BANQUE

La banque ... met ses services à votre disposition pour l'encaissement de vos chèques de voyage, de vos lettres de crédit et pour vos besoins en monnaie étrangère.

MACHINES

Stocks très importants de pièces de rechanges des principaux éléments de moteurs Ford, Chevrolet, G.M.C., Dodge.

Avant d'acheter demandez-nous notre liste.

Présentation de la Meuleuse Pneumatique à main TYBRO. Pour recevoir les prix et les escomptes, s'adresser à ...

Aujourd'hui, plus que jamais, les machines à écrire ... donnent aux chefs d'entreprises la possibilité de réduire leurs frais généraux. Vous vous rendrez compte que la machine ... dure plus longtemps avec moins de réparations, car une construction solide lui assure cette remarquable résistance.

Il n'y a rien de mieux sur le marché.

BANK

Die Bank ... steht Ihnen gerne für Auszahlung Ihrer Reiseschecks und Kreditbriefe und für den Wechsel ausländischen Geldes zur Verfügung.

MASCHINEN

Sehr große Vorräte an Ersatzteilen für die wichtigen Elemente der Ford-, Chevrolet-, G.M.C.- und Dodge-Motoren.

Verlangen Sie bitte unsere Preisliste, bevor Sie anderswo kaufen.

Vorführung der pneumatischen Hand-Schleifmaschine TYBRO. Anfragen über Preise und Wiederverkaufsbedingungen sind zu richten an ...

Mehr denn je geben heute die Schreibmaschinen ... den leitenden Persönlichkeiten von Unternehmungen die Möglichkeit, die allgemeinen Unkosten zu senken. Sie werden sich selbst davon überzeugen können, daß die Maschine ... eine längere Lebensdauer bei weniger Unterhaltskosten aufweist, denn ein solider Bau sichert ihr diese außergewöhnliche Strapazierfähigkeit.

Es gibt nichts Besseres auf dem Markt.

BANK	BANCO
The ... Bank offers friendly service for the cashing of your travellers cheques, letters of credit and your requirements of foreign banknotes.	El banco ... se ofrece a Ud. para el cobro de sus cheques de viaje, des sus cartas-orden y para sus necesidades en moneda extranjera.
MACHINES	**MAQUINAS**
Very large stocks of spare major assemblies Ford, Chevrolet, G.M.C., Dodge.	Existencias muy importantes de piezas de recambio de los principales elementos de los motores Ford, Chevrolet, G.M.C., Dodge.
Before you buy, send for lists.	Antes de comprar pídanos Ud. nuestra lista.
Introducing the TYBRO pneu-matic Hand Grinder. For prices and re-sale discounts apply ...	Presentación de la amoladora automática de mano TYBRO. Para recibir los precios y los descuentos para la venta dirigirse a ...
Today, more than ever before, typewriters are helping executives to cut down office costs. You will find that a ... stays on the job longer, with less time out for repairs. This remarkable endurance is assured by a solid construction.	Hoy, más que nunca, las máquinas de escribir ... dan a los jefes de empresas, la posibilidad de comprimir los gastos generales. Ud. sacará la cuenta de que la máquina ... dura más tiempo con menos reparaciones, pues una construcción sólida le asegura esta notable resistencia.
There is nothing better in the market.	No hay nada mejor en el mercado.

RÉCLAMES DIVERSES	VERSCHIEDENE INSERATE
Point n'est besoin d'itinéraire. Allez au hasard et découvrez le pays comme il vous plaît.	Reisen? Ja, aber ohne Plan. Lassen Sie sich vom Zufall leiten und gehen Sie auf Entdeckungen aus.
Nous désirons acheter ...	Wir wünschen zu kaufen ...
C'est là un des titres de notre section des OCCASIONS D'AFFAIRES (voir les pages 145 à 159 du présent numéro) dans laquelle nous publions des annonces gratuites à l'intention de nos lecteurs de ce pays et de l'étranger.	Das ist einer der Titel unserer Rubrik GELEGENHEITSGESCHÄFTE (siehe Seiten 145–159 dieser Ausgabe), in der wir Gratisinserate für alle unsere in- und ausländischen Leser publizieren.
Il n'y a rien à payer pour ce service et nous recevons avec plaisir les nouvelles demandes des acheteurs de n'importe quelle provenance.	Wir stellen diese Rubrik kostenlos zur Verfügung und nehmen gerne weitere Anfragen von Käufern jedes Landes entgegen.
On trouvera une formule imprimée de ce service gratuit à la page 144.	Benützen Sie bitte für diesen Gratisdienst den Formularvordruck auf Seite 144.
Visitez la Foire Internationale de Paris du 25 mai au 10 juin.	Besuchen Sie die Internationale Messe in Paris vom 25. Mai bis 10. Juni.
La foire commerciale la plus complète. Demandez la carte de légitimation délivrée aux commerçants, industriels, techniciens, qui permet l'entrée gratuite dans la Foire, l'obtention de devises, et une réduction sur les tarifs des chemins de fer français. Veuillez vous adresser aux Représentants Français de votre localité.	Reservieren Sie dieses Datum für die größte Handelsmesse der Welt. Verlangen Sie die Ausweiskarte für Kaufleute, Industrielle und Techniker, die mit Gratiseintritt in die Messe, Devisenzuteilung und Preisermäßigungen auf den Tarifen der französischen Staatsbahnen verbunden ist. Wenden Sie sich bitte an die Französische Vertretung Ihrer Stadt.
Veuillez adresser ... tous les 15 jours, sans frais de timbres, à l'adresse suivante pendant un an et ensuite jusqu'à nouvel ordre. Nous joignons un chèque de ... en couverture de l'abonnement d'un an.	Senden Sie bitte während eines Jahres und anschließend, bis Sie eine andere Weisung erhalten, ... (alle 14 Tage und portofrei für den Empfänger) an folgende Adresse: ... Als Beilage finden Sie einen Scheck über ... zur Deckung des ersten Jahresabonnements.
10 000 000 de vis de toutes dimensions en stock. Passez vos commandes dès maintenant.	10 000 000 Schrauben aller Größen am Lager. Bestellen Sie sofort.

MISCELLANEOUS ADVERTISEMENTS	VARIOS ANUNCIOS
There is no need for an itinerary. Go without a plan and discover the country at will.	No cabe un itinerario. Vaya Ud. como se le antoje y descubra el país como le guste.
We want to buy ...	Deseamos comprar ...
This of course, is one of the headings of our BUSINESS OPPORTUNITIES section (see pages 145 to 159 in this issue), in which we publish free notices for our readers at home and abroad.	Es éste uno de los títulos de nuestra sección de OCASIONES DE NEGOCIOS (véase las páginas 145 a 159 del presente número) en el cual publicamos anuncios gratuitos destinados a nuestros lectores de este país y del extranjero.
There are no charges of any sort for this service, and we welcome new inquiries from buyers everywhere.	No hay nada que pagar para este servicio y recibimos con gusto nuevas demandas de los compradores de cualquier procedencia.
A free service form will be found on page 144.	Se hallará un formulario impreso de este Servicio Gratuito en la página 144.
Visit the Paris International Trade Fair. 25th May-10th June.	Visite la Feria Internacional de Paris, del 25 de Mayo al 10 de Junio.
Book these dates now for your visit to the world's most comprehensive Trade Fair. Official Fair Vouchers, issued only to bona fide trade-visitors, entitle the holder to free entry to the Fair, business currency allocation and a reduction in French rail fares. Apply now for particulars to your local French Representatives.	La feria más completa. Pídase la carta de legitimación entregada a los comerciantes, fabricantes, técnicos, que permite la entrada gratuita en la Feria, la otorgación de devisas, y una reducción de los precios en los Ferrocarriles franceses. Diríjase a los Representantes Franceses de su plaza.
Please supply ... fortnightly, post free, to the following address for one year and thereafter until countermanded by us. We are enclosing our cheque for ... to cover one year's subscription.	Sírvase dirigir ... cada 15. días, sin gastos de sellos, a la dirección siguiente durante un año y en seguida hasta nuevo aviso. Le juntamos un cheque de ... para cubrir el abono de un año.
10 000 000 screws in stock. All sizes. Order now.	10 000 000 de tornillos de todos tamaños en existencia. Coloque los pedidos ahora.

On ne peut appeler du luxe un ... Demandez-nous plus de détails en vous servant de la formule ci-jointe.	Ein ... ist sicher kein Luxus. Verlangen Sie mit dem beiliegenden Formular weitere Einzelheiten.
Ils sont faits dans une usine neuve possédant toutes les commodités modernes.	Sie werden in einer neuen und mit der modernsten technischen Ausrüstung versehenen Fabrik hergestellt.
Listes et catalogues détaillés sur demande et nous vous invitons à mettre nos services à contribution pour tous vos problèmes techniques.	Detaillierte Tabellen und Kataloge stehen auf Verlangen zur Verfügung, und wir laden Sie herzlich ein, Ihre technischen Probleme mit uns zu besprechen.
Faites-nous connaître vos besoins.	Legen Sie uns bitte Ihre Probleme vor.
Fournit un travail plus rapide et moins cher à de nouveaux prix plus bas.	Schnellere und billigere Arbeit zu neuen und tieferen Preisen.
Construit pour une longue vie utile et sans ennuis. On peut s'y fier complètement. Un produit typique ...	Gebaut für lange Lebensdauer und störungsfreien Lauf. Sie können sich ihm vollständig anvertrauen: ein typisches ... Fabrikat.

You can't call a ... a luxury.	No se puede llamar lujo un ...
Ask for more details by posting the enclosed form.	Pídanos más particulares sirviéndose de los formularios inclusos.
They are made in a brand new factory with every modern facility.	Se han fabricado en un taller nuevo gozando de cuantas comodidades modernas.
Detailed descriptive lists and catalogues are available and we invite you to use our service to answer your technical problems.	Listas y catálogos detallados sobre pedido y les convidamos a acudir a nuestros servicios para cuantos problemas técnicos.
Send us your inquiries.	Manifiéstenos sus necesidades.
Gives you quicker and cheaper work at a new low price.	Proporciona un trabajo más rápido y menos caro a nuevos precios más bajos.
Built for a long, trouble-free life, they are completely dependable. A typical ...-product in fact.	Construido para una vida larga, útil y sin molestias. Uno puede fiarse por completo. Un producto típico ...

68. Central Eléctrica de Furnas S.A.
Rio de Janeiro

CONSTRUCTION D'UNE USINE HYDRO-ÉLECTRIQUE

1. Les entreprises de construction civile sont informées par la présente que, jusqu'au 14 novembre 1959, la Centrale Eléctrica de Furnas S.A. recevra les inscriptions pour la construction d'une usine hydro-électrique de 1 100 000 kW sur le Rio Grande, dans l'Etat de Minas Gerais (Brésil) près de la ville de Passos. Cette sélection des candidats sera faite dans un cadre international, vu le volume des travaux projetés et le délai imposé pour leur exécution.

2. Les travaux principaux de cet aménagement hydro-électrique comprennent la construction des ouvrages suivants: digue en enrochement avec noyau d'argile, d'un volume total d'environ 10 000 000 de m^3; 2 (deux) tunnels de dérivation, de 15 m de diamètre chacun, déversoir latéral, prise d'eau et édifice de l'usine prévus pour l'installation de 12 (douze) unités génératrices.

Ces travaux devront être commencés au courant du premier semestre 1960 et terminés jusqu'à la fin de l'année 1964.

3. La première sélection sera faite par la Central Eléctrica de Furnas S.A. suivant la renommée professionnelle et technique des constructeurs candidats ayant exécuté des travaux du même genre et de même ampleur. Les firmes sélectionnées recevront en temps opportun, des invitations par écrit pour présenter leurs offres pour l'exécution des travaux.

68. Central Eléctrica de Furnas S.A.
Rio de Janeiro

BAU DER HYDRO-ELEKTRISCHEN ZENTRALE

1. Die Central Eléctrica de Furnas S.A. lädt die Hoch- und Tiefbau-Unternehmungen ein, sich bis zum 14. November zu melden, sofern sie an der Übernahme von Arbeiten am Bau einer hydroelektrischen Zentrale von 1 100 000 kW am Rio Grande in der Nähe der Stadt Passos (im Staat Minas Gerais, Brasilien) interessiert sind. In Anbetracht der Größe des Projektes und der Erstellungsfrist wird die Auswahl unter den kandidierenden Firmen auf internationaler Basis erfolgen.

2. Die hauptsächlichen Arbeiten für diese hydroelektrischen Anlagen umfassen: Bau eines Steinschüttdammes mit gestampftem Lehmkern mit ca. 10 000 000 m^3 Inhalt; 2 (zwei) Flußumleitungsstollen von je 15 m Durchmesser, eines Seitenkanalüberlaufes, der Wasserfassung und des für den Einbau von 12 (zwölf) Generatorgruppen vorgesehenen Maschinenhauses.

Diese Arbeiten müssen im Laufe des ersten Halbjahres 1960 begonnen werden und bis Ende 1964 beendigt sein.

3. Die erste Auswahl unter den Bewerbern wird durch die Central Eléctrica de Furnas S.A. unter Berücksichtigung der beruflichen und technischen Erfahrungen der Konstrukteure, die sich über Ausführung von Arbeiten gleicher Art und Größe ausweisen können, getroffen. Die ausgewählten Firmen werden zu gegebener Zeit schriftlich aufgefordert, ihre Offerten für die zu vergebenden Arbeiten einzureichen.

68. Central Eléctrica de Furnas S.A.
Rio de Janeiro

CONSTRUCTION OF HYDROELECTRIC POWER-PLANT

1. Notice is hereby given to interested Civil engineering concerns that until November 14th 1959 this Company-Furnas will receive application for prequalification of bidders for the construction of a hydroelectric power plant of 1 100 000 kW to be built on the Grande River, in the State of Minas Gerais (Brazil) near the town of Passos. The selection of applicants will be of international scope, in view of the magnitude of the work involved and the time-limit established for its construction.

2. The main features for this hydroelectric development involve the construction of a rockfil dam with clay core, with a volume of approximately 10 000 000 m³; 2 (two) river diversion tunnels, of 15 m diameter, sidechannels spillway, intake and forebay structures and a powerhouse designed for the installation of 12 (twelve) generating units.

Work shall commence during the first semester of 1960, and should be concluded by the end of 1964.

3. The pre-qualification of bidders shall be made by Furnas on the basis of the professional standing of applicant contractors, experienced in work of the same kind and magnitude.
Selected contractors will receive in due course written invitations for the submission of proposals for the execution of the work.

68. Central Eléctrica de Furnas S.A.
Rio de Janeiro

CONSTRUCCIÓN DE UNA PLANTA HIDRO-ELÉCTRICA

1. Las empresas de construcción civil están avisadas que hasta el 14 de Noviembre 1959 la Central Eléctrica de Furnas S.A. recibirá las inscripciones para la construcción de una planta hidro-eléctrica de 1 100 000 kW sobre el Río Grande, en el Estado de Minas Gerais (Brasil) cerca de la ciudad de Passos.
Esta selección de candidatos se hará en un cuadro internacional, con motivo del volumen de los trabajos proyectados y del plazo impuesto para su ejecución.

2. Los trabajos principales de esta colocación hidro-eléctrica incluyen la construcción de las obras siguientes: de un dique en cimientos de roca con núcleo de greda, de un volumen total de unos 10 000 000 de m³; 2 (dos) túneles de derivación, de 15 m de diámetro cada uno, desaguadero lateral, captura de agua y la edificación de la planta prevista para la colocación de 12 (doce) unidades engendradoras.

Estos trabajos se iniciarán en el curso del primer semestre de 1960 y deberán concluirse hasta fines del año 1964.

3. La primera selección se efectuará por la Central Eléctrica de Furnas S.A. según el renombre profesional y técnico de los constructores candidatos habiendo ejecutado trabajos de misma índole y de misma importancia. Las empresas seleccionadas recibirán en tiempo debido, convocaciones por escrito para presentar sus ofrecimientos para la ejecución de los trabajos.

4. Les conditions à remplir pour participer à la première sélection seront fournies, aux intéressés, contre reçu, par le bureau de la Central Eléctrica de Furnas S.A., à Rio de Janeiro (Brésil), Rua Sao José 90, ou par les organisations suivantes qui ont bien voulu nous prêter leur concours.

4. Die Bedingungen für die erste Einschreibung können gegen Empfangsbestätigung bei der Central Eléctrica de Furnas S.A., Rua Sao José 90, Rio de Janeiro, Brasilien, oder bei folgenden Organisationen, die sich entgegenkommenderweise zur Verfügung gestellt haben, bezogen werden.

4. Instructions for application for prequalification will be sent, against receipt, to interested parties at the Furnas main office in Rio de Janeiro (Brazil), at Rua Sao José 90, and by courtesy of the following organizations.	4. Las condiciones requeridas para tomar parte a la primera selección se comunicarán a los interesados, contra recibo, por la oficina de la Central Eléctrica de Furnas S.A., en Río de Janeiro (Brasil), Rua Sao José 90, o por las organizaciones siguientes que se sirvieron prestarnos su colaboración.

TABLE DES MATIÈRES		INHALTSVERZEICHNIS	
I	ABRÉVIATIONS 8	I	ABKÜRZUNGEN 8
II	FORMULES GÉNÉRALES . . 12	II	ALLGEMEINE WENDUNGEN 12
	Début 12		Einleitung 12
	Salutations 14		Briefabschlüsse 14
III	DEMANDES 16	III	ANFRAGEN 16
	Lettres: 1. Demande d'envoi à l'examen 18		Musterbriefe: 1. Sie bitten um eine Sendung zur Ansicht 18
	2. Demande d'offre 18		2. Bitte um Angebot . . 18
	Exercices: 1 et 2 18		Aufgaben: 1 und 2 18
IV	RÉPONSES AUX DEMANDES 20	IV	ANTWORTEN 20
	Lettres: 3. Envoi d'un catalogue . . . 22		Musterbriefe: 3. Versand eines Katalgs. 22
	4. Envoi à l'examen 24		4. Sendung zur Ansicht 24
	Exercices: 3 et 4 24		Aufgaben: 3 und 4 24
V	COMMANDES 26	V	BESTELLUNGEN 26
	Lettres: 5. Commande de livres . . . 28		Musterbriefe: 5. Bücher-Bestellung . 28
	6. Commande de bas 30		6. Bestellg. v. Strümpfen 30
	Exercices: 5 et 6 30		Aufgaben: 5 und 6 30
VI	CONFIRMATION DE COMMANDE . . . 32	VI	AUFTRAGSBESTÄTIGUNG . . 32
	Lettres: 7. Confirmation d'ordre . . . 34		Musterbriefe: 7. Auftragsbestätigung . 34
	8. Confirmation d'ordre et demande de délai de livraison 36		8. Auftragsbestätigung u. Lieferfristanfrage . . 36
	Exercices: 7 et 8 36		Aufgaben: 7 und 8 36
VII	ANNULATION D'ORDRE . . . 38	VII	AUFTRAGSWIDERRUF UND -ABLEHNUNG 38
	a) Annulé par le client 38		a) Vom Auftraggeber widerrufen . . . 38
	b) Annulé par le fournisseur 38		b) Vom Verkäufer abgelehnt 38
	Lettres: 9. Annulation d'ordre par le client 40		Musterbriefe: 9. Auftragswiderruf durch den Besteller . 40
	10. Le fournisseur annule un ordre 40		10. Auftragsablehnung d. d. Lieferanten . . 40
	Exercices: 9 et 10 40		Aufgaben: 9 und 10 40
VIII	EXÉCUTION D'ORDRES . . . 42	VIII	AUFTRAGSAUSFÜHRUNG . 42
	a) Formules d'entrée 42		a) Briefanfänge 42
	b) Prix 42		b) Preise 42
	c) Fret, assurance et douane 42		c) Fracht, Versicherung und Zoll . . 42
	d) Livraison 44		d) Lieferung 44
	e) Payement 44		e) Zahlung 44
	f) Fin de lettre 44		f) Schlußworte 44
	Lettres: 11. Exécution d'ordre, Livraison de livres . . . 46		Musterbriefe: 11. Auftragsausführung, Bücherlieferung . . 46
	12. Envoi d'une facture . . . 46		12. Zustellung einer Rechnung 46
	Exercices: 11 et 12 46		Aufgaben: 11 und 12 46

	CONTENTS		ÍNDICE

I	ABREVIATIONS 9	I	ABREVIATURAS 9
II	GENERAL SENTENCES . . . 13	II	FÓRMULAS GENERALES . . 13
	Opening 13		Introducción 13
	Greetings 15		Terminaciones de cartas 15
III	INQUIRIES. 17	III	PETICIONES 17
	Letters: 1. Asking for a choice of books 19		Cartas: 1. Petición de envío al examen 19
	2. Asking for a bid 19		2. Petición de suministro. . . 19
	Exercises: 1 and 2 19		Ejercicios: 1 y 2 19
IV	ANSWERS 21	IV	CONTESTACIONES 21
	Letters: 3. Forwarding a catalogue . . 23		Cartas: 3. Envío de catálogo 23
	4. Sending goods for examinat. 25		4. Envío para su examen . . 25
	Exercises: 3 and 4 25		Ejercicios: 3 y 4 25
V	ORDERS 27	V	ÓRDENES 27
	Letters: 5. Order for books 29		Cartas: 5. Orden de libros 29
	6. Order for stockings 31		6. Pedido de medias 31
	Exercises: 5 and 6 31		Ejercicios: 5 y 6 31
VI	ACKNOWLEDGMENT OF AN ORDER 33	VI	CONFIRMACIÓN DE ORDEN 33
	Letters: 7. Acknowledgm. of an order 35		Cartas: 7. Confirmación de orden . . 35
	8. Acknowledging an order and asking for a delay in delivery 37		8. Confirmación de orden y petición 37
	Exercises: 7 and 8 37		Ejercicios: 7 y 8 37
VII	CANCELLING AN ORDER . . 39	VII	ANULACIÓN DE ORDEN . . 39
	a) Cancelled by the customer 39		a) Anulado por el cliente 39
	b) Cancelled by the supplier 39		b) Anulado por el proveedor 39
	Letters: 9. The customer cancels his order 41		Cartas: 9. Anulación de orden por el cliente 41
	10. The supplier declines an order 41		10. El proveedor anula una orden 41
	Exercises: 9 and 10. 41		Ejercicios: 9 y 10 41
VIII	EXECUTION OF ORDERS . . 43	VIII	EJECUCIÓN DE ÓRDENES . . 43
	a) Introductory sentences 43		a) Formulas de estreno 43
	b) Price. 43		b) Precios 43
	c) Freight, insurance and custom . . 43		c) Flete, seguro y aduana 43
	d) Delivery 45		d) Entrega 45
	e) Payment 45		e) Pago. 45
	f) Ending the letter 45		f) Final de cartas 45
	Letters: 11. Carrying out an order Sending books 47		Cartas: 11. Ejecución de orden Entrega de libros 47
	12. Sending an invoice . . . 47		12. Envío de factura 47
	Exercises: 11 and 12 47		Ejercicios: 11 y 12 47

IX	PAYEMENT	48	IX	ZAHLUNG	48

IX PAYEMENT 48
    Lettres: 13. Payement par chèque . . 50
              14. Payement par c.c.p. . . . 50
    Exercices: 13 et 14 50

X ACCUSÉ DE RÉCEPTION D'UN VERSEMENT 52
    Lettres: 15. Accusé de réception d'un payement par virement . 54
              16. Accusé de réception d'une traite et envoi d'un catalogue 54
    Exercices: 15 et 16 54

XI PAYEMENT PAR TRAITE OU PAR UNE TIERCE PERSONNE 56
    Lettres: 17. Payement par traite . . . 58
              18. Refus de payement par traite 58
    Exercices: 17 et 18 58

XII PREMIER RAPPEL 60
    Lettres: 19. Premier rappel 60
              20. Envoi d'un catalogue et premier rappel 62
    Exercices: 19 et 20 62

XIII DEUXIÈME RAPPEL 64
    Lettres: 21. Deuxième rappel 66
              22. Deuxième rappel . . . 66
    Exercices: 21 et 22 66

XIV TROISIÈME ET DERNIER RAPPEL 68
    Menaces de poursuites 68
    Lettres: 23. Menaces de poursuites . . 70
              24. Dernier rappel 70
    Exercices: 23 et 24 72

XV RÉPONSES AUX RAPPELS . . 74
    Lettres: 25. Réponse à un premier rappel 76
              26. Réponse à un deuxième rappel 78
    Exercices: 25 et 26 78

IX ZAHLUNG 48
    Musterbriefe: 13. Zahlung durch Scheck 50
                14. Zahlung durch Postüberweisung . . 50
    Aufgaben: 13 und 14 50

X ZAHLUNGSBESTÄTIGUNG . 52
    Musterbriefe: 15. Empfangsbestätigung einer Überweisung . 54
                16. Trattebestätigung und Versand eines Kataloges . . . 54
    Aufgaben: 15 und 16 54

XI ZAHLUNG DURCH WECHSEL ODER DURCH EINEN DRITTEN 56
    Musterbriefe: 17. Zahlung durch Wechsel 58
                18. Wechselablehnung . 58
    Aufgaben: 17 und 18 58

XII ERSTE MAHNUNG 60
    Musterbriefe: 19. Erste Mahnung . . 60
                20. Erste Mahnung und Zustellung eines Kataloges 62
    Aufgaben: 19 und 20 62

XIII ZWEITE MAHNUNG 64
    Musterbriefe: 21. Zweite Mahnung . . 66
                22. Zweite Mahnung . . 66
    Aufgaben: 21 und 22 66

XIV DRITTE UND LETZTE MAHNUNG 68
    Betreibungsandrohungen 68
    Musterbriefe: 23. Betreibungsandrohg. 70
                24. Letzte Mahnung . . 70
    Aufgaben: 23 und 24 72

XV ANTWORTEN AUF MAHNUNGEN 74
    Musterbriefe: 25. Antwort auf eine erste Mahnung. . . 76
                26. Antwort auf eine zweite Mahnung . . 78
    Aufgaben: 25 und 26 78

IX	PAYMENT 49	IX	PAGO 49

    Letters: 13. Payment by cheque . . . 51
              14. Payment by postal
                    money-order 51
    Exercises: 13 and 14 51

    Cartas: 13. Pago por cheque 51
              14. Pago por giro postal . . 51
    Ejercicios: 13 y 14 51

X   ACKNOWLEDGMENT OF A REMITTANCE 53

X   ACUSO DE RECIBO DE UN PAGO 53

    Letters: 15. Acknowledgment of a payment by transfer . . . 55
             16. Acknowledging the receipt of a bill and sending a catalogue . 55
    Exercises: 15 and 16 55

    Cartas: 15. Acuso de recibo de un pago por giro 55
              16. Acuso de recibo de un giro y envío de catálogo . 55
    Ejercicios: 15 y 16 55

XI   PAYMENT BY BILL OF EXCHANGE OR A THIRD PERSON 57

XI   PAGO POR GIRO O POR UNA PERSONA AGENA 57

    Letters: 17. Payment by bill 59
             18. Refusing a bill of exchange 59
    Exercises: 17 and 18 59

    Cartas: 17. Pago por giro 59
              18. Se rehusa un giro 59
    Ejercicios: 17 y 18 59

XII   FIRST REMINDER 61

XII   PRIMER AVISO 61

    Letters: 19. First reminder 61
             20. Sending of a catalogue combined with a first reminder 63
    Exercises: 19 and 20 63

    Cartas: 19. Primer aviso 61
             20. Envío de catálogo y primer aviso 63
    Ejercicios: 19 y 20 63

XIII   SECOND APPLICATION . . . 65

XIII   SEGUNDO AVISO 65

    Letters: 21. Second application . . . 67
             22. Second application . . . 67
    Exercises: 21 and 22 67

    Cartas: 21. Segundo aviso 67
             22. Segundo aviso 67
    Ejercicios: 21 y 22 67

XIV   THIRD AND LAST APPLICATION 69
    Threats to take legal steps 69

XIV   TERCER Y ÚLTIMO AVISO . . 69
    Amenazas de perseguimientos 69

    Letters: 23. Threat to take legal steps 71
             24. Last reminder 71
    Exercises: 23 and 24 73

    Cartas: 23. Amenaza de perseguimientos 71
             24. Último aviso 71
    Ejercicios: 23 y 24 73

XV   ANSWERS TO REMINDERS . 75

XV   CONTESTACIÓNES A LOS AVISOS 75

    Letters: 25. Reply to a first reminder . 77
            26. Reply to a second reminder 79
    Exercises: 25 and 26 79

    Cartas: 25. Contestación a un primer aviso 77
             26. Contestación a un segundo aviso 79
    Ejercicios: 25 y 26 79

XVI	RÉCLAMATIONS	80	XVI MÄNGELRÜGEN	80
	a) Qualité inférieure	80	a) Wegen minderwertiger Qualität	80
	b) Retard dans la livraison	80	b) Wegen Lieferungsverspätung	80
	Lettres: 27. Réclamation pour qualité inférieure	82	Musterbriefe: 27. Minderwertige Qualität	82
	28. Réclamation pour retard dans la livraison	82	28. Lieferungsverspätg.	82
	Exercices: 27 et 28	84	Aufgaben: 27 und 28	84
XVII	MARCHANDISES DÉFECTUEUSES DÉGÂTS	86	XVII BESCHÄDIGTE ODER DEFEKTE WAREN	86
	Lettres: 29. Marchandises défectueuses	88	Musterbriefe: 29. Beschädigte Ware	88
	30. Marchandises manquantes	88	30. Fehlende Waren	88
	Exercices: 29 et 30	88	Aufgaben: 29 und 30	88
XVIII	RÉCLAMATIONS DIVERSES	90	XVIII VERSCHIEDENE BESCHWERDEN	90
	Prix trop élevés	90	Wegen zu hohem Preis	90
	Phrases	90	Sätze	90
	Lettres: 31. Les marchandises sont trop chères	92	Musterbriefe: 31. Die Waren sind zu teuer	92
	32. Erreur d'adresse	92	32. Falsche Adresse	92
	Exercices: 31 et 32	94	Aufgaben: 31 und 32	94
XIX	RÉPONSES AUX LETTRES DE RÉCLAMATIONS	96	XIX ANTWORTEN AUF MÄNGELRÜGEN	96
	Lettres: 33. Réponse à la lettre No 31	100	Musterbriefe: 33. Antwort auf Brief Nr. 31	100
	34. Réponse à une lettre de réclamation pour retard dans la livraison	102	34. Antwort auf die Mängelrüge wegen Lieferungsverspätg.	102
	Exercices: 33 et 34	102	Aufgaben: 33 und 34	102
XX	DEMANDES DE RENSEIGNEMENTS	104	XX ERKUNDIGUNGEN	104
	a) Sur une maison	104	a) Über eine Firma	104
	b) Sur une personne	106	b) Über eine Person	106
	c) Fin de la lettre	106	c) Schlußworte	106
	Lettres: 35. Demande de renseignements sur une maison	108	Musterbriefe: 35. Erkundigung über eine Firma	108
	36. Demande de renseignements sur une personne	108	36. Erkundigung über eine Person	108
	Exercices: 35 et 36	110	Aufgaben: 35 und 36	110
XXI	RÉPONSES AUX DEMANDES DE RENSEIGNEMENTS	112	XXI AUSKÜNFTE	112
	Renseignements favorables:		Günstige Auskunft:	
	a) Sur une maison	112	a) Über eine Firma	112
	b) Sur une personne	112	b) Über eine Person	112
	Lettres: 37. Réponse favorable sur une maison	114	Musterbriefe: 37. Günstige Auskunft über eine Firma	114
	38. Réponse favorable sur une personne	114	38. Günstige Auskunft über eine Person	114
	Exercices: 37 et 38	116	Aufgaben: 37 und 38	116

XVI	COMPLAINTS	81
	a) Inferior quality	81
	b) Delay in delivery	81
	Letters: 27. Inferior goods . . .	83
	28. Delay in delivery . . .	83
	Exercises: 27 and 28	85
XVII	DAMAGED GOODS, DAMAGES	87
	Letters: 29. Damaged goods	89
	30. Some goods are missing	89
	Exercises: 29 and 30	89
XVIII	VARIOUS COMPLAINTS . .	91
	Prices are too high	91
	Phrases	91
	Letters: 31. The goods are too expensive	93
	32. Wrong address	93
	Exercises: 31 and 32	95
XIX	REPLIES TO LETTERS OF COMPLAINTS	97
	Letters: 33. Reply to the letter No. 31	101
	34. Reply to a complaint for delay in delivery . . .	103
	Exercises: 33 and 34	103
XX	INFORMATION REQUIRED	105
	a) About a firm	105
	b) About a person	107
	c) Ending the letter	107
	Letters: 35. Information required about a firm	109
	36. Information required about a person	109
	Exercises: 35 and 36	111
XXI	INFORMATION GRANTED	113
	Favourable reply:	
	a) About a firm	113
	b) About a person	113
	Letters: 37. Favourable reply about a firm	115
	38. Favourable reply about a person	115
	Exercises: 37 and 38	117

XVI	RECLAMACIONES	81
	a) Calidad inferior	81
	b) Demora en la entrega	81
	Cartas: 27. Calidad inferior	83
	28. Demora en la entrega .	83
	Ejercicios: 27 y 28	85
XVII	MERCANCÍAS DEFECTUOSAS, DAÑOS	87
	Cartas: 29. Mercancía defectuosa .	89
	30. Faltan mercancías . . .	89
	Ejercicios: 29 y 30	89
XVIII	VARIAS RECLAMACIONES	91
	Precios demasiado altos	91
	Frases	91
	Cartas: 31. Las mercancías son demasiado caras . . .	93
	32. Equivocacíon en la dirección	93
	Ejercicios: 31 y 32	95
XIX	CONTESTACIONES A LAS CARTAS DE RECLAMACIONES	97
	Cartas: 33. Contestacíon a la carta No. 31	101
	34. Contestacíon a una carta de reclamacíon por demora en la entrega . .	103
	Ejercicios: 33 y 34	103
XX	SE PIDEN INFORMES . . .	105
	a) Sobre una casa	105
	b) Sobre una persona	107
	c) Final de la carta	107
	Cartas: 35. Se piden informes sobre una casa	109
	36. Se piden informes sobre una persona	109
	Ejercicios: 35 y 36	111
XXI	CONTESTACIONES A LAS DEMANDAS DE INFORMES	113
	Informes favorables:	
	a) Sobre una casa	113
	b) Sobre una persona	113
	Cartas: 37. Contestacíon favorable sobre una casa	115
	38. Contestacíon favorable sobre una persona . . .	115
	Ejercicios: 37 y 38	117

XXII	RENSEIGNEMENTS VAGUES 118	
	a) Sur une maison 118	
	b) Sur une personne 118	
	Lettres: 39. Renseignements vagues sur une maison 120	
	40. Renseignements vagues sur une personne . . . 120	
	Exercices: 39 et 40 122	
XXIII	RÉPONSE DÉFAVORABLE . 124	
	a) Sur une maison 124	
	b) Sur une personne 124	
	Fin de la lettre 126	
	Lettres: 41. Renseignements défavorables sur une maison . 126	
	42. Renseignements défavorables sur une personne 128	
	Exercices: 41 et 42 128	
XXIV	DEMANDE D'ASSURANCE . 130	
	Lettres: 43. Demande d'assurance . 132	
	44. Perte d'un colis 132	
	Exercices: 43 et 44 132	
XXV	RÉPONSES DE LA SOCIÉTÉ D'ASSURANCES 134	
	Lettres: 45. Réponse affirmative de l'assureur 136	
	46. L'assureur accepte de verser une indemnité . 138	
	Exercices: 45 et 46 138	
XXVI	IMPORTATION ET EXPORTATION 140	
	Lettres: 47. Confirmation de vente . 144	
	48. Envoi de marchandises 146	
	Exercices: 47 et 48 146	
XXVII	BANQUE ET BOURSE . . . 148	
	Lettres: 49. Demande de crédit . . 150	
	50. Ouverture de crédit . . 152	
	Exercices: 49 et 50 152	

XXII	UNBESTIMMTE AUSKÜNFTE 118	
	a) Über eine Firma 118	
	b) Über eine Person 118	
	Musterbriefe: 39. Unbestimmte Auskünfte über eine Firma 120	
	40. Unbestimmte Auskünfte über eine Person 120	
	Aufgaben: 39 und 40 122	
XXIII	UNGÜNSTIGE AUSKUNFT 124	
	a) Über eine Firma 124	
	b) Über eine Person 124	
	Schlußworte 126	
	Musterbriefe: 41. Ungünstige Auskunft über eine Firma 126	
	42. Ungünstige Auskunft über eine Person 128	
	Aufgaben: 41 und 42 128	
XXIV	VERSICHERUNGSANTRAG 130	
	Musterbriefe: 43. Versicherungsantrag 132	
	44. Verlust eines Paketes 132	
	Aufgaben: 43 und 44 132	
XXV	ANTWORTEN DER VERSICHERUNGSGESELLSCHAFT 134	
	Musterbriefe: 45. Zustimmende Antwort des Versicherers . . . 136	
	46. Der Versicherer anerkennt eine Schadenersatz-Forderung . . . 138	
	Aufgaben: 45 und 46 138	
XXVI	IMPORT UND EXPORT . . 140	
	Musterbriefe: 47. Verkaufsbestätigg. 144	
	48. Versandbestätigg. 146	
	Aufgaben: 47 und 48 146	
XXVII	BANK UND BÖRSE 148	
	Musterbriefe: 49. Kreditgesuch . . 150	
	50. Krediteröffnung . 152	
	Aufgaben: 49 und 50 152	

XXII VAGUE REPLY 119	XXII INFORMES IMPRECISOS . 119
a) About a firm 119	a) Sobre una casa 119
b) About a person 119	b) Sobre una persona 119
Letters: 39. Vague reply about a firm 121	Cartas: 39. Informes imprecisos sobre una casa 121
40. Vague reply about a person 121	40. Informes imprecisos sobre una persona . . . 121
Exercises: 39 and 40 123	Ejercicios: 39 y 40 123
XXIII UNFAVOURABLE REPLY . 125	XXIII CONTESTACIÓN DESFAVORABLE 125
a) About a firm 125	a) Sobre una casa 125
b) About a person 125	b) Sobre una persona 125
Ending of the letter 127	Final de la carta 127
Letters: 41. Unfavourable informat. about a firm 127	Cartas: 41. Informes desfavorables sobre una casa 127
42. Unfavourable informat. about a person 129	42. Informes desfavorables sobre una persona . . . 129
Exercises: 41 and 42 129	Ejercicios: 41 y 42 129
XXIV INSURANCE REQUIRED . . 131	XXIV DEMANDA DE SEGURO . . 131
Letters: 43. Asking for an insurance 133	Cartas: 43. Demanda de seguro . . 133
44. Loss of a parcel . . . 133	44. Pérdida di un bulto . . 133
Exercises: 43 and 44 133	Ejercicios: 43 y 44 133
XXV ANSWERS FROM THE INSURANCE COMPANY 135	XXV CONTESTACIÓNES DE LA SOCIEDAD DE SEGUROS . 135
Letters: 45. Affirmative reply from the insurer 137	Cartas: 45. Contestación afirmativa del asegurador 137
46. The Insurance Company agrees to pay a compensation 139	46. El asegurador acepta pagar una indemnización 139
Exercises: 45 and 46 139	Ejercicios: 45 y 46 139
XXVI IMPORT AND EXPORT TRADE 141	XXVI IMPORTACIÓN Y EXPORTACIÓN 141
Letters: 47. Acknowledgment of an order 145	Cartas: 47. Confirmación de venta . 145
48. Goods are forwarded . 147	48. Expedición de mercancías 147
Exercises: 47 and 48 147	Ejercicios: 47 y 48 147
XXVII BANK AND STOCK-EXCHANGE 149	XXVII BANCO Y BOLSA 149
Letters: 49. Letter requesting credit 151	Cartas: 49. Se solicita un crédito . . 151
50. Opening of credit . . . 153	50. Se otorga un crédito . . 153
Exercises: 49 and 50 153	Ejercicios: 49 y 50 153

XXVIII CORRESPONDANCE HÔTELIÈRE 154	**XXVIII KORRESPONDENZ DER HOTELBRANCHE** 154
Demande de réservation. 154	Anfrage für Reservierung 154
Lettres: 51. Demande de réservation d'une chambre 154	Musterbriefe: 51. Anfrage für Zimmerreservierung . 154
52. Renvoi d'une réservation 156	52. Datumverschiebg. 156
Exercices: 51 et 52. 156	Aufgaben: 51 und 52 156
XXIX CORRESPONDANCE POUR HÔTELS 158	**XXIX HOTEL-KORRESPONDENZ** 158
Lettres: 53. Réponse à une demande de prix. 164	Musterbriefe: 53. Antwort auf eine Preisanfrage . . 164
54. L'hôtel communique une réservation 166	54. Bestätigung einer Zimmerreservierung 166
Exercices: 53 et 54 166	Aufgaben: 53 und 54 166
Offre à un industriel. 166	Offerte an einen Gewerbetreibenden . 166
Réouverture d'un hôtel 168	Wiedereröffnung eines Hotels . . . 168
Offre à une agence de voyages . . . 170	Offerte an ein Reisebüro 170
Réduction de prix pour enfants . . . 172	Preisermässigung für Kinder 172
Confirmation d'une offre télégraphique 174	Bestätigung einer telegraphischen Offerte. 174
L'hôtel est momentanément complet . 174	Das Hotel ist gegenwärtig voll besetzt 174
Réponse à une annulation pour cause de santé 176	Beantwortung eines Widerrufes aus Gesundheitsgründen 176
Réponse à une annulation tardive . . 178	Antwort auf eine zu spät eingetroffene Abbestellung 178
Le client ne s'est pas présenté 178	Der Kunde ist nicht gekommen . . . 178
A une cliente victime d'un sinistre . . 180	An eine Kundin, die einen Schaden erlitten hat 180
Versement d'une commission à une agence de voyage. 182	Zahlung einer Gebühr an ein Reisebüro 182
XXX CORRESPONDANCE HORLOGÈRE 184	**XXX KORRESPONDENZ IN DER UHRENBRANCHE** . . . 184
Lettres: 55. Offre 188	Musterbriefe: 55. Angebot (Offerte) 188
56. Réclame 190	56. Werbung 190
Exercices: 55 et 56 190	Aufgaben: 55 und 56 190
XXXI TRANSPORT 192	**XXXI TRANSPORT** 192
Lettres: 57. Les marchandises sont envoyées à une agence de transport 196	Musterbriefe: 57 Bestätigung des Warenversandes an eine Speditionsfirma . . 196
58. L'agence de transport accuse réception d'un envoi 198	58. Warenempfangsbestätigung der Transportfirma . 198
Exercices: 57 et 58 198	Aufgaben: 57 und 58 198

XXVIII HOTEL CORRESPONDENCE 155	**XXVIII CORRESPONDENCIA DE HOTELES** 155
Asking for reservation 155	Se piden reservaciones 155
Letters: 51. Applying for a room . 155	Cartas: 51. Se pide reservar una habitación 155
52. Postponing a reservation 157	52. Aplazo de una reservación 157
Exercises: 51 and 52 157	Ejercicios: 51 y 52 157
XXIX HOTEL CORRESPONDENCE 159	**XXIX CORRESPONDENCIA PARA HOTELES** 159
Letters: 53. Reply to a price inquiry 165	Cartas: 53. Contestación a una demanda de precios . . 165
54. Making a reservation . 167	54. El hotel comunica una reservación 167
Exercises: 53 and 54 167	Ejercicios: 53 y 54 167
Offer to a businessman 167	Oferta a un industrial 167
Re-opening of a hotel 169	Reapertura de un hotel 169
Offer to a travel agency 171	Oferta a una agencia de viajes . . . 171
Reduction for children. 173	Reducción de precios por niños . . . 173
Acknowledgment of an order 175	Confirmación de una oferta telegráfica 175
The hotel is all booked now 175	El hotel está completo, por ahora . . 175
Reply to a cancellation for illness . . 177	Respuesta a una anulación por motivos de salud 177
Reply to a cancellation received too late 179	Respuesta a una anulación tardía . . 179
The client has not arrived 179	El cliente no se ha presentado . . . 179
To a client who was caused a damage . 181	A una cliente víctima de un sinistro . 181
Payment of a percentage to a travel agency 183	Pago de una comisión a una agencia de viajes 183
XXX CORRESPONDENCE FOR WATCH-INDUSTRY . . . 185	**XXX CORRESPONDENCIA RELOJERA** 185
Letters: 55. Making an offer. . . . 189	Cartas: 55. Ofrecimiento 189
56. Advertisement 191	56. Reclamo 191
Exercises: 55 and 56 191	Ejercicios: 55 y 56 191
XXXI TRANSPORT 193	**XXXI EXPEDICIONES** 193
Letters: 57. Goods are despatched to a forwarding agency . 197	Cartas: 57. Se mandan las mercancías a una agencia de transporte 197
58. The Forwarding Agency takes delivery 199	58. La agencia de transporte acusa recibo de una entrega 199
Exercises: 57 and 58 199	Ejercicios: 57 y 58 199

XXXII OFFRES DE SERVICES . . 200		XXXII STELLENGESUCHE 200	
Lettres: 59. Offre de services . . . 206		Musterbriefe: 59. Stellenbewerbung 206	
60. Offre de services . . . 208		60. Stellenbewerbung 208	
Exercices: 59 a), b), c) 208		Aufgaben: 59 a), b), c) 208	
XXXIII RÉPONSES AUX OFFRES DE SERVICES 210		XXXIII ANTWORTEN AUF BEWERBUNGSSCHREIBEN 210	
Lettres: 61. Réponse favorable à une offre de services . . . 210		Musterbriefe: 61. Zusagende Antwort auf eine Stellenbewerbung 210	
62. Réponse négative à une offre de représentation . 212		62. Absage auf eine Vertretungsbewerbung . . . 212	
Exercices: 60 et 61 212		Aufgaben: 60 und 61 212	
XXXIV CONSTITUTION ET DISSOLUTION D'UNE MAISON DE COMMERCE 214		XXXIV GRÜNDUNG UND AUFLÖSUNG EINER HANDELSFIRMA 214	
XXXV REPRÉSENTATION, PROCURATION, CONTRAT 218		XXXV VERTRETUNG, VOLLMACHT, VERTRAG 218	
Lettres: 63. Lettre accordant à un agent la représentation d'un article. 220		Musterbriefe: 63. Bestätigung der Übergabe der Verkaufsvertretung an einen Agenten . . 220	
64. Contrat d'exclusivité . 222		64. Alleinverkaufsvertrag 222	
65. Contrat de vente . . . 224		65. Verkaufsvertrag . 224	
66. Octroi d'une licence de fabrication 224		66. Abtretung einer Fabrikationslizenz 224	
67. Vente d'un brevet . . . 226		67. Verkauf eines Patentes 226	
XXXVI NOUS AVONS LU DANS LES JOURNAUX 228		XXXVI WIR HABEN IN DEN ZEITUNGEN GELESEN . 228	
Hôtel 228		Hotel 228	
Horlogerie 230		Uhrenbranche 230	
Camera 230		Camera 230	
Banque 232		Bank 232	
Machines 232		Maschinen 232	
Réclames diverses 234		Verschiedene Inserate 234	
Construction d'une usine hydroélectrique 238		Bau der elektrischen Zentrale . . 238	
TABLE DES MATIÈRES 242		INHALTSVERZEICHNIS 242	

XXXII APPLICATIONS FOR VACANCIES . . . 201	**XXXII OFRECIMIENTOS** 201
Letters: 59. Application for a vacancy 207	Cartas: 59. Ofrecimiento 207
60. Application for a vacancy 209	60. Ofrecimiento 209
Exercises: 59 a), b), c) 209	Ejercicios: 59 a), b), c) 209
XXXIII ANSWERS TO APPLICATIONS FOR VACANCIES . 211	**XXXIII CONTESTACIONES A LOS OFRECIMIENTOS** 211
Letters: 61. Favourable reply to a letter applying for employment 211	Cartas: 61. Contestación favorable a un ofrecimiento . . . 211
62. Negative answer to an application for an agency 213	62. Contestación negativa a un ofrecimiento de representación 213
Exercises: 60 and 61 213	Ejercicios: 60 y 61 213
XXXIV CONSTITUTION AND DISSOLUTION OF A FIRM 215	**XXXIV SE CONSTITUYE Y SE DISUELVE UNA CASA DE COMERCIO** 215
XXXV AGENCIES, GRANTING POWER OF ATTORNEY, AGREEMENT 219	**XXXV REPRESENTACIÓN, PROCURACIÓN, CONTRATO** 219
Letters: 63. Letter granting an agency 221	Cartas: 63. Carta concediendo a un agente la representación de un artículo. 221
64. Agreement for the granting of a sole agency 223	64. Contrato de exclusividad 223
65. Sale agreement 225	65. Contrato de venta . . 225
66. Granting a license for manufacturing goods 225	66. Concessión de una licencia de fabricación . 225
67. Sale of a patent 227	67. Venta de una patente . 227
XXXVI WE HAVE READ IN THE NEWSPAPERS 229	**XXXVI LEIMOS EN PERIÓDICOS** 229
Hotel 229	Hotel 229
Watch-Industry 231	Relojeria 231
Camera 231	Camera 231
Bank 233	Banco 233
Machines 233	Maquinas 233
Miscellaneous advertisements . . 235	Varios anuncios 235
Construction of hydroelectric power-plant 239	Construcción de una planta hidro-eléctrica 239
CONTENTS 243	**ÍNDICE** 243